全国交通土建高职高专规划教材

公路工程质量控制

Gonglu Gongcheng Zhiliang Kongzhi

张求书　朱　劼　李　航　主编

邬晓光［长安大学］　主审

U0785472

人民交通出版社

内 容 提 要

本书为全国交通土建高职高专规划教材，共分七章。第一章、第二章着重介绍工程质量控制理论、方法、目标与数理统计基础的应用。第三章到第七章着力从公路工程监理的角度介绍道路、桥梁、隧道及交通安全与环保设施的质量控制措施。

本书可作为交通高等职业技术教育工程监理专业、道路与桥梁专业等交通土建专业教材，也可供交通中等职业教育师生及各类干部培训学习和从事公路监理、施工工作的工程技术人员参考。

图书在版编目(CIP)数据

公路工程质量控制/张求书等主编. —北京：人民交通出版社，2007.8

全国交通土建高职高专规划教材

ISBN 978-7-114-06613-9

Ⅰ. 公… Ⅱ. 张… Ⅲ. 道路工程－工程质量－质量控制－高等学校：技术学校－教材 Ⅳ. U415.12

中国版本图书馆 CIP 数据核字(2007)第 079424 号

书　　名：全国交通土建高职高专规划教材
　　　　　公路工程质量控制
著 作 者：张求书　朱　劼　李　航
责任编辑：卢仲贤　赵履榕
出版发行：人民交通出版社
地　　址：(100011)北京市朝阳区安定门外外馆斜街 3 号
网　　址：http://www.ccpress.com.cn
销售电话：(010)59757973
总 经 销：人民交通出版社发行部
经　　销：各地新华书店
印　　刷：北京盈盛恒通印刷有限公司
开　　本：787×1092　1/16
印　　张：14
字　　数：342 千
版　　次：2007 年 8 月　第 1 版
印　　次：2017 年 1 月　第 4 次印刷
书　　号：ISBN 978-7-114-06613-9
印　　数：6501－8500 册
定　　价：25.00 元

全国交通土建高职高专规划教材编审委员会

总　序

针对高职高专教材建设与发展问题，教育部在《关于加强高职高专教材建设的若干意见》中明确指出：先用2～3年时间，解决好高职高专教材的有无问题，再用2～3年时间，推出一批特色鲜明的高质量的高职高专教育教材，形成**一纲多本、优化配套**的高职高专教育教材体系。

2001年7月，由人民交通出版社发起组织，15所交通高职院校的路桥系主任和骨干教师相聚昆明，研讨交通土建高职高专教材的建设规划，提出了28种高职高专教材的编写与出版计划。后在交通部科教司路桥工程学科委员会的具体指导下，在人民交通出版社精心安排、精心组织下，于2002年7月前完成了28种路桥专业高职高专教材出版工作。

这套教材的出版发行，首先解决了交通高职教育教材的有无问题，有力支持了路桥专业高职教育的顺利发展，也受到了全国各高职院校的普遍欢迎。

随着高职教育教学改革的深入发展、高职教学经验的丰富与积累，以及本行业有关技术标准、规范的更新，本套教材在使用了2～3轮的基础上，对教材适时进行修订是十分必要的，时机也是成熟的。

2004年8月，人民交通出版社在新疆乌鲁木齐召开了有19所交通高职院校领导、系主任、骨干教师共41人参加的教材修订研讨会。会议商定了本套教材修订的基本原则、方法和具体要求。会议决定本套教材更名为"交通土建高职高专统编教材"，并成立了以吉林交通职业技术学院张洪滨为主任委员的"交通土建高职高专统编教材编审委员会"，全面负责本套教材的修订与后续补充教材的建设工作。

2005年6月，编委会在长春召开了同属交通土建大类、与路桥专业链接紧密的"工程监理专业、工程造价专业、高等级公路维护与管理专业"主干课程教材研讨会，正式规划和启动了这三个专业教材的编写出版工作。

2005年12月，教育部高等教育司发布了"关于申报普通高等教育'十一五'国家级规划教材"选题的通知(教高司函[2005]195号)，人民交通出版社积极推荐本套教材参加了"十一五"国家级规划教材选题的评选。

2006年6月，经教育部组织专家评选、网上公示，本套教材中有十五种入选为"十一五"国家级规划教材，2008年1月，又有六种教材在"十一五"国家级规划教材补报中列选，共计21种，标志着广大参与本套教材编写的教师的辛勤劳动得到了社会的认可、本套教材的编写质量得到了社会的认同。

2006年7月，交通土建高职高专统编教材编审委员会及时在银川召开会议，有24所各省区交通高职院校或开办有交通土建类专业的高等学校系部主任、专业带头人、骨干教师以及人民交通出版社领导共39位代表出席了本次会议。会议就全面落实教育部"十一五"国家级规划教材的编写工作进行了研讨。与会代表一致认为必须以入选的十五种国家级规划教材为基本标准，进一步全面提升本套教材的编写质量，编审委员会将严格按照国家级规划教材的要求审稿把关，并决定本套教材更名为**"全国交通土建高职高专规划教材"**，原编委会相应更名为**"全国交通土建高职高专规划教材编审委员会"**。以期在全国绝大多数交通高职院校和开办有交通土建类专业的高等院校的参与、统筹、规划下，本套教材中有更多的进入"十一五"国家级规划教材行列。

2007 年 5 月，编委会在湖南长沙召开工作会议，就“十一五”国家级规划教材主参编人员的确定和教材的编写原则作出了具体安排，全面启动“十一五”国家级规划教材的编写与出版工作。

2008 年 4 月，编委会在广东珠海召开工作会议，研讨了**“工学结合”**高职高专教材编写思路，决定在“十一五”国家级规划教材编写过程中，注重高职教学改革新方向，注重工程实践经验的引入，倡导**“工学结合”**。

本套高职高专规划教材具有以下特色：

——顺应交通高职院校人才培养模式和教学内容体系改革的要求，按照专业培养目标，进一步加强教材内容的针对性和实用性，适应学制转变，合理精简和完善内容，调整教材体系，贴近模块式教学的要求；

——实施开放式的教材编审模式，聘请高等院校知名教授和生产一线专家直接介入教材的编审工作，更加有利于对教材基本理论的严格把关，有利于反映科研生产一线的最新技术，也使得技能培训与实际密切结合；

——全面反映 2003 年以来的公路工程行业已颁布实施的新标准、规范；

——服务于师生、服务于教学，重点突出，逐章均配有思考题或习题，并给出本教材的参考教学大纲；

——注重学生基本素质、基本能力的培养，教材从内容上、形式上力求更加贴近实际；

——为加强学生的实际动手能力，针对《工程测量》、《道路建筑材料》等课程，本套教材特别配套有实训类辅导教材；

——为方便教学，本套教材配套有《道路工程制图多媒体教材》、《公路工程试验实训多媒体教材》、《路基路面施工与养护技术多媒体教材》、《桥涵设计多媒体教材》、《桥涵施工技术多媒体教材》、《现代道路测量仪器与技术多媒体教材》等。

本套教材的出版与修订再版，始终得到了交通部科教司路桥工程学科委员会和全国交通职教路桥专业委员会的指导与支持，凝聚了交通行业专家、教师群体的智慧和辛勤劳动。愿我们共同向精品教材的目标持续努力。

向所有关心、支持本套教材编写出版的各级领导、专家、教师、同学和朋友们致以敬意和谢意。

全国交通土建高职高专规划教材编审委员会
人民交通出版社
2008 年 5 月

前　言

我国公路事业发展迅速，对交通职业教育提出了更高的要求，为满足交通高等职业技术教育监理专业实用型人才对公路质量控制基本知识和质量控制技术的需求，根据“交通土建高职高专统编教材编委会主任会议”精神，编写了本教材。

本书编写中，力求体现职业能力为本位；以应用为核心；以实用、实效为原则；紧密联系工程实际，及时反映交通行业对工程专业技术及管理人员的要求；采用新的技术标准、规范、规程。内容力求做到：(1)适应当前高等职业学院的毕业生的实际工作需要，加强教学针对性，与相应的职业资格标准相互衔接。(2)适应宽口径复合型人才培养的需要，结合高等职业教育特点，围绕交通高等职业技术教育专业培养目标，理论和实践并重，注重学生综合素质提高。

本书由吉林交通职业技术学院张求书任主编，安徽交通职业技术学院朱劼、湖南交通职业技术学院李航任副主编。具体编写情况如下：第一章、第三章、第六章由吉林交通职业技术学院张求书编写，第五章的第一节、第二节、第三节、第四节由湖南交通职业技术学院朱劼编写。第二章的第一节、第二节、第四章及附表一、附表三由湖南交通职业技术学院李航编写。第二章的第三节及附表二由山东交通职业技术学院崔磊编写。第五章第五节由青海交通职业技术学院贾富贵编写。第七章的第一节、第二节、第三节分别由吉林交通职业技术学院高峰、慕平、闫淑杰编写。

长安大学邬晓光教授担任本书的主审，为本书的编写提出了宝贵的建议和修改意见，在此致以诚挚的谢意。对吉林省交通基本建设质量监督站参加本书内容研讨的各位监理工程师表示深深的感谢。

本书内容上重点突出，主次分明，深浅适度。为了便于学生学习，每章后附有思考题，以使学生更好地掌握本章中的内容。

书后附有参考教学大纲，仅供教学参考，考虑到我国国情和地区性差异，并考虑各院校具体情况，教师在教学过程中可对本书内容进行适当增删。教学中应积极使用现代化教学手段，配备相应的教学辅件，促进教学效果。

本教材在编写过程中得到了吉林交通职业技术学院张洪滨、湖南交通职业技术学院彭富强和唐杰军的指导和帮助，这里表示感谢。同时要对本书编写所有参考文献的作者给予的支持致以真诚的谢意！

鉴于编者水平和经验有限，书中难免有谬误和疏漏，敬请读者批评指正。

编　者

2006年6月

目 录

第一章 绪 论

[重点内容和学习要求]

本章讲述质量与工程质量控制的概念,工程质量控制阶段的划分及内容,工程质量体系建立和运行。

通过本章的学习,要求学生能够正确描述工程质量控制及相关质量控制的概念,并理解其内涵;解释工程质量体系建立和运行的过程。

质量是公路工程建设关键,任何一个环节、任何一个部位出现质量问题,都会影响到工程的使用效益和安全性,造成巨大的经济损失甚至危及人民生命财产安全。因此,工程质量是公路工程建设的生命,工程质量控制是贯穿公路工程建设整个过程的活动。

第一节 工 程 质 量

一、工程质量概念

1. 质量

我国国家标准(GB/T 19000)和国际标准(ISO 9000,2000 年版),对质量的定义是"一组固有特性满足要求的程度"。

该定义中质量不仅是指产品质量,也可以是某项活动或过程的工作质量,还可以是质量管理体系运行的质量。质量是由一组固有特性组成,这些固有特性是指满足顾客和其他相关方要求的特性,并由其满足要求的程度加以表征。

定义中特性是指可区分的特征。质量特性是固有的特性,并通过产品、过程或体系设计和开发及实现过程形成的属性。固有的意思是指在某事或某物中本来就有的,尤其是那种永久的特性。赋予的特性(如:某一产品的价格)并非是产品、过程或体系的固有特性,不是它们的质量特性。

定义中满足要求就是应满足明示的(如合同、规范、标准、技术、文件、图纸中明确规定的)、通常隐含的(如组织的惯例、一般习惯)或必须履行(如法律、法规、行业规则)的需要和期望。与要求相比较,满足要求的程度才反映为质量的好坏。对质量的要求除考虑满足顾客的需要外,还应考虑其他相关方,如组织自身利益、提供原材料和零部件等的供方的利益和社会的利益等多种需求。例如需考虑安全性、环境保护、节约能源等外部的强制要求。只有全面满足这些要求,才能评定为好的质量或优秀的质量。

另外有关方面对产品、过程或体系的质量要求是动态的、发展的和相对的。质量要求随着时间、地点、环境的变化而变化。如随着技术的发展、生活水平的提高,人们对产品、过程或体系会提出新的质量要求。因此应定期评定质量要求、修订规范标准,不断开发新产品、改进老产品，以满足已变化的质量要求。另外，不同国家不同地区因自然环境条件不同，技术发达程度不同、消费水平不同和民俗习惯等的不同，会对产品提出不同的要求，产品应具有这种环境的适应性，对不同地区应提供不同性能的产品，以满足该地区用户的明示或隐含的要求。

2. 产品质量

产品质量是指产品满足人们在生产及生活中所需要的使用价值及其属性。它体现为产品的内在和外观质量指标。

3. 工程项目质量

工程项目质量包括工程产品实体和服务这两类特殊产品的质量。其中工程实体作为一种综合加工的产品，它的质量是指建筑工程产品适合于某种规定的用途，满足人们要求所具备的质量特性的程度；而“服务”是一种无形的产品，服务质量是指企业在推销、销售、售后服务过程中满足用户要求的程度。其质量特性依服务业内不同行业而异，但一般包括服务时间、服务能力、服务态度等。

公路工程建设项目具有实行招标投标、投资额大、生产周期长的特点，因此服务质量同样是公路工程项目质量的主要因素之一。公路行业的服务质量既可以是定量的，也可以是定性的，例如施工工期是定量的，而现场布置、施工单位与现场监理之间的协作配合、工程竣工后的保修等则是定性的。

4. 工作质量

工作质量是指参与工程的建设者，为了保证工程项目质量所从事工作的水平和完善程度。工作质量包括社会工作质量、生产过程工作质量等，它是质量的广义内容。工作质量不像产品质量那样直观，它体现在整个企业的一切技术和管理活动中，要保证工作质量，要求有关部门和人员的精心工作，协调配合，对影响工程质量的所有因素严格控制，通过工作质量来保证工程质量。

要保证公路工程建设处于较高的工作质量水平，必须从人（man）、材料（material）、设备（machine）、方法（method）和环境（environment）五大要素入手，简称“4M1E”。

（1）人员素质

人是生产经营活动的主体，也是工程项目建设的决策者、管理者、操作者，工程建设的全过程，如项目的规划、决策、勘察、设计和施工，都是通过人来完成的。人员的素质，即人的文化水平、技术水平、管理能力、组织能力、作业能力、控制能力、身体素质及职业道德等，都将直接或间接地对规划、决策、勘察、设计和施工的质量产生影响，而规划是否合理、决策是否正确、设计是否符合所需要的质量功能、施工能否满足合同、规范、技术标准的需要，都将对工程质量产生不同程度的影响，所以人员素质是影响工程质量的一个重要因素。因此，公路建设实行经营资质管理和各类专业从业人员持证上岗制度是保证人员素质的重要管理措施。

（2）工程材料

工程材料泛指构成工程实体的各类建筑材料、构配件、半成品等，它是工程建设的物质条件，是工程质量的基础。工程材料选用是否合理、产品是否合格、材质是否经过检验、保管使用是否得当等，都将直接影响建设工程的结构刚度和强度，影响工程外表及观感，影响工程的使用功能和工程的使用安全。

（3）机械设备

机械设备可分为两类：一是指组成工程实体的工艺设备和各类机具；二是指施工过程中使用的各类机具设备。工程使用的机具设备其产品质量优劣，直接影响使用功能质量。施工机具设备的类型是否符合工程施工特点，性能是否先进稳定，操作是否方便、安全等，都将会影响工程项目的质量。

(4)工艺方法

工艺方法是指施工现场采用的施工方案，包括技术方案和组织方案。前者如施工工艺和作业方法，后者如施工区段空间划分及施工流向顺序、劳动组织等。在工程施工中，施工方案是否合理，施工艺是否先进，施工操作是否正确，都将对工程质量产生重大的影响。大力推进采用新技术、新工艺、新方法，不断提高工艺技术水平，是保证工程质量稳定提高的重要因素。

(5)环境条件

环境条件是指对工程质量特性起重要作用的环境因素，包括：工程技术环境，如工程地质、水文、气象等；工程作业环境，如施工环境作业面大小、防护设施、通风照明和通信条件等；工程管理环境，主要指工程实施的合同结构与管理关系的确定，组织体制及管理制度等；周边环境，如工程建(构)筑物等。环境条件往往对工程质量产生特定的影响。加强环境管理，改进作业条件，把握好技术环境，辅以必要的措施，是控制环境对质量影响的重要保证。

二、公路工程质量的特征

公路工程质量的特征主要表现在以下六个方面。

1. 适用性

适用性，即功能，是指工程满足使用目的的各种性能。包括结构性能，如地基基础牢固程度，结构的强度、刚度和稳定性；使用性能，如路面工程行车平稳度、路面抗滑功能、道路、桥梁通达便捷程度等。

2. 耐久性

耐久性，即寿命，是指工程在规定的条件下，满足规定功能要求使用的年限，也就是工程竣工后的合理使用寿命周期。

3. 安全性

安全性是指工程建成后在使用过程中保证结构安全、保证人身和环境免受危害的程度。公路建设工程产品的结构安全度、抗震等能力是否能达到特定的要求是安全性的重要标志。工程交付使用之后，必须保证工程整体及人身财产都有能免遭工程结构破坏带来的伤害。

4. 可靠性

可靠性是指工程在规定的时间和规定的条件下完成规定功能的能力。工程不仅要求在交工验收时要达到规定的指标，而且在一定的使用时期内要保持应有的正常功能。

5. 经济性

经济性是指工程从规划、勘察、设计、施工到整个产品使用寿命周期内的成本和消耗的费用。工程经济性具体表现为设计成本、施工成本、使用成本三者之和。包括从征地、拆迁、勘察、设计、采购(材料、设备)、施工、配套设施等建设全过程的总投资和工程使用阶段的维护、保养乃至改建更新的使用维修费用。通过分析比较，判断工程是否符合经济性要求。

6. 与环境的协调性

与环境的协调性是指工程与其周围生态环境协调，与所在地区经济环境协调以及与周围已建工程相协调，以适应可持续发展的要求。

上述六个方面的质量特性彼此之间是相互依存的，总体而言，适用、耐久、安全、可靠、经济、与环境适应性，都是必须达到的基本要求，缺一不可。

三、工程质量形成过程

工程建设的不同阶段，对工程项目质量的形成起着不同的作用和影响。

1. 项目可行性研究

项目可行性研究是在项目建议书和项目策划的基础上，运用经济学原理对投资项目的有关技术、经济、社会、环境及所有方面进行调查研究，对各种可能的拟建方案和建成投产后的经济效益、社会效益和环境效益等进行技术经济分析、预测和论证，确定项目建设的可行性，并在可行的情况下，通过多方案比较从中选择出最佳建设方案，作为项目决策和设计的依据。在此阶段，需要确定工程项目的质量要求，并与投资目标相协调。因此，项目的可行性研究直接影响项目的决策质量和设计质量。

2. 项目决策

项目决策阶段是通过项目可行性研究和项目评估，对项目的建设方案做出决策，使项目的建设充分反映业主的意愿，并与地区环境相适应，做到投资、质量、进度三者协调统一。所以，项目决策阶段对工程质量的影响主要是确定工程项目应达到的质量目标和水平。

3. 工程勘察、设计

工程的勘察是为工程建设路线的选择和工程的设计与施工提供资料依据。而工程设计是根据建设项目总体需求（包括已确定的质量目标和水平）和勘察报告，对工程的外形和内在的实体进行筹划、研究、构思、设计和描绘，形成设计说明书和图纸等相关文件，使得质量目标和水平具体化，为施工提供直接依据。在一定程度上，设计的完美性也反映了一个国家的科技水平和文化水平。设计的严密性、合理性，也决定了工程建设的成败，是建设工程的安全、适用、经济与环境保护等措施得以实现的保证。

4. 工程施工

工程施工是指按照设计图纸和相关文件的要求，将设计意图付诸实现的测量、作业、检验，形成工程实体、建成最终产品的活动。任何优秀的勘察设计成果，只有通过施工才能变为现实。因此工程施工活动决定了设计意图能否体现，它直接关系到工程的安全可靠、使用功能的保证，以及外表观感能否体现建筑设计的艺术水平。在一定程度上，工程施工是形成实体质量的决定性环节。

5. 工程竣工验收

工程竣工验收就是对项目施工阶段的质量通过检查评定，考核项目质量是否达到设计要求；是否符合决策阶段确定的质量目标和水平，并通过验收确保工程项目的质量。

四、工程质量管理发展史简介

随着科学技术的发展和市场竞争的需要，质量管理已越来越为人们所重视，并逐渐发展成为一门新兴的学科。最早提出质量管理的国家是美国。日本在第二次世界大战后引进美国的一整套质量管理技术和方法，结合本国实际，又将其向前推进，使质量管理走上了科学的道路，取得了世界瞩目的成绩。质量管理作为企业管理的有机组成部分，它的发展也是随着企业管理的发展而发展的，其产生、形成、发展和日益完善的过程大体经历了以下几个阶段。

1. 质量检验阶段

20 世纪 20 ~40 年代，由于生产力的发展，机器大生产的方式与手工作业的经验管理制度的矛盾，阻碍了生产力的发展，于是出现了质量管理的革命。美国的泰勒研究了大工业生产的管理实践,创立了科学质量管理的新理论,即企业中设“专职”的质量检验部门和人员,从事质量检验。这个阶段的质量管理主要是靠事后把关,其特点是质量单纯依靠事后检查,剔除废品,虽然这种方法的管理效能有限,但对防止不合产品出厂或流入下道工序具有积极意义。现在的工程质量管理观点来看,工程质量的检查与验收仍在执行这种管理方法。要想达到工程建设质量的预期目标,这种事后把关制度仍然是一个必不可少的环节。

1924 年,美国统计学家休哈特提出了“预防缺陷”的概念。他认为质量管理工作除事后检查外,还应做到事先预防,在出现不合格产品的苗头时,就应发现并及时采取措施予以制止。与此同时,还有一些统计学家提出质量管理的抽样检验法。这些统计方法由于当时不为人们充分认识和理解,所以在实践中未得到真正应用。

2. 统计质量管理阶段

第二次世界大战初期,20 世纪 40 ~ 50 年代,由于战争的需要,美国的许多民用生产企业转为军用品生产。由于缺乏事先控制产品质量的经验,生产中出现了大量的次品,而且质量检验大多属于破坏性检验,因此不可能进行事后检验。于是人们采用了休哈特的“预防缺陷”的理论,采用质量统计法,并制订了一系列美国战时质量管理方法。这套方法主要采用统计质量控制图,采用预防和检查相结合,使产品不合格率大为下降,对保证产品质量取得了良好的效果。

统计质量管理方法,通过分析生产中可能影响产品质量的因素和环节,把单纯的质量检验变成了过程管理,使质量管理从“事后”转到了“事中”,较质量检验阶段迈进了一大步。但统计质量阶段过分强调少数数理统计人员的作用,忽略了广大生产者和管理人员的作用,其结果既没有充分发挥数理统计方法的作用,又影响了管理功能的发展。到 20 世纪 50 年代人们认识到统计质量方法不能全面保证产品质量,从而导致了“全面质量管理”新阶段的出现。

3. 全面质量管理阶段

全面质量管理是质量管理的第三阶段,从 20 世纪 50 年代末、60 年代初开始。全面质量管理的基本思想是把专业技术、经营管理、数理统计和思想教育结合起来,建立起从产品的研究设计、生产制造、售后服务等一整套质量保证体系,从而用最经济的手段,生产出用户满意的产品。基本核心是强调以提高人的工作质量保证工序质量,确保产品质量,达到全面提高企业和社会效益的目的。全面质量管理的基本特点是从过去的事后检验把关为主,变为预防、改进为主,从管结果变成管因素,把影响质量问题的诸因素全部找出来,并分析主要因素,抓主要矛盾,发动全员、全部门参加管理,依靠科学理论、程序、方法,使生产、经营的全过程都处于受控状态。

由此可见,全面质量管理的理论和方法,它不是全面否定前两阶段的传统质量管理,而是继承和发扬了传统质量管理方法,并在深度和广度上都向前发展了。质量控制由重结果向重过程转变,注重用数据说话,以事实为依据,更加重视解决质量问题的科学性和合理性。

第二节　工程质量控制

一、工程质量控制

根据我国国家标准(GB/T 19000)和国际标准(ISO 9000,2000 年版),工程质量控制是指致力于满足工程质量要求。

工程质量控制也就是为了保证工程质量,满足工程合同、规范标准所采取的一系列措施、方法和手段。工程质量要求主要表现为工程合同、设计文件、技术规范标准规定的质量标准。

工程质量控制按其实施主体不同,分为自控主体和监控主体。前者是指直接从事质量职能的活动者,后者是指对他人质量能力和效果的监控者,主要包括以下几个方面。

1. 政府的工程质量控制

政府属于监控主体,它主要是以法律法规为依据,通过抓工程报建、施工图设计文件审查、施工许可、材料和设备准用、工程质量监督、重大工程竣工验收备案等主要环节进行的。

2. 建设单位的质量控制

建设单位属于监控主体,它主要是协调设计、监理和施工单位的关系,通过控制项目规划、设计质量、招标投标、审定重大技术方案、施工阶段的质量控制、信息反馈等各个环节,来控制工程质量。

3. 工程监理单位的质量控制

工程监理单位属于监控主体,它主要是受建设单位的委托,代表建设单位对工程实施全过程的质量监督和控制,包括勘察设计阶段质量控制、施工阶段质量控制,以满足建设单位对工程质量的要求。

4. 勘察设计单位的质量控制

勘察设计单位属于自控主体,它是以法律、法规及合同为依据,对勘察设计的整个过程进行控制,包括工作程序、工作进度、费用及成果文件所包含的功能和使用价值,以满足建设单位对勘察设计质量的要求。

5. 施工单位的质量控制

施工单位属于自控主体,它是以工程合同、设计图纸和技术规范为依据,对施工准备阶段、施工阶段、竣工验收交付阶段等施工全过程的工作质量和工程质量进行的控制,以达到合同文件规定的质量要求。

二、工程质量控制的依据和任务

工程监理单位作为工程质量监控主体,对工程的实施和质量进行连续的监督和检验,并及时发现和纠正质量偏差,保证实现工程的预期质量目标。

监理工程师对工程质量实施控制的依据有以下几方面。

1. 工程承包合同文件

工程施工承包合同文件和监理合同中分别规定了参与建设的各方在质量控制方面的权利和义务,有关各方必须履行在合同中的承诺。尤其是监理单位,既要履行监理合同的条款,又要监督建设单位、施工单位、设计单位履行有关的质量控制条款。因此,监理工程师要熟悉这些条款,作为进行质量监督和控制的依据。当发生质量纠纷时,应及时采取措施予以解决。

2. 设计文件

“按图施工”是施工阶段质量控制的一项重要原则。因此,经过批准的设计图纸和技术说明书等设计文件,无疑是质量控制的重要依据。但是从严格质量管理和质量控制的角度出发,监理单位在施工之前还应组织设计单位及施工单位进行设计交底及图纸会审工作,以达到能使施工单位了解设计意图和质量要求,以及发现图纸差错和减少质量隐患的目的。

3. 国家及政府有关部门颁布的有关质量管理方面的法律、法规性文件

国家人大常委会和国务院颁布的法规有:《中华人民共和国合同法》、《中华人民共和国建

筑法》、《中华人民共和国公路法》、《中华人民共和国招投标法》、《工程建设质量管理条例》等;交通部颁布的标准、规范有:《公路工程监理规范》等。

4. 有关质量检验与控制的专门技术法规

对于公路工程来说,有关质量检验与控制的技术法规主要有《公路工程质量检验评定标准》和其他公路工程的设计和施工技术规范。

工程质量监理工作任务是施工前和施工中的指导控制及施工后检验。即:对原材料、施工机械、施工技术方案的检验;审查和对施工各环节、工序、工艺、操作的监督检测;实行施工全过程控制,防患于未然;明确工程项目或工程部位中影响工程质量的关键环节,即找出质量控制点,分析研究影响质量控制的因素及其预防控制措施,及时给以提示。

监理工程师,可采用巡视工地、控制施工工序、施工现场旁站、实际检测和测量、下达指令文件等措施,及时发现和纠正违背施工规范和工艺规程的施工操作;并应根据合同要求和施工现场实际对施工图设计与现场实际不符之处,以及部分图纸中的设计遗漏和错误,加以补充、纠正和完善,防止盲目照图施工。

完善质量检测控制,检测仪器要高效准确,尽可能做到无破损检验。用周密、系统的检测方法检测隐蔽工程。对无法进行全过程旁站的重要工程,应当采取多种方法,在事前、事中、事后进行控制。检测控制方法应力求减少人为因素的影响。

监理工程师应根据质量缺陷的性质和严重程度认真处理质量缺陷与争端,在施工过程中应尽可能减少质量缺陷,完全避免质量事故。

三、工程质量控制阶段的划分及内容

工程质量控制按工程质量形成过程,包括全过程各阶段的质量控制,它贯穿于整个合同执行过程的始终。根据施工过程,监理单位质量控制划分为三个阶段。由于每个阶段有不同的特点,所以内容和重点也不尽相同。

1. 施工准备阶段

工程正式开工以前是施工的准备阶段,此阶段监理应对已批准下达的施工设计图进行审查、技术交底,并对设计图纸的科学性、施工可行性、经济合理性进行综合评价,提出合理化建议,避免施工的盲目性,减少不必要的损失。

(1)发布开工令

依据施工合同具体规定的日期,按时向承包人发出开工令,并报业主备案。如无特殊原因,开工令发出的日期不应提前或推后。

(2)召开第一次工地会议

监理工程师主持第一次工地会议,业主、承包人的授权代表必须出席,各方将要在工程项目中担任主要职务的部门(项目)负责人及指定分包人也应参加会议。会议内容:各参建单位介绍人员及组织机构,承包人介绍施工进度计划,陈述施工准备,业主说明开工条件,监理明确施工监理例行程序。

(3)审查承包人开工准备工作

①审批承包人的工程进度计划(含施工组织设计)并在合同规定或满足施工需要的合理时间内审查完毕。在执行过程中应经常检查计划的执行情况。

②审批承包人的质量保证体系,承包人应按照合同建立一个完整的以自检为主的质量保证组织体系。各级自检人员应由富有施工经验、具有专业技术职称、熟悉规范和图纸,工作严

谨的技术人员担任。

③检验承包人的进场材料，在材料或商品构件订货之前，应要求承包人提供生产厂家的产品合格证书及试验报告。必要时，监理人员还应对生产厂家生产设备、工艺及产品的合格率进行现场调查了解，或由承包人提供样品进行试验，以决定是否同意采购。材料或商品构件运到现场后，应按规定的批量和频率进行抽样试验，不合格的材料或商品构件不准用于工程，并应由承包人运出场外。

④审批承包人的标准试验，施工企业应配备与工程规模和工程结构特点相应的试验设备。标准试验是对各项工程的内在品质进行施工前的数据采集，它是控制和指导施工的科学依据。标准试验包括各种标准击实试验、集料的级配试验、混合料的配合比试验、结构的强度试验等。

⑤检查承包人的保险及担保，支付动员预付款。

⑥审查承包人的施工机械设备，按批准的承包人工程进度计划分期审查承包人在实施工程时所使用的施工机械设备。

⑦验收承包人的施工定线，在合同规定的时间内或在承包人的施工定线进行之前的合理时间内，向承包人书面提供原始基准点、基准线、基准高程的方位和数据，并对承包人的施工定线进行检查验收，对原始定线资料进行复核。

⑧验收承包人测定的地面线，要求承包人对全部工程或开工段落的原始地面线进行实际测定，并对测定工作进行检查验收，以作为路基横断面施工图和土石方工程计量的依据。

⑨审批承包人提交的施工图，在各项工程开工前合同规定或合理的时间内，应对承包人依据合同规定完成并提交的各种施工图进行审核批准。

⑩检查承包人占用工程场地，在合同规定的开工令发出之前及各项工程开工前合理的时间里，应督促业主将全部工程或施工段落的工程场地移交给承包人使用。

总之必须为顺利进入施工阶段，创造一个良好的外部环境和必要条件，做好全方位的准备工作。

2. 施工阶段

施工阶段是质量形成阶段，也是质量控制的重要阶段。承包人按规范规定的施工方法和批准的施工方案及进度计划实施工程，以达到设计文件的要求。这个阶段的监理单位进行质量控制工作主要有：

①检查承包人的施工工艺是否符合技术规范的规定，是否按开工前批准的施工方案进行施工；

②按照规定的频数对承包人进场的工程设备、原材料、半成品进行抽检和平行检验；

③对每道工序完工后进行严格的质量验收，合格后才能允许承包人进行下一道施工序；

④对施工中产生的工程缺陷或质量事故进行调查、处理，工程达到设计要求后才准许承包人继续施工。

定期召开工地会议，及时反馈信息，总结施工中的成功经验，解决施工存在的具体问题，协调好各方关系，有效调整质量的动态管理。对重要问题达成的共识和决议，应以会议纪要的形式记录在案，这样将对参加会议的各方均具约束力，对工程顺利进行起到不可低估的作用。抓住“检查”这个环节，尽可能增加检查时间，加密检查点，使检查工作达到足够的广度和深度，做到“防患于未然”，对已出现的质量问题，要及时责令承包人处理改正。

3. 交工及缺陷责任期阶段

(1)交工验收

交工验收是业主在工程接收管养和投入使用前对承包人申请交工的工程完成情况的全面检验，评价承包人是否按合同约定的工程内容、质量和工期，完成工程施工阶段合同义务，决定是否接受管养、投入使用、进入缺陷责任期，提出未完工程和遗留问题等处理意见，是工程建设管理和质量控制的重要环节。

交工验收首先由承包人书面申请；确认工程确实完成、工程检验合格、现场清理完毕交工资料齐备，交工检查才能开始。成立有监理工程师、业主参加的交工检查小组，需要时，建议业主邀请设计部门和质量监督部门参加。

交工检查小组的任务是：进一步审查交工申请报告；现场检查申请交工的工程；审查承包人的缺陷责任期的剩余工程计划；根据以上情况写出交工检查报告；决定是否签发交工证书。工程交工的日期以检查小组决定的签发交工证书的日期为准。

(2)缺陷责任期

缺陷责任期是招标文件附录中写明的时间。由交工验收小组签发交工证书之日(一般为承包人提交交工申请的日期)起算。缺陷责任期内，承包人应尽快完成在交工证书中写明的未完工程(或工作)，并完成对本工程缺陷、病害或其他不合格处的修复或监理工程师指令的修补工作。缺陷责任期监理的工作内容：检查承包人剩余工程计划；检查已完工程；确定缺陷责任及修复费用；督促承包人按合同规定完成交工资料。

四、工程质量控制的原则

监理工程师在质量控制中起到重要作用，在工程质量控制过程中，还应遵循以下几条原则。

1. 坚持质量第一的原则

公路工程建设产品使用年限长，并直接关系到人民生命财产的安全，应坚持“百年大计，质量第一”的原则，在工程建设中自始至终把“质量第一”作为对工程质量控制的基本原则。

2. 坚持以人为核心的原则

人是工程建设的决策者、组织者、管理者和操作者。在工程质量控制中，要以人为核心，重点控制人的素质和人的行为，充分发挥人的积极性和创造性，以人的工作质量保证工程质量。

3. 坚持以预防为主的原则

工程质量控制要重点做好质量的事先控制和事中控制，以预防为主，加强过程和中间产品的质量检查和控制。

4. 坚持质量标准的原则

质量标准是评价产品质量的尺度，工程质量是否符合合同规定的质量标准要求，应通过质量检验并和质量标准对照，进行严格检查。

5. 坚持科学、公正、守法的职业道德规范

在工程质量控制中，监理人员必须坚持科学、公正、守法的职业道德规范，要尊重科学，尊重事实，以数据资料为依据，客观、公正地进行处理质量问题。要坚持原则，遵纪守法，秉公监理。

五、质量缺陷与质量事故的处理

通常在建设工程中所称的工程质量缺陷，一般是指工程不符合国家或行业现行有关技术标准、设计文件及合同中对质量的要求。

由于工程质量不合格和质量缺陷，而造成或引发经济损失、工期延误或危及人的生命和社会正常秩序的事件，称为工程质量事故。

由于影响工程质量的因素众多，而且复杂多变，常难免会出现某种质量事故或不同程度的质量缺陷，因此，处理好工程的质量事故，认真分析原因、总结经验教训、改进质量管理与质量保证体系，使工程质量事故减少到最低限度，是监理单位进行质量控制的一个重要内容与任务。

1. 质量事故处理的原则

(1)质量事故处理的目标是消除质量缺陷或隐患，以达到工程的安全可靠和正常使用的各项功能要求，并保证施工的正常进行。

(2)质量事故的处理要体现预防为主的原则。在施工中要及时发现事故苗头，把事故消灭在萌芽状态。在事故处理过程中，要采取措施防止事故的再发生。

(3)在事故处理过程中要及时采取措施，防止事故的继续发展，尽可能减少事故损失。

(4)质量事故的处理应不降低质量控制指标和验收标准。处理的方法应是技术规范允许、行业公认的良好工程技术。

2. 质量缺陷的现场处理

在各项工程的施工过程中或完工以后，现场监理人员如发现工程项目存在着技术规范所不容许的质量缺陷，应根据质量缺陷的性质和严重程度，按如下方式进行处理：

(1)因施工而引起的质量缺陷处在萌芽状态时，应及时制止，并要求施工单位立即换掉不合格的材料、设备或不称职的施工人员；或要求立即改变不正确的施工方法及操作工艺。

(2)因施工而引起的质量缺陷已出现时，应立即向承包人发出暂停施工的指令(先口头后书面)。待承包人采取了能足以保证施工质量的有效措施，并对质量缺陷进行了正确的补救处理后，再书面通知其恢复施工。

(3)质量缺陷发生在某道工序或单项工程完工以后，而且质量缺陷的存在将对下道工序或分项工程产生质量影响时，应在对质量缺陷产生的原因及责任做出判断并确定了补救方案后，再进行质量缺陷的处理或下道工序或分项工程的施工。

(4)在交工使用后的缺陷责任期内发现施工质量缺陷时，监理工程师应及时指令施工单位进行修补加固或返工处理。

3. 质量缺陷的修补与加固

对因施工原因而产生的质量缺陷的修补和加固，应先由施工单位提出修补方案及方法，经监理工程师批准后方可进行；对因设计原因而产生的质量缺陷，应通过业主提出处理方案及方法，由施工单位进行修补。修补措施及方法应不降低质量控制指标和验收标准，并应是技术规范允许的或是行业公认的良好工程技术。

如果已完工程的缺陷，并不构成对工程安全的危害，并且满足设计和使用要求时，经征得业主同意，可不进行加固或变更处理。如工程的缺陷属于承包人的责任，应通过与业主及承包人的协商，降低对此项工程的支付费用。

4. 质量事故的处理

发生质量事故应按下列程序处理：

(1)立即指令承包人暂停该项工程的施工，并采取有效的安全措施。

(2)要求承包人尽快提出质量事故报告并报告业主。质量事故报告应翔实反映该项工程名称、部位、事故原因、应急措施、处理方案以及损失的费用等。

(3)组织有关人员在对质量事故现场进行审查、分析、诊断、测试或验算的基础上,对承包人提出的处理方案予以审查、修正、批准,并指令恢复该项工程施工。

(4)应对承包人提出的有争议的质量事故责任予以判定。判定时应全面审查有关施工记录、设计资料及水文地质现状,必要时还要实际检验测试。在划分技术责任时,应明确事故处理的费用数额、承担比例及支付方式。

处理质量事故还应当注意无论是质量缺陷的补救或质量事故的处理,不应以降低质量标准或使用要求为前提,而且还要考虑对外形及美观的影响。当别无选择且不影响使用要求的情况下而降低标准时,应特别注意征得业主的同意,并应在竣工报告及竣工资料中特别提出。

第三节　质量保证体系的建立和运行

2000 年我国修正了国际标准的 GB/T 19000-ISO 9000《质量管理和质量保证》系列标准。系列标准可以帮助企业建立、完善质量体系,提高质量意识和质量保障能力。

一、建立质量体系的基础工作

2000 年版 GB/T 19000 ISO 9000 族标准运用过程控制原理、系统理论将质量管理法规化、文件化、规范化。国家标准 GB/T 19004 明确了企业建立质量体系的几项基础工作:即确立质量环、完善质量体系结构、质量体系文件化,定期审核质量和质量体系的评价。

1. 确定质量环

质量环是从产品立项到使用全过程各个阶段中影响质量的相互作用活动的概念模式,这些阶段包括市场调研、设计、采购、售后服务等,构成了产品形成与使用的全过程。满足要求的产品质量是产品质量环各个阶段质量职能的综合效果。

GB/T 19004 标准给定了通用的典型质量环,将产品质量划分为 11 个阶段,即:

(1)营销和市场调研。

(2)设计/规范的编制和产品开发。

(3)采购。

(4)工艺策划和开发。

(5)生产制造。

(6)检验、试验和检查。

(7)包装和储存。

(8)销售和分发。

(9)安装和运行。

(10)技术服务和维护。

(11)用后处理。

公路工程施工企业特定的产品就是工程,依据 GB/T 19004 标准质量环,对照施工程序,工程施工企业质量环则由以下 8 个阶段组成:

(1)工程调研和任务承包。

(2)施工准备工作。

(3)材料、设备采购。

(4)施工生产。

(5)试验与检查。

(6)建筑物功能试验。

(7)竣工交验。

(8)回访与保修。

2. 完善质量体系结构,并使之有效运行

根据 GB/T 19004 标准的规定,企业决策层和管理层要负责质量体系的建立、完善、实施和各项工作的开展,使质量体系得以有效地运行。一般一个企业只有一个质量体系,其基层单位的质量管理和质量保证活动只能是企业的组成部分,是企业质量体系的具体表现。这样通过相应的组织机构网络,充分发挥质量职能的有效控制,使企业质量体系达到预期的目标。

3. 质量体系文件化

质量体系文件化是一项重要的基础工作。质量环和产品体系结构等各项工作必须制订质量管理文件,并得以有效的贯彻与实施。

质量体系文件主要包括:总则、质量手册、文件控制和记录控制等几项分类文件。具体内容在 GB/T 19004 标准中做了明确的规定。2000 年版 GB/T 19004 标准中质量管理体系的"文件",在提高质量体系和过程的有效性和效率方面给予了综合性的指导。

4. 定期审核质量

建立质量体系后,应坚持体系审核和评审活动,才能不断改进和提高工作质量。为了检验质量体系充分发挥作用,相应的管理人员应制订企业内部质量审核计划,定期进行质量体系审核。审核质量体系的内容如下:

(1)组织机构。

(2)管理程序和工作程序。

(3)人员、装备和器材。

(4)工作区域、作业和过程。

(5)确定制品是否符合规范和有关标准。

(6)文件、报告和记录等。

质量体系审核由企业内部能胜任管理工作的人员对体系各项活动,即对质量体系运行中各种文件的实施程序及产品质量水平进行符合性评价。要求这些审核人员应独立于被审核的部门和活动范围之外。

5. 质量体系评价

质量体系评价是由企业上层领导亲自组织,对质量体系、质量方针、质量目标等工作开展的适合性评审。质量体系评价的内容与质量体系审核的工作范围相同,但侧重有所不同,质量体系评价侧重于体系的适合性,且评价活动由企业领导直接组织。另外,质量体系审核时主要精力放在是否将工作计划落实,实施效果如何;而质量体系评价重点为该体系的计划、结构是否合理有效。尤其是结合市场及社会环境,进行企业情况全面分析,一旦发现不足,就应对其体系结构、质量目标、质量政策提出改进意见,要求企业管理者采取必要的措施,使质量体系达到企业规定的目标。

二、质量体系的运行

1. 建立和完善质量体系

按照国家标准 GB/T 19000 建立和完善一个新的质量体系的一般工作步骤如下:

(1)企业领导决策。只有企业主要领导下决心走质量效益型的发展道路,亲自组织、实践和统筹安排,才能确保这项工作的顺利开展。因此,企业领导决策是搞好质量体系的首要条件。

(2)编制工作计划。即进行培训教育、体系分析、职能分配、文件编制、配备仪器设备等工作内容。

(3)分层次教育培训。组织学习 ISO 族国际、国内系列标准,结合企业特点,研究与本职工作有直接影响的要素,提出质量要素控制的办法。

(4)分析企业特点。结合企业的特点和具体情况,确定采用哪些质量要素控制方法和程序。要素应对控制工程实体质量起主要作用。

(5)落实各项要素。企业在选好合适的控制质量要素后要把各项质量活动落实到具体部门或个人。要把企业的管理标准、工作标准、质量责任制、岗位责任制编制成与质量要素相对应的有效运行文件。

(6)编制质量体系文件。按文件作用分为法规性和见证性文件两类。前一类是规定各项质量活动的要求、内容和程序的文件;第二类是用以表明质量体系的运行情况和证实有效性的文件。这些文件记载体系的运行情况和工程实体质量的状态,是质量体系运行的见证。

2. 质量体系的运行

质量体系运行是执行质量体系文件、实现质量目标、确保质量体系持续有效和不断优化的过程。

(1)组织协调

组织协调工作是维护质量体系运行的动力。就公路工程企业而言,计划部门、施工班组、技术部门、试验部门、测量部门、检查部门都必须在目标、分工、时间等方面协调一致,责任范围内不能出现空挡,应保持体系的连续性。这些都需要通过组织和协调工作来完成。

(2)质量监督

质量体系在运行过程中,各项活动及其结果不可避免地会发生偏离标准的可能,为此,必须实施质量监督。质量监督是对工程实体进行连续性监视和验证。发现质量偏差,要求企业采取纠正措施,严重时责令其停工整顿,使工程质量符合标准所规定的要求。

(3)质量信息管理

质量信息管理在质量体系运行中,通过质量信息反馈系统对信息进行反馈处理,从而使工程实体质量处于受控状态。

(4)质量体系评审

企业定期对质量体系进行审核和评价,其评审内容包括三个方面:一是评审质量体系要素;二是对体系进行管理;三是评价质量体系对环境的适应性。开展质量体系评审是保证质量体系持续有效运行的主要手段。

第四节　本课程的学习目的和任务

一、学习目的

近年来我国公路工程建设发展迅速,出现了前所未有的局面。我国的公路交通事业的投资力度近几年来一直在持续增长。公路里程在逐年增加,公路路况也在逐步提高,高速公路更是迅速发展。随着我国公路交通事业的发展,需要有一大批既精通公路工程技术,又善于工程管理的复合人才。但是目前广大的公路专业人才比较熟悉的是技术,而对工程管理(特别是管理科学)比较陌生。实践证明,随着工程技术的突飞猛进,质量控制与管理作为公路工程的重要部分也必须同步发展。由于公路工程具有投资大,占有资源数量多,建设期和投资回收期长等特点,加强对公路工程的质量控制就十分重要。通过学习工程质量控制这门课程,应掌握工程质量控制的原理和方法及工程质量控制的技术措施,灵活运用管理工具对公路工程质量进行控制。

二、学习任务和特点

本课程融公路工程专业知识与监理理论、方法为一体,具有很强的实践性和操作性。在学习时必须有其他专业基础课和专业课的支持,例如道路工程材料、公路工程,桥梁工程、隧道工程等。

学习本课程要针对公路工程的特点,掌握质量控制的依据、特点和任务;质量管理的基本原理与方法;熟悉公路工程施工各阶段质量控制的内容;熟悉数理统计的基础知识、常用的数理统计方法和抽样检验的基础知识。掌握路基工程、路面工程、桥梁工程、隧道工程等各项工程质量控制的基本目标、要点、程序和方法,尤其是关键工序质量控制重点。了解公路工程施工期间环境保护的基本知识和公路工程施工过程中的环境保护工作。

学习本课程,要求在掌握公路工程技术的基础上,学习质量控制的方法和知识,同时加强实践,真正做到既懂技术又懂管理,为公路工程建设质量和管理水平的提高、为交通建设事业的蓬勃发展做出更大贡献。

思考题

1. 什么是质量,其含义有哪些方面?
2. 工程质量有哪些特征?其含义如何?
3. 质量管理的发展经历了哪几个阶段?
4. 什么是工程质量控制?
5. 监理工程师在工程质量控制中应遵循哪些原则?
6. 质量缺陷和质量事故的处理程序。

第二章　数理统计基础及应用

[重点内容和学习要求]

本章介绍数理统计基础、数理统计的方法与工具以及抽样检验基础。

通过本章的学习，要求学生能够清楚认识质量数据的基本特性和常用的概率分布；掌握数据统计特征量的计算方法和可疑数据的取舍方法；正确利用直方图、控制图和相关图等数理统计方法和工具；掌握路基路面随机取样和质量特性值的评定方法。

第一节　数理统计基础

一、总体与样本

总体又称母体，是统计分析中所要研究对象的全体。组成总体的每个单元称为个体。总体分为有限总体和无限总体。例如一批产品，按件计且数量有限，称为有限总体；又如一道工序，作为连续的整体，称其为无限总体。

总体中包含的个体难以一一考察。例如，在混凝土构件预制厂，不可能对成千上万的产品一件一件地进行检测，况且有些测定方法还是破坏性的。因此，只能从总体中抽取一部分个体来进行考察和分析，以了解总体的情况。从总体中抽取的这一部分个体叫做样本，又称子样。而组成样本的每一个个体，称为样品。样本中所含样品的数量称为样本容量，通常用 n 表示。样本容量的大小直接关系到判断结果的可靠性，一般样本容量越大，可靠性越好，但试验检测工作量也越大，检测成本也就越高。样本容量与总体中所含个体的数量相等时，即为全数检验，是抽样检验的极限。

二、质量数据

1. 质量数据的作用

工程质量控制、评价是以数据作为依据的。质量数据是质量信息的重要组成部分，只有通过对它的收集、处理、分析，才可以了解、掌握、控制生产施工过程。因此质量数据的作用是十分重要的。

质量数据的来源，主要是工程建设过程中的各种检验，即材料检验、工序检验、竣工验收检验以及使用过程中的必要检验。只有在质量检验提供全面的、大量的质量数据基础上，才能正常开展质量控制及质量管理活动。

2. 质量数据的类型

质量数据就其本身的特性来说，可以分为计量值数据和计数值数据。

(1)计量值数据——可连续取值的数据，如长度、厚度、高程、强度、压实度等质量特性。

这些特性一般都是可以用检测器具测量(或试验)的。计量值数据一般都带有小数,如长度为1.15m、强度为30.2MPa、压实度为96.6%等。

(2)计数值数据——可用个数计算的数据,如不合格品数、出现不合格的次数、缺陷的点数等反映质量状况的数据,是不能直接用测量器具来度量的,但可以采用计数的办法,即用1,2,3…连续地数出个数或次数。计数值数据的特点是不连续,并只能出现0,1,2…非负的整数,不可能有小数。

计数值数据有两种表示方法。一种是直接用计数出来的次数、点数来表示,称 P_n 数据;一种是用它们(P_n 数据)占总检查次(点)数的百分比来表示,称 P 数据。P 数据在工程检验中经常使用,如某分项工程的质量合格率为95%,即表示经检查为合格的点(次)数与总检查点(次)数的比值为95%。但要注意,不是所有用百分数表示的数据都是计数值数据,如用百分数表示的压实度就是计量值数据。一般来说,在用百分数表示数据时,当分子、分母为计量值数据时,分数值为计量值数据;当分子、分母为计数值数据时,分数值为计数值数据。

3. 质量数据的定位

数据获得后,应进行数据的定位,也就是解决如何取舍规定精度范围之外的数字的问题。在统计中一般不用"四舍五入法"进行数值修约,而是采用"奇升偶舍法",其具体规则如下:

(1)拟舍去的数字中最左边的第一位数字小于5时,则舍去,留下的数字不变。

例如将25.9826修约只留两位小数时,其拟舍去的数字中最左边的第一位数字是2,则可舍去,成25.98。

(2)拟舍去的数字中最左边的第一位数字大于5时,则进1,即所留下的末位数字加1。

例如将19.169修约只留一位小数时,其拟舍去的数字中最左边的第一位数字是6,则应进1,结果成19.2。

(3)拟舍去的数字中最左边的第一位数字等于5,而后面的数字并非全部为0时,则进1,即所留下的末位数字加1。

例如,将3.050 6修约只留一位小数时,其拟舍去的数字中最左边的第一位数字是5,5后面的数字还有06,故应进1,结果为3.1。

(4)拟舍去的数字中最左边的第一位数字等于5,而后面无数字或全部为0时,所保留的数字末位数为奇数(1、3、5、7、9)则进1,如为偶数(0、2、4、6、8)则舍去。

例如,将下列各数修约只留一位小数时,结果为:

3.05→3.0(因为"0"是偶数)

3.15→3.2(因为"1"是奇数)

3.65→3.6(因为"6"是偶数)

3.95→4.0(因为"9"是奇数)

(5)拟舍去的数字并非单独的一个数字时,不得对该数值连续进行修约,应按拟舍去的数字中最左边的第一位数字的大小,照上述各条一次修约完成。

例如,将21.4649修约成整数时,不应按21.4649→21.465→21.46→21.5→22进行,而应按21.4649→21进行修约。

之所以在数据统计中采用"奇升偶舍法",而未采用"四舍五入法",是因为用"四舍五入法"对数值进行修约时,从很多修约后的数值中得到的平均值偏大。而用"奇升偶舍法"时,进舍的状况具有平衡性,进舍误差也具有平衡性,若干数值经过这种修约后,平均值偏大的可能性与偏小的可能性是一样的。

4. 质量数据的特性

质量数据有两个基本特性，即数据的差异性和规律性。

质量数据的差异性是工程质量的波动性造成的。任何一个生产施工过程，无论设备多么精确，操作水平多么高，其生产施工出来的产品都不会完全相同，工程质量或多或少总会有差异，因此工程质量的统计数据反映出差异性。虽然质量数据存在差异性，但实际上并非杂乱无章，而是呈现出一定的规律性，即变化是有一定范围或局限的，其中多数向某一数值集中，同时又分散在这个数值的两旁。因此质量数据既分散又集中、既有差异性又有规律性。数理统计方法就是从数据的差异性中寻找其规律性的方法。生产施工过程中，就是要应用数理统计方法收集和分析质量数据，达到预测和控制工程质量的目的。

三、数据的统计特征量

用来表示统计数据分布及其特性的特征值分为两类：一类表示数据的集中程度，例如算术平均值、中位数等；另一类表示数据的离散程度，如极差、标准差、变异系数等。

1. 算术平均值

算术平均值是表示一组数据集中位置的统计特征量，经常用样本的算术平均值来代表总体的平均水平。总体的算术平均值用μ表示，样本的算术平均值则用$\bar{x}$表示。如果n个样本数据为$x_1, x_2, \cdots, x_n$，则样本的算术平均值为：

$$\bar{x} = \frac{1}{n}(x_1 + x_2 + \cdots + x_n) = \frac{1}{n}\sum_{i=1}^{n} x_i \tag{2-1}$$

【例 2-1】 某高速公路水泥稳定碎石基层压实厚度的检测值（共 10 个测点）分别为：21、22、20、19、18、20、21、21、22、19（cm）。求厚度检测值的算术平均值。

解：由式（2-1）可知，厚度检测值的算术平均值为：

$$\bar{h} = \frac{1}{10}(21 + 22 + 20 + 19 + 18 + 20 + 21 + 21 + 22 + 19) = 20.3(\text{cm})$$

2. 中位数

中位数又称中值，也表示数据的集中位置，通常用$\tilde{x}$表示。将一组数据$x_1, x_2, \cdots, x_n$按大小次序排列，n为奇数时，正中间的一个数即为中位数；n为偶数时，正中间的两个数的平均值即为中位数。

$$\tilde{x} = \begin{cases} x_{\frac{n+1}{2}} & (n\text{ 为奇数}) \\ \dfrac{1}{2}\left(x_{\frac{n}{2}} + x_{\frac{n+1}{2}}\right) & (n\text{ 为偶数}) \end{cases} \tag{2-2}$$

【例 2-2】 检测值同【例 2-1】，求中位数。

解：检测值按大小次序排列为：22、22、21、21、21、20、20、19、19、18（cm），则中位数为：

$$\tilde{h} = \frac{h_5 + h_6}{2} = \frac{21 + 20}{2} = 20.5(\text{cm})$$

3. 极差

极差是一组数据中最大值与最小值之差，用R表示：

$$R = X_{\max} - X_{\min} \tag{2-3}$$

极差没有充分利用数据的信息，仅适用于样本容量较小的情况。

【例 2-3】 检测值同【例 2-1】，求极差。

解： $R = h_{max}' - h_{min} = 22 - 18 = 4(\text{cm})$

4. 标准偏差

标准偏差是衡量样本数据波动性（离散程度）的指标，有时也称标准离差、标准差或均方差。在质量检验中，总体的标准偏差记作 σ，但不易求得；样本的标准偏差记作 S，可按式(2-4)求得。

$$S = \sqrt{\frac{(x_1 - \bar{x})^2 + (x_2 - \bar{x})^2 + \cdots + (x_n - \bar{x})^2}{n-1}} = \sqrt{\frac{\sum_{i=1}^{n}(x_i - \bar{x})^2}{n-1}} \tag{2-4}$$

【例 2-4】 检测值同【例 2-1】，求样本标准偏差。

解：

$$S = \sqrt{\frac{1}{10-1}\left[\begin{array}{l}(21-20.3)^2 + (22-20.3)^2 + (20-20.3)^2 + (19-20.3)^2 + (18-20.3)^2 \\ + (20-20.3)^2 + (21-20.3)^2 + (21-20.3)^2 + (22-20.3)^2 + (19-20.3)^2\end{array}\right]}$$

$= 1.34(\text{cm})$

5. 变异系数

变异系数是反映样本数据相对波动大小的指标，它比标准偏差更能反映样本数据的波动性。因为标准偏差是反映样本数据的绝对波动状况，当测量较大的量值时，绝对误差一般较大；测量较小的量值时，绝对误差一般较小。

变异系数用 C_v 表示，按式(2-5)进行计算。

$$Cv = \frac{S}{\bar{x}} \times 100\% \tag{2-5}$$

【例 2-5】 若 A 路段基层厚度的算术平均值为 20.3cm，标准偏差为 1.34cm；B 路段基层厚度的算术平均值为 20.9cm，标准偏差为 1.36cm。求两路段的变异系数。

解： A 路段 $C_v = \frac{1.34}{20.3} \times 100\% = 6.60\%$

B 路段 $C_v = \frac{1.36}{20.9} \times 100\% = 6.51\%$

从标准偏差看，$S_A < S_B$，但从变异系数分析，$C_{VA} > C_{VB}$，说明 A 路段的基层厚度相对波动比 B 路段的大。

四、数据的分布特征

质量数据具有一定的规律性，这种规律性一般用概率分布来描述。概率分布的形式很多，在公路工程质量控制和评价中，常用到正态分布和 t 分布。

1. 正态分布

正态分布是应用最广的一种概率分布，而且是其他概率分布的基础。许多工程质量实测数据服从或基本服从正态分布。

正态分布的概率密度函数 $f(x)$ 和分布函数 $F(x)$ 为：

$$f(x) = \frac{1}{\sqrt{2\pi}\sigma} e^{-\frac{(x-\mu)^2}{2\sigma^2}} \quad (-\infty < x < +\infty) \tag{2-6}$$

$$F(x) = P(X \leq x) = \frac{1}{\sqrt{2\pi}\sigma}\int_{-\infty}^{x} e^{-\frac{(t-\mu)^2}{2\sigma^2}} dt \quad (-\infty < x < +\infty) \tag{2-7}$$

式中：X——随机变量；

μ ——正态分布的平均值；

σ——正态分布的标准偏差；

$P(X \leqslant x)$——测量值落入该区间的概率。

正态分布有两个参数，平均值μ和标准偏差σ。正态分布曲线（图 2-1）是单峰对称曲线，曲线的峰值在$x=\mu$处，曲线的拐点在$\mu \pm \sigma$处。标准偏差σ表示分布的离散程度，即曲线的“胖瘦”。σ越大，曲线“矮而胖”；σ越小，曲线“高而瘦”。

随机变量X服从参数μ与σ的正态分布时，记作$X \sim N(\mu, \sigma^2)$。

在正态分布函数中，令$y=(t-\mu)/\sigma$，则变为参数$\mu=0$、$\sigma=1$的正态分布，称为标准正态分布，用$X \sim N(0,1)$表示。它的分布函数为：

$$\Phi(x)=P(X \leqslant x)=\frac{1}{\sqrt{2\pi}}\int_{-\infty}^{x} e^{-\frac{y^2}{2}}dy \quad (-\infty < x < +\infty) \tag{2-8}$$

其函数值可从书末附表一《正态分布概率系数表》查得。由标准正态分布函数的对称性容易得到$\Phi(-x)=1-\Phi(x)$。

对于正态分布$X \sim N(\mu, \sigma^2)$，它的测量值落入区间(a,b)的概率用$P(a<X<b)$表示：

$$P(a<X<b)=\Phi\left(\frac{b-\mu}{\sigma}\right)-\Phi\left(\frac{a-\mu}{\sigma}\right) \tag{2-9}$$

利用式(2-9)，可以求得双边置信区间的几个重要数据（图 2-2）：

$$P(\mu-\sigma<X<\mu+\sigma)=0.682\ 6$$

$$P(\mu-2\sigma<X<\mu+2\sigma)=0.954\ 4$$

$$P(\mu-3\sigma<X<\mu+3\sigma)=0.997\ 3$$

$$P(\mu-1.96\sigma<X<\mu+1.96\sigma)=0.950\ 0$$

双边置信区间可统一记为：

$$\mu-u_{1-\beta/2}\sigma<X<\mu+u_{1-\beta/2}\sigma \tag{2-10}$$

式中：β——显著性水平；

$1-\beta$——置信水平，即保证率α；

$u_{1-\beta/2}$——双边置信区间的正态分布临界值；

$\mu-u_{1-\beta/2}\sigma$——双边置信下限；

$\mu+u_{1-\beta/2}\sigma$——双边置信上限。

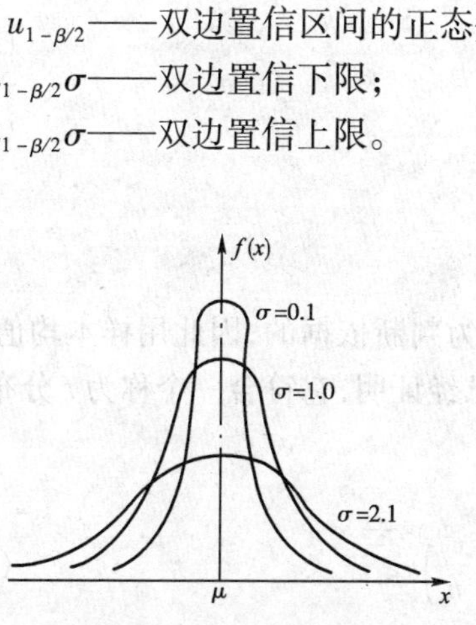

图 2-1　正态分布曲线

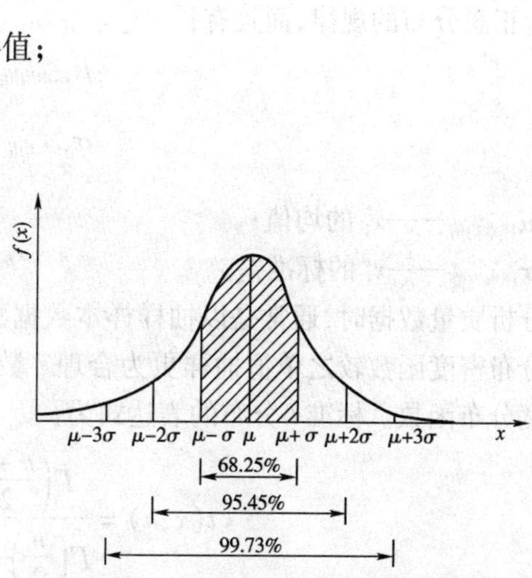

图 2-2　正态分布与置信区间

置信区间是指满足规定的可靠度指标的质量数据分布区间。如果质量数据的控制区间落在置信区间内，说明控制区间内的分布概率小于规定的保证率，不符合质量控制要求，反之则满足质量控制要求。置信区间和控制区间一样也可以是单边的，即只要大于或小于某一个值即可。单边置信区间可表示为：

$$X \leqslant \mu + u_{1-\beta}\sigma \text{ 或 } X \geqslant \mu - u_{1-\beta}\sigma \tag{2-11}$$

式中：$\mu - u_{1-\beta}\sigma$——单边置信下限；

$\mu + u_{1-\beta}\sigma$——单边置信上限。

利用式(2-8)和正态分布函数的对称性，可以求得单边置信区间的几个重要数据：

$$P(X \leqslant \mu + \sigma) = P(X \geqslant \mu - \sigma) = 0.841\,3$$

$$P(X \leqslant \mu + 2\sigma) = P(X \geqslant \mu - 2\sigma) = 0.977\,2$$

$$P(X \leqslant \mu + 3\sigma) = P(X \geqslant \mu - 3\sigma) = 0.998\,7$$

$$P(X \leqslant \mu + 1.282\sigma) = P(X \geqslant \mu - 1.282\sigma) = 0.900\,0$$

$$P(X \leqslant \mu + 1.645\sigma) = P(X \geqslant \mu - 1.645\sigma) = 0.950\,0$$

在公路工程质量检验与评价中，常把式(2-10)、式(2-11)中的 u 称为保证率系数（常用 Z_a 表示），其取值随保证率而变，与公路等级有关，而且常常用样本的平均值 $\bar{x}$ 与标准偏差 S 分别代替总体的平均值 μ 与标准偏差 σ。如半刚性基层（底基层）材料强度评定中，高速公路、一级公路的保证率为95%，故 Z_a 取1.645；其他公路的保证率为90%，故 Z_a 取1.282。

2. t 分布

正态分布以假设抽样的概率分布与总体的概率分布相等为前提，其概率分布与抽样的多少无关。事实上，抽样的多少对质量数据的概率评价有很大的影响。抽样越少，影响越大。只有抽样数据足够多时，抽样的概率分布才接近于正态分布，而 t 分布正是反映了这种抽样多少对概率分布评价的影响。

正态分布是单个随机变量的分布函数，即质量数据的总体中每次取一个样本，其数值应是正态分布。但我们往往抽取多至 n 个样本，n 个样本即具有 n 个互相独立的具有正态分布性质的随机变量。它是质量数据在一个 n 维空间的概率分布问题。数学理论已经证明，随机抽取 n 个样本数据，其均值 $\bar{x}_i$ 是一个随机变量，它随不同的抽样机会得到不同的 $\bar{x}_i$。它的分布也符合正态分布的规律，而且有：

$$\mu_{\text{样本均值}} = \mu_{\text{总体}} \tag{2-12}$$

$$\sigma_{\text{样本均值}} = \frac{\sigma_{\text{总体}}}{\sqrt{n}} \tag{2-13}$$

式中：$\mu_{\text{样本均值}}$——$\bar{x}_i$ 的均值；

$\sigma_{\text{样本均值}}$——$\bar{x}_i$ 的标准差。

分析质量数据时，通常是以抽样样本数据的均值作为判断依据的，因此用样本均值 $\bar{x}_i$ 的概率分布密度函数较之单值抽样更为合理。数学理论已经证明，它符合一个称为 t 分布的概率密度分布函数。标准 t 分布的表达式为：

$$t(x,n) = \frac{\Gamma\left(\frac{n+1}{2}\right)}{\Gamma\left(\frac{n}{2}\right)\sqrt{n\pi}}\left(1 + \frac{x^2}{n}\right)^{-\frac{n+1}{2}} \tag{2-14}$$

当 $n \to \infty$ 时 t 分布趋于正态分布，一般当 $n > 30$ 时 t 分布与正态分布就非常接近了。但对较小的 n 值，t 分布与正态分布之间有较大的差异，并且 t 分布的尾部比在标准正态分布的尾部有着更大的概率。t 分布曲线如图2-3所示。

标准 t 分布曲线对称于 y 轴，均值为 0。实际应用时，随机变量 X 应做如下转换：

$$T=\frac{\bar{X}-\mu}{\frac{\sigma}{\sqrt{n}}} \tag{2-15}$$

式中：$\bar{X}$——随机变量样本均值；

μ——质量数据的总体均值；

σ——质量数据的总体标准差。

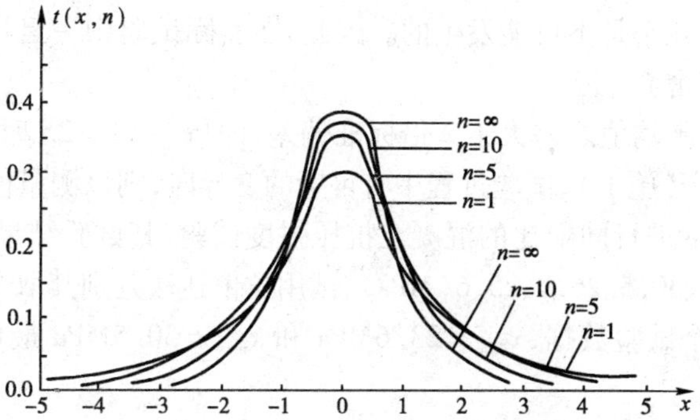

图 2-3　t 分布曲线

在施工质量评价中，常用样本平均值 $\bar{x}$ 与标准偏差 S 分别代替上述公式中的 μ 与 σ。T 是 $\bar{X}$ 的坐标变换，与随机变量相对应，反映出 $\bar{X}$ 出现的概率水平。当所要求的保证率确定之后，就可由书末附表二中查出 T 值，并且得到质量数据的置信区间。

双边置信区间为：

$$\left(\bar{x}-t_{1-\beta/2}\frac{S}{\sqrt{n}},\bar{x}+t_{1-\beta/2}\frac{S}{\sqrt{n}}\right) \tag{2-16}$$

单边置信区间为：

$$X>\bar{x}-t_{1-\beta}\frac{S}{\sqrt{n}} \text{ 或 } X<\bar{x}+t_{1-\beta}\frac{S}{\sqrt{n}} \tag{2-17}$$

式中：X——样本均值的置信界限值，在质量评价中常常是计算代表值；

$1-\beta$——置信水平，即保证率 α；

$t_{1-\beta}$、$t_{1-\beta/2}$——相对于保证率的标准概率分布值，可由书末附表二查到。

目前，我国公路路基路面压实度、路面厚度等质量特性指标采用了以 t 分布为基础的评价方法。例如在路基压实度评定中，检验评定段的压实度代表值 K（算术平均值的下置信界限）为：

$$K=\bar{k}-\frac{t_{\alpha}S}{\sqrt{n}}$$

高速公路、一级公路采用的保证率 α 为 95%，其他公路为 90%。

五、可疑数据的取舍方法

在一组条件完全相同的重复试验中，个别测量值可能会出现异常，即与正常值相比过大或过小。这些异常数据又称为可疑数据，应该采用数理统计的方法判别其真伪以决定取舍。常用的方法有拉依达（PaЙTa）法、肖维纳特（Chavenet）法和格拉布斯法（Grubbs）等。

1. 拉依达法

拉依达法又称"3 倍标准偏差法"(简称 3S 法),适用于试验次数较多时判别可疑数据的取舍。当某一测量数据(x_i)与其测量结果的算术平均值($\bar{x}$)之差大于 3 倍标准偏差时,则该测量数据应该舍弃,用公式表示为:

$$|x_i - \bar{x}| > 3S \tag{2-18}$$

根据随机变量的正态分布规律,在多次试验中,测量值落在 $\bar{x}-3S$ 与 $\bar{x}+3S$ 之间的概率为 99.73%,而落在此范围之外的概率仅为 0.27%,即在 1 000 次试验中才出现不到 3 次。这种事件称为小概率事件,几乎是不可能发生的。因此,在实际试验中一旦出现,就认为该测量数据是不可靠的,应将其舍弃。

另外,当测量值与平均值之差大于 2 倍标准偏差,即 $|x_i - \bar{x}| > 2S$ 时,则该测量值应保留,但需存疑。若发现生产(施工)、试验过程中有可疑的变异时,则该测量值应予舍弃。

【例 2-6】 试验室进行同配比的混凝土抗压强度试验,其试验结果为:23.6、24.0、26.5、24.6、25.2、26.7、26.1、30.5、26.0、25.6(MPa),试用拉依达法判别其取舍。

解:分析上述 10 个试验数据,$x_{min}=23.6$MPa 和 $x_{max}=30.5$MPa 最可疑,故首先判别 x_{min} 和 x_{max}。

根据式(2-1)和式(2-4)计算得:

$$\bar{x}=25.9\text{MPa}, S=1.9\text{MPa}$$

$$|x_{max}-\bar{x}| = |30.5-25.9| = 4.6\text{MPa} < 3S = 5.7\text{MPa}$$

$$|x_{min}-\bar{x}| = |23.6-25.9| = 2.3\text{MPa} < 3S = 5.7\text{MPa}$$

故上述测量数据均不能舍弃。

拉依达法计算简单,不需查表,但要求较宽。当试验检测次数较多或要求不高时可以应用,但是当试验检测次数较少时,在一组测量值中即使存在异常值也无法舍弃。

2. 肖维纳特法

进行 n 次试验,其测量值服从正态分布,以概率 $1/2n$ 设定一判别范围($-k_nS, k_nS$),当测量值 x_i 与其算术平均值 $\bar{x}$ 之差超出该范围时,就意味着该测量值 x_i 是可疑的,应予舍弃。判别范围由下式确定:

$$\frac{1}{2n} = 1 - \int_{-k_n}^{k_n} \frac{1}{\sqrt{2\pi}} e^{-\frac{t^2}{2}} dt \tag{2-19}$$

式中:k_n——肖维纳特系数,与试验次数 n 有关,如表 2-1 所示。

肖维纳特系数　　表 2-1

n	k_n	n	k_n	n	k_n	n	k_n	n	k_n	n	k_n
3	1.38	8	1.86	13	2.07	18	2.20	23	2.30	50	2.58
4	1.53	9	1.92	14	2.10	19	2.22	24	2.31	75	2.71
5	1.65	10	1.96	15	2.13	20	2.24	25	2.33	100	2.81
6	1.73	11	2.00	16	2.15	21	2.26	30	2.39	200	3.02
7	1.80	12	2.03	17	2.17	22	2.28	40	2.49	500	3.20

肖维纳特法可疑数据舍弃的标准为:

$$\frac{|x_i - \bar{x}|}{S} \geqslant k_n \tag{2-20}$$

【例 2-7】 试验结果同【例 2-6】,试用肖维纳特法进行判别。

解:查表 2-1,当 $n=10$ 时,$k_n=1.96$。对于测量值 30.5,则有:

$$\frac{|x_i-\bar{x}|}{S}=\frac{|30.5-25.9|}{1.9}=2.42>k_n=1.96$$

说明测量数据 30.5 是异常的,应予舍弃。注意这一结论与 3S 法的结论不一致。

肖维纳特法在拉依达法的基础上有所改善,但从理论上分析,当 $n\to\infty$ 时,$k_n\to\infty$,此时所有异常数据都无法舍弃。此外,肖维纳特系数与置信水平之间无明确联系,故已逐渐被格拉布斯法所代替。

3. 格拉布斯法

格拉布斯法假定测量结果服从正态分布,根据顺序统计量来判别可疑数据的取舍。通过 n 次重复试验,测量结果为 $x_1,x_2,\cdots,x_n$,而且 x_i 服从正态分布。为了检验 x_i 中是否有可疑值,可将 x_i 按由小到大的顺序进行排列:

$$x_{(1)}\leqslant x_{(2)}\leqslant\cdots\leqslant x_{(n)}$$

根据顺序统计原则,给出标准化顺序统计量 g:

$$\left.\begin{aligned}&\text{当最小值 } x_{(1)} \text{ 可疑时,则}\quad g=\frac{\bar{x}-x_{(1)}}{S}\\&\text{当最大值 } x_{(n)} \text{ 可疑时,则}\quad g=\frac{x_{(n)}-\bar{x}}{S}\end{aligned}\right\}\tag{2-21}$$

式中:$\bar{x}$——测量值的算术平均值;

S——测量值的标准偏差。

根据格拉布斯统计量的分布,在指定的显著性水平 α 下,求得判别可疑值的临界值 $g_0(\alpha,n)$。格拉布斯法的判别标准为:

$$g\geqslant g_0(\alpha,n)\tag{2-22}$$

此时可疑值 $x_{(i)}$ 是异常的,应予舍弃。其中 $g_0(\alpha,n)$ 值列于表 2-2。

格拉布斯系数 表 2-2

n	α		n	α		n	α		n	α	
	0.01	0.05		0.01	0.05		0.01	0.05		0.01	0.05
3	1.15	1.15	10	2.41	2.18	17	2.78	2.47	24	2.99	2.64
4	1.49	1.46	11	2.48	2.24	18	2.82	2.50	25	3.01	2.66
5	1.75	1.67	12	2.55	2.29	19	2.85	2.53	30	3.10	2.74
6	1.94	1.82	13	2.61	2.33	20	2.88	2.56	35	3.18	2.81
7	2.10	1.94	14	2.66	2.37	21	2.91	2.58	40	3.24	2.87
8	2.22	2.03	15	2.70	2.41	22	2.94	2.60	50	3.34	2.96
9	2.32	2.11	16	2.74	2.44	23	2.96	2.62	100	3.59	3.17

使用格拉布斯法时,每次只能舍弃一个可疑值。当有两个以上的可疑数据时,必须一个一个数据地舍弃。舍弃第一个数据后,检测次数由 n 变为 $n-1$,以此为基础再判别第二个可疑数据是否应舍弃。

【例 2-8】 试用格拉布斯法判别【例 2-6】测量数据的真伪。

解:(1)测量数据按从小到大的顺序排列如下:

23.6、24.0、24.6、25.2、25.6、26.0、26.1、26.5、26.7、30.5

(2)计算数据特征量

$$\bar{x}=25.9\text{MPa}, S=1.9\text{MPa}$$

(3)计算统计量

$$g_{(1)}=\frac{\bar{x}-x_{(1)}}{S}=\frac{25.9-23.6}{1.9}=1.21$$

$$g_{(10)}=\frac{x_{(10)}-\bar{x}}{S}=\frac{30.5-25.9}{1.9}=2.42$$

由于 $g_{(10)}>g_{(1)}$,故首先判别 $x_{(10)}=30.5$。

(4)选定显著性水平 $\alpha=0.05$,由表2-2查得 $g_0(0.05,10)=2.18$

(5)判别

由于 $g_{(10)}=2.42>g_0(0.05,10)=2.18$,故 $x_{(10)}=30.5$ 为异常值,应予舍弃。这一结论与肖维纳特法结论是一致的。

按照上述方法继续对余下的9个数据进行判别,经计算其中无异常值。

第二节　常用的数理统计方法与工具

通常用数理统计方法作为工程质量控制与评价的基本手段,也就是运用统计性规律,收集数据,并进行整理分析,以作为判断和解决质量问题的依据。工程质量控制中常用的统计方法有直方图法、排列图法、因果分析图法、控制图法、相关图法、调查表法和分层分析法共七种。日本质量管理专家在20世纪70年代末提出了系统图法、关联图法、KJ法、矩阵图法、矩阵数据分析法、PDPC法和箭头法七种新的质量管理工具。老方法和新工具并不是对立的,而是相辅相成的。质量管理过程中,何时采用何种方法或工具应视具体情况而定。一般在可获得大量质量数据时,七种老方法应用较多;而七种新工具是以图形语言为主,主要用于质量管理PDCA循环(计划、执行、检查、处理)中的P(计划)阶段。限于篇幅,本节仅介绍七种老方法中的直方图法、控制图法和相关图法。

评价工程质量,首先要确定质量特性和质量标准。工程质量特性是指对最终建筑产品的功能和使用要求产生影响的技术指标,如路基工程的质量特性有:外形尺寸、压实度、弯沉值、平整度等。质量标准是指国家或行业颁布的施工及验收规范、质量评定及检验标准所规定的各项质量特性值或允许偏差。通常用直方图检查质量特性值的分布,在满足质量标准的情况下,画出质量控制图。若在控制图中发现质量特性值的数值分布出现异常情况时,利用质量因素分析方法查找原因,以保证生产施工过程质量稳定。

一、直方图法

直方图可以一目了然地反映出工程质量特性值的分布情况。直方图法是利用直方图进行质量控制的静态分析法,反映的是质量在某一段时间里的静止状态。

1. 直方图的绘制

下面结合实例说明绘制直方图的方法与步骤。

【例2-9】 某公路路面基层水泥稳定碎石拌和生产中,水泥含量的抽检结果及每行的最大值和最小值列于表2-3中。

水泥抽检数据(%)　　表2-3

序号	水泥含量数据								最大值	最小值
1	5.0	5.1	5.1	5.0	4.9	5.0	4.9	5.2	5.2	4.9
2	4.8	5.0	4.9	5.0	4.8	5.0	4.9	4.8	5.0	4.8
3	5.1	4.9	4.9	5.0	5.3	4.5	5.2	4.8	5.3	4.5
4	5.0	5.1	5.0	4.9	4.9	4.6	4.8	4.7	5.1	4.6
5	5.2	4.7	5.3	5.1	5.1	5.0	4.6	4.9	5.3	4.6
6	4.8	4.8	5.1	4.7	4.7	5.0	4.9	5.0	5.1	4.7
7	4.7	4.8	4.9	4.1	4.8	4.7	4.9	4.6	4.9	4.6
8	5.1	5.1	4.9	4.8	4.9	4.8	4.9	5.2	5.2	4.8

(1)采集数据

一般应不少于50~100个数据,本例为64个数据。

(2)数据分析与整理

从采集的数据中找出最大值与最小值,并计算其极差。

本例中最大值、最小值、极差分别为:$x_{max}=5.3$,$x_{min}=4.5$,$R=0.8$。

(3)确定组数与组距

组数根据采集的数据多少来定:当数据为50以下时,可分为5~7组;总数为50~100时,可分为6~10组;总数为100~250时,可分为7~12组;总数为250以上时,可分为10~20组。组距h等于极差R与组数B之比。本例中取组数$B=8$,则组距

$$h=\frac{R}{B}=\frac{0.8}{8}=0.1$$

(4)确定组界值

为避免数据刚好落在组界上,组界值应比原数据的精度高一级,第一组的上、下界值可由下式计算:

$$\text{下界值}=X_{min}-\frac{h}{2}=4.5-\frac{0.1}{2}=4.45$$

$$\text{上界值}=X_{max}+\frac{h}{2}=4.5+\frac{0.1}{2}=4.55$$

第一组的上、下界值加上组距即为第二组的上、下界值,其他组以此类推。

(5)统计频数

组界值确定后按组号统计频数和频率(相对频数)。

本例的统计结果列于表2-4。

频数分布统计表　　表2-4

序号	分组区间	频数	相对频数	序号	分组区间	频数	相对频数
1	4.45~4.55	1	0.015	6	4.95~5.05	12	0.188
2	4.55~4.65	3	0.047	7	5.05~5.15	9	0.141
3	4.65~4.75	5	0.078	8	5.15~5.25	4	0.063
4	4.75~4.85	11	0.172	9	5.25~5.35	2	0.030
5	4.85~4.95	17	0.266	合计		64	1.000

(6)绘制直方图

以横坐标为质量特性值、纵坐标为频数（或频率）作直方图，如图2-4所示。

2. 直方图的应用

在工程质量控制中，直方图主要用于估算可能出现的不合格率、考察工序能力、判断质量分布状态以及判断施工能力。

（1）估算可能出现的不合格率

质量评定标准，一般都有上下两个标准界限值，上限为 T_U，下限为 T_L。相应的不合格率也有超上限不合格率 P_U 和超下限不合格率 P_L，总计不合格率为

$$P = P_U + P_L \tag{2-23}$$

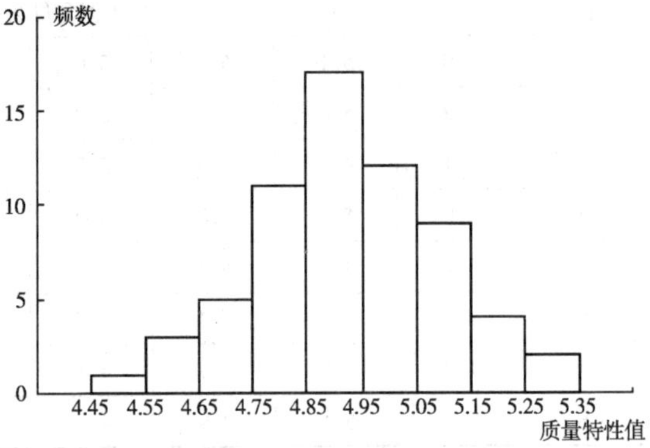

图2-4 频数分布直方图

为了计算 P_U 与 P_L，引入正态分布概率系数的相应数值 K_U 与 K_L。

$$\left.\begin{aligned} K_U &= \frac{|T_U - \bar{x}|}{S} \\ K_L &= \frac{|T_L - \bar{x}|}{S} \end{aligned}\right\} \tag{2-24}$$

根据 K_U、K_L 查附表一《正态分布概率系数表》，即可求出相应的不合格率 P_U 和 P_L。

【例2-10】 在【例2-9】中，设计要求水泥含量为5%，允许上下波动0.5%，试计算可能出现的不合格率。

解：经计算得到 $\bar{x}=4.91\%$，$S=0.20\%$，$T_U=5.5\%$，$T_L=4.5\%$ 则由式（2-24）得

$$K_U = \frac{|T_U - \bar{x}|}{S} = \frac{|5.50 - 4.91|}{0.20} = 2.95$$

$$K_L = \frac{|T_L - \bar{x}|}{S} = \frac{|4.50 - 4.91|}{0.20} = 2.05$$

查《正态分布概率系数表》

$K_U = 2.95$ 时，　　$P_U = 0.001\,59$

$K_L = 2.05$ 时，　　$P_L = 0.020\,2$

由式（2-23）得

$$P = P_U + P_L = 0.001\,59 + 0.020\,2 = 0.021\,79$$

即可能出现的不合格率为2.179%。

（2）考察工序能力

工序能力是指工序处于稳定状态下的实际生产合格产品的能力，通常用工序能力指数 C_P 表示。工序能力指数即质量标准范围 T 与该工序生产精度的比值，其计算方法如下：

①当质量标准中心与质量分布中心重合时

$$C_P = \frac{T}{6S} = \frac{T_U - T_L}{6S} \tag{2-25}$$

②当质量标准中心与质量分布中心不重合时

$$C_{PK} = \frac{T_U - T_L}{6S}(1 - K) \tag{2-26}$$

式中：K——相对偏移量。

$$K = \frac{\left|\frac{T_U + T_L}{2} - \bar{x}\right|}{\frac{T_U - T_L}{2}} \tag{2-27}$$

③当质量标准只有下限或上限时

$$\left.\begin{aligned} C_P &= \frac{\bar{x} - T_L}{3S}(\text{下限控制}) \\ C_P &= \frac{T_U - \bar{x}}{3S}(\text{上限控制}) \end{aligned}\right\} \tag{2-28}$$

若 $\bar{x} < T_L$ 或 $\bar{x} > T_U$,则认为 $C_P = 0$,即完全没有工序能力。

从上述计算公式可以看出,C_P 值是工序所生产的产品质量分布范围能满足质量标准的程度。判断工序能力,主要用 C_P 值来衡量,其判断标准见表 2-5。

工序能力判断标准 表 2-5

C_P 值	工序能力判断
$C_P > 1.33$	工序能力充分满足要求,但 C_P 值越是大于 1.33 说明工序能力越有潜力,应考虑标准是否定得过宽,工序是否经济
$C_P = 1.33$	理想状态
$1 \leqslant C_P < 1.33$	较理想状态,但 C_P 值接近或等于 1 时,则有发生不合格品的可能,应加强质量控制
$0.67 \leqslant C_P < 1$	工序能力不足,应采取措施改进工艺条件
$C_P < 0.67$	工序能力非常不足

【例 2-11】 试计算【例 2-9】的工序能力指数,并作出判断。

解:从【例 2-10】已经得到 $\bar{x} = 4.91\%$,$S = 0.20\%$,$T_U = 5.5\%$,$T_L = 4.5\%$

$$C_P = \frac{T}{6S} = \frac{T_U - T_L}{6S} = \frac{5.5 - 4.5}{6 \times 0.20} = 0.83$$

$$K = \frac{\left|\frac{T_U + T_L}{2} - \bar{x}\right|}{\frac{T_U - T_L}{2}} = \frac{\left|\frac{5.5 + 4.5}{2} - 4.91\right|}{\frac{5.5 - 4.5}{2}} = 0.18$$

$$C_{PK} = C_P(1 - K) = 0.83 \times (1 - 0.18) = 0.68$$

按判断标准说明本例工序能力不足,需要从人员、材料、机械和工艺方法等方面去查找影响工序能力的因素,进行改进,对 C_P 值做必要的修正。

(3)判断质量分布状态

从直方图的形状可以判断工程质量是否正常。质量分布正常时,直方图应是左右接近对称的山峰形,近似于正态分布的图形,如图 2-5a)。质量分布异常时,直方图也呈现出不正常的形态,大体包括以下几类:

①折齿形:一般原因是分组不当或组距确定不当,如图 2-5b)。

②左(或右)缓坡形:主要原因是操作中上限(或下限)控制太严,如图 2-5c)。

③孤岛形:通常是由于原材料发生变化,或他人临时顶替作业造成的,如图 2-5d)。

④双峰形:两组生产条件不同的数据混在一起整理时常会出现这种情况,如图 2-5e)。

⑤绝壁形:说明数据收集不正常,丢掉了下限以下的数据,如图 2-5f)。

当直方图出现异常形状时,说明生产过程存在影响质量的系统因素,或收集整理数据的方法不当，应进一步分析原因，并采取措施加以纠正。

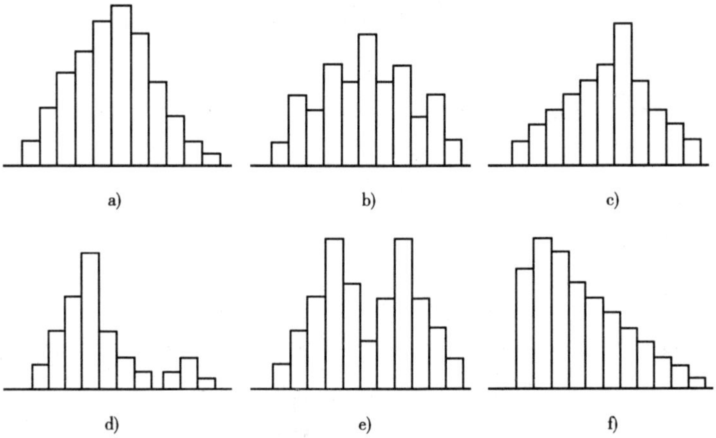

图 2-5　常见的直方图图形

（4）判断施工能力

将正常形直方图的分布位置与质量控制标准的上下限范围进行比较分析，即可判断实际生产施工能力。如图 2-6 所示，*T* 表示质量标准要求的界限，*B* 代表实际质量特性值的分布范围。两者的比较结果一般有以下几种情况。

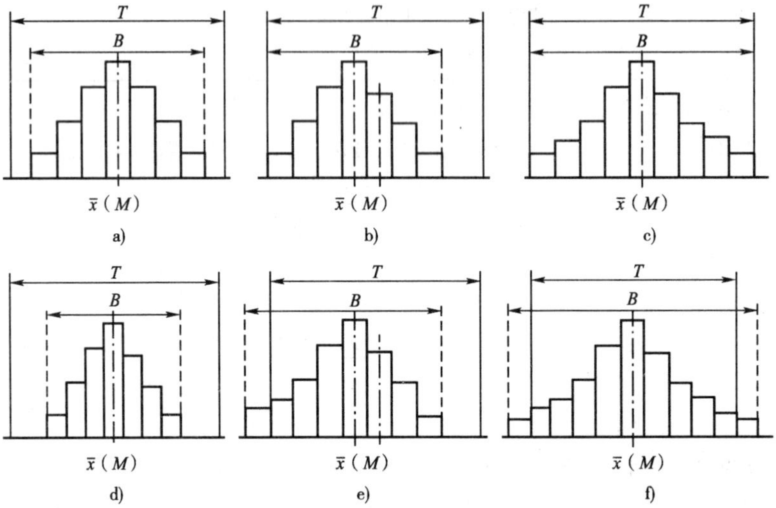

图 2-6　实际质量分布与质量标准的关系

①*B* 在 *T* 之内，两边各有一定余地，这是经济合理的受控状态，如图 2-6a）。

②*B* 在 *T* 之内，但偏向下侧（或上侧），易出现不合格，在管理上必须提高总体能力，如图 2-6b）。

③*B* 与 *T* 相重合，质量能力处于临界状态，极易出现不合格，必须分析原因，采取措施，如图 2-6c）。

④*B* 在 *T* 之内，但两边余地较大，说明质量能力偏大，不经济，如图 2-6d）。

⑤*B* 过分偏离 *T* 的中心，已经出现超下限（或上限）的不合格，必须调整，如图 2-6e）。

⑥*B* 超出 *T*，已经出现超出上下限的不合格，说明质量能力不能满足技术要求，必须分析原因，采取措施进行纠偏，如图 2-6f）。

二、控制图法

控制图又称管理图，是用于分析和判断工序是否处于稳定状态所使用的带有控制界限的图形，是预报工序中存在影响工序质量的异常原因的一种有效工具。

控制图法是动态分析法，弥补了直方图法等静态分析法的不足。工程产品都是在动态的生产施工过程中形成的，采用控制图法等动态分析法，可随时了解生产过程中质量的变化情况，以便及时采取措施进行控制，使生产始终处于稳定状态。

1. 控制图的基本形式和原理

控制图的基本形式，如图 2-7 所示。

图中三条横线分别表示：

UCL——控制上限；

CL——中心线；

LCL——控制下限。

控制图描述生产过程中质量的波动状态，并用来分析质量波动的原因，判断工序是否处于稳定状态。图中控制上限和控制下限并不是产品的质量标准界限，而是为了判断工序是否处于稳定状态而设的界线。

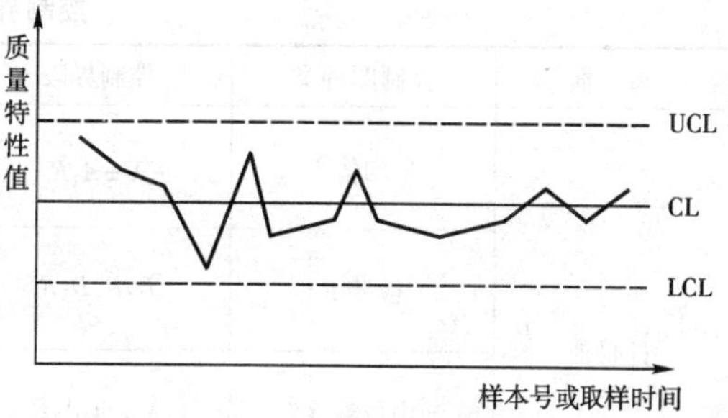

图 2-7　控制图基本形式

影响工程质量波动的原因很多，可归纳为两类，即偶然性原因和系统性原因。偶然性原因是经常对产品质量起作用的因素，但其出现带有随机性质的特点。如原材料成分和性能发生微小变化，工人操作的微小变化，周围环境的微小变化等等。系统性原因是对产品质量影响很大的异常性因素。如原材料质量规格的显著变化，工人不遵守操作规程，机械设备的调整不当，检测仪器的使用不合理，周围环境的显著变化等等。当影响产品质量变化的原因全部属于偶然性原因，不存在系统性原因时，即称工序处于稳定状态或控制状态，否则就是不稳定状态或非控制状态。

当工序处于稳定的控制状态时，质量的波动是随机的，符合正态分布规律，因而可以由参数 μ 和 σ 来反映质量波动的分布规律。当分布中心与质量标准中心相重合，散差分布在质量标准界限之内，产品基本上都是合格的，工序生产也是正常的。此后，只要 μ 和 σ 保持不变，产品的质量就有充分的把握，工序就处在稳定的控制状态。控制图的作用就是随时反馈生产过程中的抽检结果，注意 μ 和 σ 的变化以判断生产的稳定状态如何，以便及时采取措施加以纠正。

2. 控制图的分类

根据质量数据的种类，控制图分为计量值控制图和计数值控制图两大类。

(1)计量值控制图

①X 图(单值控制图)

②$X-R$ 图(单值与极差控制图)

③$\bar{X}-R$ 图(平均值与极差控制图)

④$\tilde{X}-R$ 图(中值与极差控制图)

⑤X_{max} 图(最大极限值控制图)

⑥$X-R_s$ 图(单值与移动极差控制图)

(2)计数值控制图

①P_n 图(不合格品数控制图)

②P 图(不合格品率控制图)

③C 图(缺陷数控制图)

④U 图(单位缺陷数控制图)

控制图中的控制界限是根据数理统计学原理,采用“3 倍标准偏差法”(3S 法)计算确定的。即将中心线定在被控制对象的平均值(包括单值、平均值、极差、中值等的平均值)上面,以中心线为基准向上向下各量 3 倍标准偏差作为控制上限和控制下限。因为控制图是以正态分布作为理论依据,故采用“3S 法”可以在最经济的条件下,实现工序控制,达到保证产品质量的目的。

各类控制图的控制界限计算公式及公式中采用的系数见表 2-6 和表 2-7。

控制界限计算公式 表 2-6

数 据	控制图种类	控制界限	中心线	备 注
计量值	平均值 $\bar{X}$	$\bar{\bar{X}} \pm A_2\bar{R}$	$\bar{\bar{X}} = \frac{1}{K}\sum_{i=1}^{K}\bar{X}_i$	$A_2\bar{R} = 3S$
	极差 R	$D_4\bar{R}, D_3\bar{R}$	$\bar{R} = \frac{1}{K}\sum_{i=1}^{K}R_i$	$D_4\bar{R} = \bar{R} + 3S$ $D_3\bar{R} = \bar{R} - 3S$
	中位数 $\tilde{X}$	$\bar{\tilde{X}} \pm m_3A_2\bar{R}$	$\bar{\tilde{X}} = \frac{1}{K}\sum_{i=1}^{K}\tilde{X}_i$	$m_3A_2\bar{R} = 3S$
	单值 X	$\bar{X} \pm E_2\bar{R}$	$\bar{X} = \frac{1}{K}\sum_{i=1}^{K}X_i$	$E_2\bar{R} = 3S$
计数值	不合格品数 P_n	$\bar{P}_n \pm 3\sqrt{\bar{P}_n(1-\bar{P})}$	$\bar{P}_n = \frac{1}{K}\sum_{i=1}^{K}P_{ni}$	$\sqrt{\bar{P}_n(1-\bar{P})} = S$
	不合格品率 P	$\bar{P} \pm 3\sqrt{\frac{\bar{P}(1-\bar{P})}{n}}$	$\bar{P} = \frac{1}{K}\sum_{i=1}^{K}P_i$	$\sqrt{\frac{\bar{P}(1-\bar{P})}{n}} = S$
	缺陷数 C	$\bar{C} \pm 3\sqrt{\bar{C}}$	$\bar{C} = \frac{1}{K}\sum_{i=1}^{K}C_i$	$\sqrt{\bar{C}} = S$
	单位缺陷数 U	$\bar{U} \pm 3\sqrt{\frac{\bar{U}}{n}}$	$\bar{U} = \frac{1}{K}\sum_{i=1}^{K}U_i$	$\sqrt{\frac{\bar{U}}{n}} = S$

注:表中“K”为样本组数。

控 制 图 系 数 表 2-7

样本数	$\bar{X}$ 控制图	R 控制图		$\tilde{X}$ 控制图	X 控制图
n	A_2	D_4	D_3	m_3A_2	E_2
2	1.88	3.27	-	1.88	2.66
3	1.02	2.57	-	1.19	1.77
4	0.73	2.28	-	0.80	1.46
5	0.58	2.11	-	0.69	1.29
6	0.48	2.00	-	0.55	1.18
7	0.42	1.92	0.08	0.51	1.11
8	0.37	1.86	0.14	0.43	1.05
9	0.34	1.82	0.18	0.41	1.01
10	0.31	1.78	0.22	0.36	0.98

注:表中“ - ”表示不考虑控制下限。

3. 控制图的绘制

以$\overline{X}-R$控制图为例来说明。$\overline{X}-R$控制图包括$\overline{X}$控制图和R控制图，一般把$\overline{X}$控制图放在R控制图上面，主要观察控制平均值和标准偏差的变动。$\overline{X}-R$控制图适用于批量或大批量的产品质量控制，检测生产过程是否稳定的能力较强，是最常用的一组控制图。

【例 2-12】 表 2-8 是水泥混凝土路面抗压强度检测结果。该路面抗压强度的$\overline{X}-R$控制图绘制方法如下：

混凝土抗压强度检测结果与计算表　　表 2-8

组号	实测偏差(MPa)					$\sum X_i$	平均值$\overline{X}_i$	极差 R_i
	X_1	X_2	X_3	X_4	X_5			
1	2.3	0.2	-3.7	-6	-1.4	-8.6	-1.72	8.3
2	-0.3	0.5	-4.4	1.5	-1.5	-4.2	-0.84	5.9
3	-1.7	-2.3	-5.7	-0.4	-3.5	-13.6	-2.72	5.3
4	2.4	-3.2	-4.3	2.9	3.7	1.5	0.3	8
5	1.7	-2.1	-3.1	0.6	2.8	-0.1	-0.02	5.9
6	4.8	0	-2	1.8	-0.2	4.4	0.88	6.8
7	-1.6	4.9	4.3	-1.2	-1.3	5.1	1.02	6.5
8	8.7	0.1	0.8	2.2	0.5	12.3	2.46	8.6
9	-1.1	0.8	5.9	0.7	0.5	6.8	1.36	7
10	6.9	4.5	0.4	1.1	2	14.9	2.98	6.5
合　计						18.5	3.7	68.8

(1)收集数据

一般应收集 50~100 个以上数据，数据应尽可能是近期的，且与生产中的工序状态相一致，否则所得结果是无效的。本例收集了 50 个实测数据。

(2)数据分组

在技术条件大致相同的条件下所收集的产品的数据应分在同一组内。一般可将数据分为 10~25 组，每组取 2~6 个数据为宜。即每个样本容量$n=2\sim6$，但多用 4~5。在本例中样本组数$K=10$，$n=5$，如表 2-8 所示。

(3)计算各组的平均值$\overline{X}_i$、极差R_i并填入表中。

(4)计算各组平均值的平均值、极差的平均值。

$$\bar{\bar{x}}=\frac{\bar{x}_1+\bar{x}_2+\cdots+\bar{x}_K}{K}=\frac{3.7}{10}=0.37$$

$$\overline{R}=\frac{R_1+R_2+\cdots+R_K}{K}=\frac{68.8}{10}=6.88$$

(5)计算控制界限

$\overline{X}$控制图：$CL=\bar{\bar{x}}=0.37$

$$UCL=\bar{\bar{x}}+A_2\overline{R}=0.37+0.58\times6.88=4.36$$

$$\mathrm{LCL}=\bar{\bar{x}}-A_2\bar{R}=0.37-0.58\times6.88=-3.62$$

R 控制图：$\mathrm{CL}=\bar{R}=6.88$

$$\mathrm{UCL}=D_4\bar{R}=2.11\times6.88=14.52$$

$$\mathrm{LCL}=D_3\bar{R}(n\leqslant6\text{ 不考虑})$$

式中 A_2、D_3、D_4 都是由 $n=5$ 决定的系数(见表 2-7)。

(6)建立坐标，画出控制图。

在图纸上用实线画出中心线，用虚线标示控制界限，按顺序将各组的 $\bar{X}$、R 值打点。$\bar{X}$ 控制图用“●”表示，R 控制图用“▲”表示，超出界限的点分别用“○”和“Δ”表示，如图 2-8 所示。

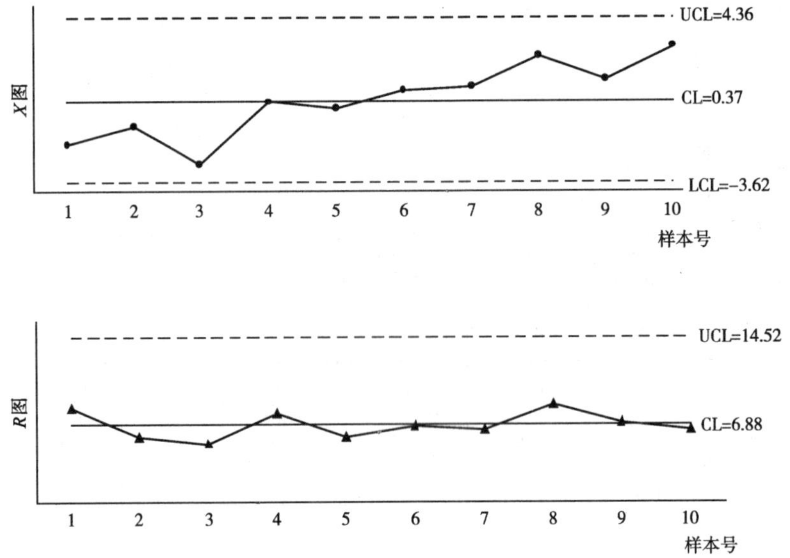

图 2-8 $\bar{X}-R$ 控制图

4. 控制图的观察分析

通过观察控制图上的点子所处的位置，可以判断生产过程是否处于稳定状态。判断规则如下。

(1)处于控制状态

①控制图上的点子未超越控制界限；

②控制界限内的点子的排列和分布方式没有缺陷。

(2)处于异常状态

只要点子超出控制界限，即可判断为异常状态。若点子在控制界限内，但排列和分布方式有缺陷，也判为异常，包括以下几种情况：

①在中心线一侧连续出现 7 个以上点子，如图 2-9a)。

②连续 7 个以上点子上升或下降，如图 2-9b)。

③点子在中心线一侧多次出现，如连续 11 个点中至少有 10 个点在同一侧，如图 2-9c)；或连续 14 点中至少有 12 点；连续 17 点中至少有 14 点；连续 20 点中至少有 16 点出现在同一侧。

④点子接近控制界限，如连续 9 个点中至少有 2 点在中心线上或下 2 倍标准偏差横线以

外出现,如图 2-9d);或连续 7 点中至少有 3 点或连续 10 点中至少有 4 点在该横线外出现。

⑤点子出现周期性波动,如图 2-9e)。

控制图出现异常现象,说明生产过程发生了异常变化,必须把引起这种变化的原因找出来排除掉,使生产施工尽快恢复到稳定的控制状态。

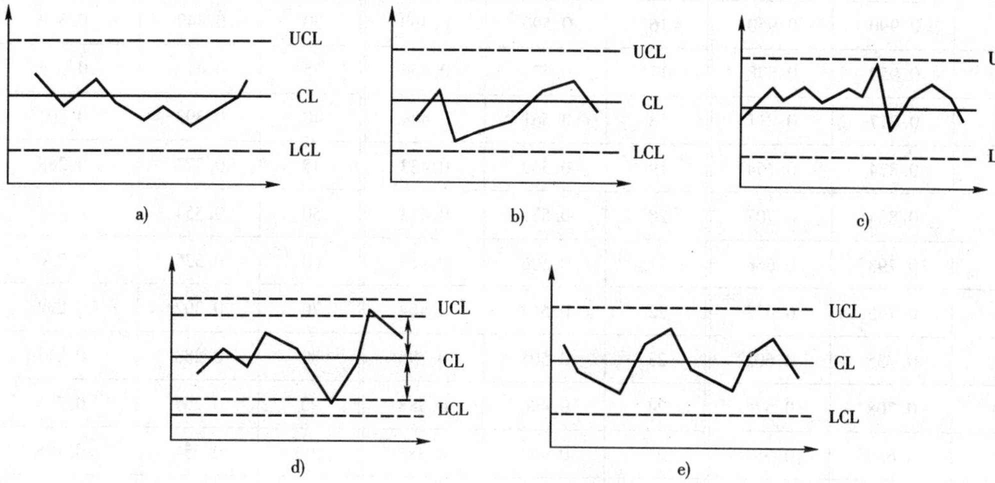

图 2-9　控制图的异常现象

三、相关图法

相关图又称散布图,它是分析变量之间关系的一种方法。当变量之间有一定的依存关系,但不是一一对应的必然关系,而是随机性的关系(如人的身高与体重之间的关系)称之为相关关系。他们之间可以是因果关系,如水泥用量、水灰比与抗压强度的关系;也可以是影响同一质量特性的各因素之间的相互关系,其中表示原因的或比较容易控制的变量为 x,表示结果的或不易控制的变量为 y。

1. 相关图的作图方法

(1)收集数据

以混凝土水灰比与强度关系为例,收集实测数据 8 对。x 为水灰比,y 为混凝土试块强度,见表 2-9。

(2)绘图

在直角坐标 $X0Y$ 内绘出各点坐标(x,y)得相关图,如图2-10 所示。

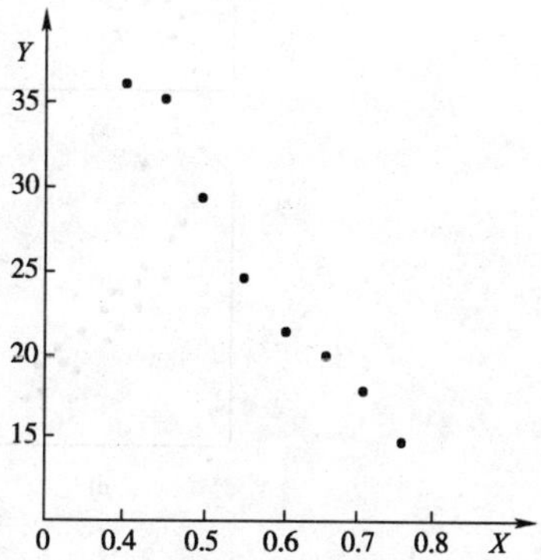

图 2-10　相关图

2. 相关图的观察分析

对相关图进行观察分析,大致有以下六种情况,如图 2-11 所示。

(1)正相关。散布点从左到右形成一条向上的直线带,说明 x 与 y 有较强的制约关系,可通过 x 有效地控制 y,如图2-11a)。

(2)弱正相关。散布点形成一条向上较分散的直线带,y 有随 x 增大而增大的趋势,但离散程度较大,应考虑是否有更重要的因素影响 y 的变化,如图 2-11b)。

(3)不相关。散布点分散成团,或平行于 X 轴,说明 x 与 y 无影响,可排除,如图 2-11c)。

相关系数检验表(r_α)

表 2-9

$n-2$	α 0.01	α 0.05	$n-2$	α 0.01	α 0.05	$n-2$	α 0.01	α 0.05
1	1.000	0.997	15	0.606	0.482	29	0.456	0.355
2	0.990	0.950	16	0.590	0.468	30	0.449	0.349
3	0.959	0.878	17	0.575	0.456	35	0.418	0.325
4	0.917	0.811	18	0.561	0.444	40	0.393	0.304
5	0.874	0.754	19	0.549	0.433	45	0.372	0.288
6	0.834	0.707	20	0.537	0.423	50	0.354	0.273
7	0.798	0.666	21	0.526	0.413	60	0.325	0.250
8	0.765	0.632	22	0.515	0.404	70	0.302	0.232
9	0.735	0.602	23	0.505	0.396	80	0.283	0.217
10	0.708	0.576	24	0.496	0.388	90	0.267	0.205
11	0.684	0.553	25	0.487	0.381	100	0.254	0.195
12	0.661	0.532	26	0.478	0.374	200	0.181	0.138
13	0.641	0.514	27	0.470	0.367	300	0.148	0.113
14	0.623	0.497	28	0.463	0.361	400	0.128	0.098

(4)负相关。散布点从左到右形成一条向下的直线带,与正相关相反,y 随 x 的增大而减小,如图 2-11d)。

(5)弱负相关。与弱正相关相似,应寻找其他影响因素,如图 2-11e)。

(6)非线性相关。散布点呈一曲线带,如图 2-11f)。

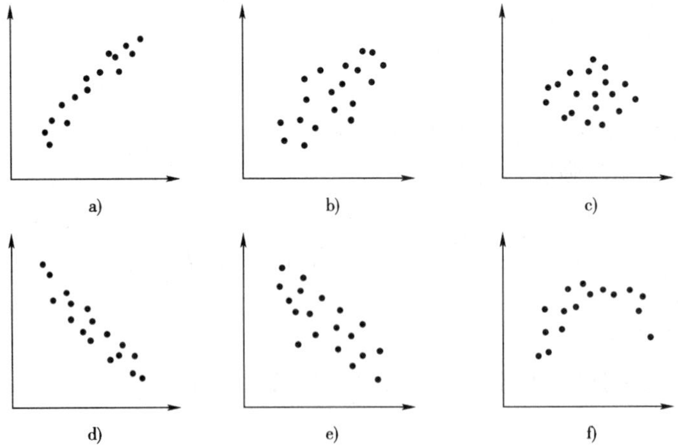

图 2-11 相关图的基本类型

3. 相关图的定量分析

(1)相关系数

作出相关图后,要比较正确地反映两种因素相关的密切程度,通常可以通过计算相关系数 r 来表示:

$$r = \frac{L_{xy}}{\sqrt{L_{xx}L_{yy}}} \tag{2-29}$$

其中：

$$L_{xy} = \sum_{i=1}^{n}(x_i - \bar{x})(y_i - \bar{y}) = \sum_{i=1}^{n}x_i y_i - n\,\bar{x}\bar{y} \tag{2-30}$$

$$L_{xx} = \sum_{i=1}^{n}(x_i - \bar{x})^2 = \sum_{i=1}^{n}x_i^2 - n\,\bar{x}^2 \tag{2-31}$$

$$L_{yy} = \sum_{i=1}^{n}(y_i - \bar{y})^2 = \sum_{i=1}^{n}y_i^2 - n\bar{y}^2 \tag{2-32}$$

相关系数 r 的取值范围为 $-1 \leqslant r \leqslant 1$，正值表示正相关，负值表示负相关。$r$ 的绝对值越接近于1，相关程度越密切。当 $r = \pm 1$ 时，两种因素之间符合直线函数关系，称为完全相关，这时所有数据点均在一条直线上。如果 r 趋近于0，则两种因素之间没有线性关系，这时它们可能不相关，也可能是曲线相关。

对于一个具体问题，只有当相关系数的绝对值 r 大于临界值 r_α 时，才可用直线近似表示两种因素之间的关系，也就是它们之间存在线性相关关系，其中临界值 r_α 与测量数据的个数 n 和显著性水平 α 有关，其值列于表2-9。

【例2-13】 不同水灰比（W/C）的混凝土28d强度（R_{28}）试验结果如表2-10所示，试检验 R_{28}—W/C 的相关性（取显著性水平 $\alpha = 0.05$）。

解：列表进行计算，如表2-10所示。

试验结果及回归计算 表2-10

序号	$x(W/C)$	$y(R_{28})$(MPa)	x^2	y^2	xy
1	0.40	36.3	0.16	1 317.69	14.52
2	0.45	35.3	0.202 5	1 246.09	15.885
3	0.50	28.2	0.25	795.24	14.1
4	0.55	24	0.302 5	576	13.2
5	0.60	23	0.36	529	13.8
6	0.65	20.6	0.422 5	424.36	13.39
7	0.70	18.4	0.49	338.56	12.88
8	0.75	15	0.562 5	225	11.25
Σ	4.6	200.8	2.75	5 451.94	109.025

$$\bar{x} = 0.575 \qquad \bar{y} = 25.1$$

$$L_{xx} = 0.105 \qquad L_{yy} = 411.86 \qquad L_{xy} = -6.435$$

相关系数：

$$r = \frac{L_{xy}}{\sqrt{L_{xx}L_{yy}}} = \frac{-6.435}{\sqrt{0.105 \times 411.86}} = -0.978\,5$$

由试验次数 $n = 8$，显著性水平 $\alpha = 0.05$，查表2-9得相关系数临界值 $r_{0.05} = 0.707$。故 $|r| > r_{0.05}$，说明混凝土28天的抗压强度 R_{28} 与水灰比 W/C 是线性相关的。

（2）回归分析

回归分析是研究各变量相关关系的一种数学工具。确定两变量间存在相关关系后，即可应用回归分析方法进行定量分析，从而确定它们之间的定量表达式——回归方程。

在实际问题中，有时两个变量之间的关系是线性，而有时两个变量之间则存在非线性关系。因此，一般情况下，试验结果的数学表示包括三个方面的工作：

①确定回归方程的类型；

②确定回归方程中的回归系数；

③回归方程相关关系的判断。

由于篇幅限制，此处仅介绍线性回归分析。一元线性回归是工程中经常遇到的配直线的问题。通过试验，可以得到若干组的对应数据。根据这些数据计算相关系数 γ，判定两变量间确实存在线性关系后，便可以用一条适当的直线来表示该两变量的关系。此直线方程为：

$$y = a + bx \tag{2-33}$$

式中：x——自变量；

y——因变量；

a、b——回归系数。

回归系数 a、b 确定平面上直线的位置，必须找到一条最优直线使方程 $y = a + bx$ 的函数值 Y_i 与实际观察值 y_i 之差为最小。根据最小二乘法原理，当所有数据偏差的平方和最小时，所配的直线最优。根据这个条件可以求得：

$$b = \frac{L_{xy}}{L_{xx}} \tag{2-34}$$

$$a = \bar{y} - b\bar{x} \tag{2-35}$$

【例 2-14】 试验结果同【例 2-13】，试确定 $R_{28} \sim W/C$ 之间的回归方程。

解：根据式(2-34)、式(2-35)，求得

$$b = \frac{L_{xy}}{L_{xx}} = \frac{-6.435}{0.105} = -61.286$$

$$a = \bar{y} - b\bar{x} = 25.1 - (-61.286) \times 0.575 = 60.339$$

则回归方程为：

$$y = 60.339 - 61.286x$$

此处回归系数 b 的物理意义可以理解为：水灰比 W/C 每增大 0.1，混凝土 28d 强度 R_{28} 即降低约 6.13MPa。

第三节　抽样检验基础

检验是指通过测量、试验等质量检测方法，将工程产品与其质量标准相比较并做出质量评判的过程。检验的基本意义在于：将用某种方法检验产品的结果与质量判定标准比较，判断出各个产品是“合格品”还是“不合格品”；或者与产品“批”的判定标准做比较，判断出是“合格批”还是“不合格批”。从此意义上说，检验分为对“各个产品”的检验和对“批”的检验两种情况。这两种检验过程可用图 2-12 和图 2-13 表示。

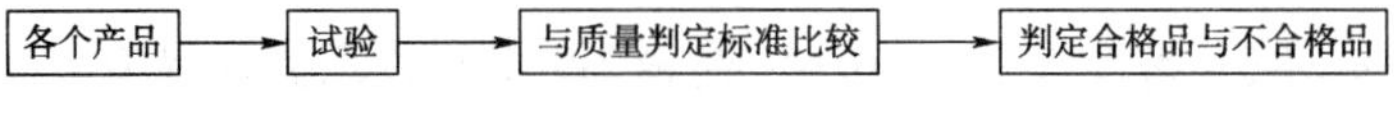

图 2-12　对各个产品的检验过程

工程质量检验是工程质量控制的一个重要环节,是保证工程质量的必要手段。检验可分为全数检验和抽样检验两大类。全数检验是对一批产品中的每一个产品进行检验,从而判断该批产品质量状况;抽样检验是从一批产品中抽出少量的单个产品进行检验,从而推断该批产品质量状况。

图 2-13　对批进行检验的过程

在工程质量检验中,全数检验应用的场合很少,大多数情况下是采取抽样检验。这是因为:全数检验较抽样检验可靠性好,但检验工作量非常大,往往难以实现;抽样检验方法以数理统计学为理论依据,具有很强的科学性和经济性;无破损检验仪具器械的种类少,性能难以稳定,在无法采用无破损性检验时,就得采用破坏性试验,而破坏性试验是不可能对全部都做检验的;道路、桥梁、隧道等工程不同于一般产品,它是一个连续的整体(即无限总体),且采用的质量检测手段又多属于破坏性的。所以,就上述工程质量检验而言,不可能采用全数检验,而只能采用抽样检验。即从待检工程中抽取样本,根据样本的质量检验结果,推断整个待检工程的质量状况。

一、抽样检验的类型

抽样是从总体中抽取样本的过程,并通过样本了解总体。总的来说,抽样检验分为非随机抽样与随机抽样两大类。

1. 非随机抽样

人为的有意识地挑选取样即为非随机抽样。非随机抽样中,人的主观因素占主导作用,例如,公路工程的参建方如施工单位希望抽取质量较好的试样,以便得到较好的检验结果;而有些部门(如质量监督部门或业主)则希望抽取质量较差的试样,使工程整体质量得以提高,由此所得到的质量数据,往往会对总体作出错误的判断。因此,采用非随机抽样方法所得的检验结论,其可信度较低。

2. 随机抽样

随机抽样是以数理统计的原理,根据样本取得的质量数据来推测、判断总体的一种科学抽样检验方法,随机抽样排除了人的主观因素,使待检总体中的每一个单位产品具有同等被抽取的机会。只有随机取样的样本才能客观地反映总体的质量状况,这类方法所得到的数据代表性强,质量检验的可靠性能够得到基本保证。因此,随机抽样的方法被广泛使用。

二、随机抽样的方法

通过一个例子,说明随机抽样的方法。假如有一批产品,共 100 箱,每箱 20 件,从中选择 200 个样本,一般有以下几种抽样方法:

(1)从整批中,任意抽取 200 件;

(2)从整批中,先分成 10 组,每组为 10 箱,然后分别从各组中任意抽取 20 件;

(3)从整批中,分别从每箱中任意抽取 2 件;

(4)从整批中,任意抽取 10 箱,对这个 10 箱进行全数检验。

上述四种方法,分别称为"(1)"单纯随机抽样;"(2)"系统抽样;"(3)"分层抽样;"(4)"密集群抽样。适合于公路工程质量检验的随机抽样方式一般为前 3 种。

1. 单纯随机抽样

在总体中，直接抽取样本的方法即为单纯随机抽样。这是一种完全随机化的抽样方法，要实现单纯随机抽样，首先要对总体中各个个体进行编码。随机抽样并不意味着随便地、任意地取样，而是应采取一定的方式获取随机数，以确保抽样的随机性，而随机数可以利用随机数表获得，也可以利用掷骰子或抽签的方法获得。

2. 系统抽样

有系统地将总体分成若干部分，然后从每一个部分抽取一个或若干个个体，组成样本，这种方法称为系统取样。系统抽样的实现主要有3种方式：

(1)将比较大的总体分为若干部分，再根据样本容量的大小，在每部分按比例进行单纯随机抽样，将各部分抽取的样品组合成一个样本。

(2)间隔定时法。每隔一定的时间，从工作面抽取一个或若干个样品该方法适合于工序质量控制。

(3)间隔定量法。每隔一定数量的产品，抽取一个或若干个样品。该方法主要适合于工序质量控制。

3. 分层抽样

每个分项工程或工序往往是由若干不同的班组施工的。分层抽样法就是根据此类情况，当批量或工序被分为若干层时，可从所有分层中按一定比例取样。例如有两台拌和机同时拌制原材料相同的同强度等级混凝土，为检验生产混凝土的质量特性，采用抽样方法时，应注意对两台拌和机分别取样，这样便于了解不同"层"的产品质量特性，研究各层造成不良品率的原因，也可将甲、乙样品混合进行试验，了解混合产品的质量特性。

4. 系统抽样

当对总体实行单纯随机抽样有困难时，如连续作业时抽样、产品为连续体时的抽样(如测定公路路基的弯沉值)等，可采用一定间隔进行抽取的抽样方法，成为系统抽样或等距抽样。例如，现要求测定1 000m路基的弯沉值，由于路基是连续体，可采取每20m或50m测定一点(或两点)的办法，作抽样测定。这时可用掷骰子或其他随机方法确定起点位置，如从K0 + 010开始，然后分别测定K0 +030，K0 +050，…或K0 +060，K0 +110，…位置的弯沉。

三、路基路面现场随机取样方法

为了公正、合理地反映工程质量状况，取样的位置不应带有任何倾向性，应该根据随机数表(见附表三)来确定现场取样的具体位置。

随机取样选点法需要的材料有：钢尺、皮尺、从1～28共28块硬纸片(每块大小为2.5cm×2.5cm，并将其装入布袋中)，骰子(2个)、毛刷、粉笔等。下面分测定区间或断面和测点位置两种情况加以讨论。

1. 测定区间或断面的确定方法

(1)路段确定，根据路基路面施工或验收、质量评定方法等有关规范决定需检测的路段，它可以是一个作业段、一天完成的路段或路线全程，在路基路面工程检查验收时，通常以1km为一个检测路段，此时，检测路段的确定也应按本方法的步骤进行。

(2)将确定的测试路段划分为一定的区间或按桩号间距(一般为20m)划分为若干个断面，并按1,2,3，…，T进行编号，其中T为总的区间数或断面数。

(3)从布袋中随机摸出一块硬纸片，硬纸片上的号数即随机数表上的栏号，从1～28栏中选出该栏号对应的一栏。

(4)按照测定区间数、断面数的频度要求(总的取样数为 n,当 $n>30$ 时应分次进行),依次找出与 A 列中 01,02,…,n 对应的 B 列中的值,共 n 对对应的 A、B 值。

(5)将 n 个 B 值与总的区间数或断面数 T 相乘,四舍五入成整数,即得到 n 个断面的编号。

【例 2-15】 拟从 K18 +000 ~ K19 +000 的 1km 检测路段中选择 20 个断面测定路面宽度、高程、横坡等外形尺寸,断面桩号决定方法如下:

(1)1km 总长的断面数 T = 1 000/20 = 50 个,编号为 1,2,…,50。

(2)从布袋中摸出一块硬纸片,其编号为 5,即采用随机数表中的第 5 栏。

(3)从第 5 栏 A 列中挑出小于 20 所对应的 B 列数值,将 B 列数值与 T 相乘,四舍五入得到 20 个编号,并得到 20 个断面的桩号,计算过程如表 2-11 所示。

路面宽度、高程、横坡检测断面随机选点计算表 表 2-11

断面序号	5栏A列	B列	B×T	断面编号	桩 号
1	17	0.024	1.20	1	K18 +020
2	07	0.167	8.35	8	K18 +160
3	03	0.219	10.95	11	K18 +220
4	11	0.282	14.10	14	K18 +280
5	14	0.739	18.95	19	K18 +380
6	13	0.394	19.70	20	K18 +400
7	06	0.410	20.50	21	K18 +420
8	15	0.438	21.90	22	K18 +440
9	05	0.488	42.40	24	K18 +480
10	01	0.525	26.25	26	K18 +520
11	12	0.561	28.05	28	K18 +560
12	08	0.652	32.60	33	K18 +660
13	18	0.668	33.40	33	K18 +680
14	02	0.763	38.00	38	K18 +760
15	10	0.843	43.15	42	K18 +840
16	16	0.858	42.90	43	K18 +860
17	04	0.903	45.15	45	K18 +900
18	09	0.912	45.60	46	K18 +920
19	20	0.970	48.50	49	K18 +980
20	19	0.975	48.75	49	K19 +000

2. *测点位置确定方法*

(1)从布袋中任意取出一块硬纸片,纸片上的号数即为随机数表中的栏号。从 1 ~ 28 栏中选出该栏号的一栏。

(2)按照测点数的频数要求(取样总数为 n),依次找出所定栏号的 A 列所需取样位置数的全部数,如 01,02,…,n。当 $n>30$ 时,应分次进行。

(3)确定取样位置的纵向距离。找出与 A 列中相对应的 B 列中数值,以此数乘以检测区间的总长度,并加上该段的起点桩号,即得出取样位置距该起点的距离或桩号。

(4)确定取样位置的横向距离,找出与 A 列中相对应的 C 列中数值,以此数乘以检测路面(路基)的宽度,再减去宽度的一半,即得出取样位置距离路中心线的距离。如差值是正值,表示在中心线的右侧;如差值是负值,表示在中心线的左侧。

【例 2-16】 检查验收时拟从 K18 +000 ~ K19 +000 的 1km 检测路段中选择 6 个检测点进行钻孔取样检测压实度、结构层厚度等,钻孔位置决定方法如下:

(1)选定随机数编号 3,即采用随机数表中的第 3 栏。

(2)从第 3 栏 A 列中挑出小于 6 的数为:05、06、04、02、03、01。

(3)从随机数表栏号 3 的 B 列中挑出与这 6 个数对应的 6 个数:0.175、0.310、0.494、0.699、0.838 及 0.977。

(4)取样路段长度 1 000m,计算得出 6 个乘积(取样位置与该段起点的距离)分别为 175m、310m、494m、699m、838m、977m。

(5)从随机数表栏号 3 的 C 列中挑出与 A 列数值对应的数:0.647、0.043、0.929、0.073、0.166 及 0.494。

(6)路面宽度为 10m,用 10 分别乘 C 列数值,得出 6 个乘积分别是 6.47m、0.43m、9.29m、0.73m、1.66m、4.94m,分别再减去宽度的一半即测点的位置。因此,6 个取样的横向位置分别是右 1.47m、左 4.57m、右 4.29m、左 4.27m、左 3.34m 及左 0.06m。

上述计算结果见表 2-12。

钻孔位置取样选点计算表 表 2-12

测点编号	A 列	B 列	距起点距离(m)	桩号	C 列	距路边缘距离(m)	距中线位置(m)
NO.1	01	0.175	175	K36 +175	0.647	6.47	右 1.47
NO.2	06	0.310	310	K36 +310	0.043	0.43	左 4.57
NO.3	03	0.494	494	K36 +494	0.929	9.29	右 4.29
NO.4	02	0.699	699	K36 +699	0.073	0.73	左 4.27
NO.5	04	0.838	838	K36 +838	0.166	1.66	左 3.34
NO.6	05	0.977	977	K36 +977	0.494	4.94	左 0.06

四、抽样检验的评定方法

抽样检验的目的,就是根据样本取得的质量数据来推测样本所属的一批产品或工序的质量状况,并判断该批产品或该工序是否合格。抽样检验评定基本原理可以用图 2-14 表示。图

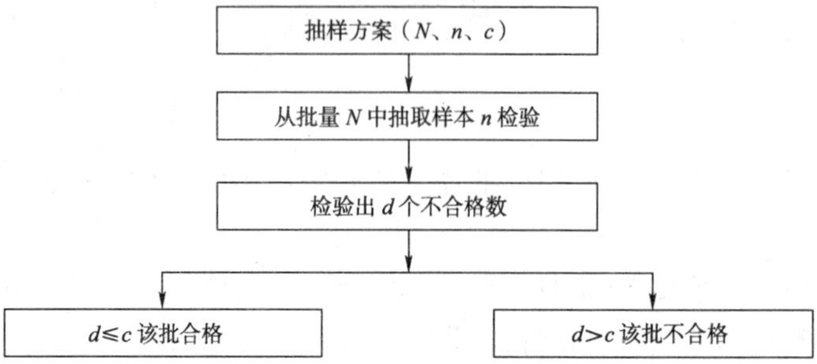

图 2-14 抽样检验评定原理

中,N 为一批产品数量(即批量),n 为从批量中随机抽取的样本数;d 为抽出样本中不合格品数;c 为抽样中允许不合格品数(或称合格判定数)。若 $d \leqslant c$,则认为该批产品合格,可以接受;若 $d > c$,则说明该批产品不合格,应拒绝接收。

根据《公路工程质量检验评定标准》(JTG F80/1—2004),公路工程质量评定除按数理统计方法评定的项目外,应按单点(组)测定值是否符合标准要求进行评定,并按合格率计分,合格率与评定分值按下述公式计算:

$$\text{检验项目合格率} = \frac{\text{检验合格的点(组)数}}{\text{该检验项目的全部检验点(组)数}} \times 100\%$$

$$\text{检验项目得分} = \text{检验项目规定分值} \times \text{合格率}$$

对于路基路面压实度、弯沉值、路面结构层厚度、半刚性材料强度、水泥混凝土抗压和抗折强度等检验项目,应采用数理统计的方法进行评定计分。下面举例说明上述检验项目的评定方法,具体的评定方法请参阅《公路工程质量检验评定标准》(JTG F80/1—2004)。

【例 2-17】 某新建高速公路竣工后,在不利季节测得某路段路面的弯沉值如表 2-13 所列,路面设计弯沉值为 40(0.01mm),试判断该路段的弯沉值是否符合要求?取保证率系数 $Z_a = 2$。

弯沉值检测结果(0.01mm) 表 2-13

序号	1	2	3	4	5	6	7	8	9	10	11
l_i	30	29	31	28	27	26	33	32	30	30	31
序号	12	13	14	15	16	17	18	19	20	21	22
l_i	29	27	26	32	31	33	31	30	29	28	28

解:经计算:

$$\bar{l} = 29.6(0.01\text{mm})$$
$$S = 2.09(0.01\text{mm})$$

代表弯沉值为弯沉检测值的上波动界限,即:

$$l = \bar{l} + Z_a \cdot S = 29.6 + 1.645 \times 2.09$$
$$= 33.0(0.01\text{mm})$$

因为代表弯沉值 $l < l_d = 40(0.01\text{mm})$,所以该路段的弯沉值是满足要求的。

【例 2-18】 某路段水泥混凝土路面板厚度检测数据如表 2-14 所列。保证率为 95%,设计厚度 $h_d = 28\text{cm}$,代表值允许偏差 $\Delta h = 5\text{mm}$,试对该路段的板厚进行评价。

水泥混凝土路面板厚度检测结果(cm) 表 2-14

序号	1	2	3	4	5	6	7	8	9	10
厚度 h_i	28.1	27.8	28.1	27.6	27.7	28.4	28.2	28.3	27.7	27.9
序号	11	12	13	14	15	16	17	18	19	20
厚度 h_i	27.9	27.8	28.3	28.3	28.2	28.0	28.1	27.8	28.0	28.1
序号	21	22	23	24	25	26	27	28	29	30
厚度 h_i	27.7	27.9	28.0	28.4	28.2	28.1	28.0	28.0	28.5	28.4

解:经计算:$\bar{h} = 28.05\text{cm}, S = 0.22\text{cm}$

根据 $n=30,\alpha=95\%$，查 t 分布概率系数表得：

$$t_{\alpha}/\sqrt{n}=0.310$$

代表性厚度 h 为算术平均值的下置信界限，即：

$$h=\bar{h}-S\cdot t_{\alpha}/\sqrt{n}$$
$$=28.05-0.22\times0.310=27.98\text{cm}$$

因为 $h>h_d-\Delta h=27.5\text{cm}$，且最小实测厚度 $h_4=27.6\text{cm}>h_d-1.0=27\text{cm}$，

合格率：30/30 = 100%，得 100% ×100 = 100 分，所以该路段的板厚满足要求。

注意：路面结构层厚度评定中，当代表性厚度满足要求后，按单个检测值来评定合格率和计算评分。

【例 2-19】 某新建公路路基施工中，对其中的一段压实质量进行检查，压实度检测结果如表 2-15 所示，压实度标准 $K_0=95\%$。请按保证率 95% 计算该路段的代表性压实度并进行质量评定。

压实度检测结果 表 2-15

序号	1	2	3	4	5	6	7	8	9	10
压实度(%)	96.5	95.5	94.7	97.2	95.3	95.8	95.7	96.3	95.2	95.7
序号	11	12	13	14	15	16	17	18	19	20
压实度(%)	96.3	95.7	96.9	95.3	96.2	96.3	95.2	95.5	97.2	95.7

解：经计算：$\bar{K}=95.91\%$

$$S=0.68$$

代表性压实度 K 为算术平均值的下置信界限，即

$$K=\bar{K}-S\cdot t_{\alpha}/\sqrt{n}$$
$$=95.91-0.387\times0.68=95.65(\%)$$

由于代表性压实度 $K>K_0=95\%$，所以该路段的压实质量是合格的。

思考题

1. 何谓总体？何谓样本？何谓样本容量？
2. 质量数据的基本特性是什么？质量数据可分为哪两类？
3. 公路工程质量控制和评价通常以哪两种概率分布来描述？
4. 直方图有哪些用途？
5. 控制图中的 CL、UCL 和 LCL 分别表示什么？控制图的作用是什么？
6. 什么叫抽样？适用于公路工程的随机抽样方法有哪几种？
7. 某路段二灰碎石基层无侧限抗压强度试验结果为：0.781、0.317、0.957、0.815、0.436、0.883、0.713、0.435、0.487、1.086、0.826(MPa)，试分别用 3S 法、肖维纳特法和格拉布斯法判别其取舍。
8. 某新建高速公路路基施工中，对其中某一路段压实质量进行检查，压实度检测结果分

别为97.32%、95.42%、93.95%、97.37%、95.86%、96.28%、95.83%、96.57%、95.44%、95.87%，试按保证率95%对该路段的压实质量进行评定。

9. 某路段路基施工质量检查中，用标准轴载测得10点的弯沉值分别为98、103、100、112、93、100、91、98、101、106(0.01mm)，设计弯沉值为120(0.01mm)，试计算检测值的算术平均值、中位数、极差、标准偏差和变异系数及该路段的代表性弯沉值(保证率系数=1.645)，并判断该路段的弯沉值是否符合要求。

第三章　路基工程质量控制

[重点内容和学习要求]

本章讲述路基工程质量控制，从路基施工、软土地基处理、排水、支挡、防护几方面来分述。

通过本章的学习，要求学生能够掌握路基工程施工测量、场地清理、挖填方施工质量控制过程，掌握软基处理措施和施工质量控制。熟悉路基排水、支挡与防护结构的施工质量要求和质量控制过程。

第一节　概　　述

公路是一种带状的三维空间实体，它的中心线是一条空间曲线。路基是公路的主要组成部分，它是按照路线位置和一定技术要求修筑的带状构造物，是路面的基础，承受由路面传来的行车荷载。路基工程线长量大，投资多，影响因素复杂，其工程质量直接影响着路面工程和道路建成后的服务水平。尤其是高等级公路，由于技术标准较高，受地形、地质、重要地物的限制，高填或深挖的路基、特殊地质条件的路基增多，更易发生路基沉降变形，桥头跳车等质量隐患。另外，路基的排水、防护及加固等工程的施工相互制约，有时又与桥梁、隧道、路面等分项工程的施工相互交叉、相互影响；路基施工为野外作业，工程质量受气候条件影响很大，雨季时土质路基往往无法施工；交通运输不便会使物资、设备和施工队伍调遣困难。保证路基质量就要采取必要的措施和技术手段克服各种因素的影响，严格控制工程材料的采用和施工工艺的实施，确保路基几何要素、整体稳定性、路基强度和水温稳定性符合技术规范和设计要求，使工程按照进度计划，优质、按期实现预定目标。

一、路基工程概述

1．路基的形式

路基横断面的典型形式可归纳为路堤、路堑、和填挖结合三种形式(图3-1)。没有填挖的是零填路基。

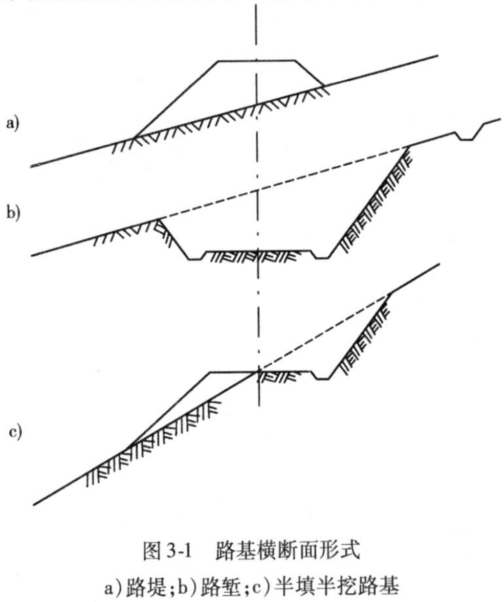

图3-1　路基横断面形式

a)路堤；b)路堑；c)半填半挖路基

为了保证路基的稳定，必须修建适宜的排水系统，用以排除地面水和地下水(如边沟、截水沟、排水沟、跌水、急流槽和盲沟、渗沟、渗井等排水设施)，在修建山区公路时，还常须修筑各种防护工程和特殊构筑物，如挡土墙、护坡等。

2．路基的几何要素

路基的几何要素主要指路基宽度、路基高度

和路基边坡坡度。公路路基的宽度指的是路基某一横断面上两路肩外缘之间的宽度，它一般为行车道与路肩宽度之和。当设有中间带、变速车道、爬坡车道、紧急停车带时，还应包括这部分的宽度。公路等级越高，路基的宽度越大。

路基高度是指路堤的填筑高度或路堑的开挖深度，是路基设计高程与原地面高程之差。通常，路基高度是指路中心线处的设计高程与原地面高程之差，但对路基边坡高度来说，则指填方坡脚或挖方坡顶与路肩边缘的相对高差。所以，路基高度有中心高度与边坡高度之分。在正常条件下，可根据土质类别的不同，将边坡高度小于1.0～1.5m的填方路基称为矮路堤，将大于18m（土质）或20m（石质）的填方视为高路堤，将大于20m的挖方视为深路堑。为保证路基稳定，在路基两侧做成的具有一定坡度的坡面称为路基边坡。公路路基的边坡坡度，可用边坡高度尺寸与边坡宽度之比值表示。路基边坡坡度对路基的稳定起着重要的作用，边坡坡度的大小，取决于边坡的土质、岩石的性质及水文地质条件等自然因素和边坡的高度。

二、对路基的基本要求

路基质量直接影响路面强度和稳定性，良好质量的路基可以适当减薄路面的结构层厚度，从而达到降低工程造价的目的。因此，除要求路基断面尺寸符合设计外，路基应满足下列基本要求。

1. 足够的整体稳定性

路基是在天然地面上填筑或挖去一部分而建成。在地面上修建路基，往往会改变原地面的天然平衡状态，当路基修建在地质不良地区时，可能加剧原地面的不平衡状态，从而发生沉陷、滑坍、崩塌等病害，造成路基损害。为防止路基在行车荷载及自然因素作用发生较大的变形和破坏，必须因地制宜采取一定措施来保证路基整体稳定性。

2. 足够的强度和刚度

路基的强度是指在行车荷载作用下，路基抵抗破坏的能力。路基刚度是指在荷载作用下，路基抵抗变形的能力。行车荷载及路基路面的自重对路基及地基形成一定的压力，这些压力可能使路基产生变形，直接影响路面结构的使用性能。为保证路基在外力及自重作用下，不致产生超过容许范围的变形，要求路基具有足够的强度和刚度。

3. 足够的水稳定性和温度稳定性

路基在地面水及地下水的作用下，其强度将会显著降低。特别是在冰冻地区，由于水和温度的影响，路基发生周期性冻融作用，形成冻胀与翻浆，路基的强度会急剧下降。因此，路基不仅要求有足够的强度，还应采取措施确保路基在不利的水和温度影响下强度不致降低，这就要求路基应具有一定的水稳定性和温度稳定性。

第二节 路基工程质量控制

路基是路面的基础，路基的施工质量直接影响路面的使用品质。由于路基施工质量问题，常导致整条或部分路段交通受阻甚至中断交通。路基施工质量未能达到规定的标准要求，将会带来很多隐患，使养护工作量和养护费用增加。特别是路基中的隐蔽工程部分，例如地下排水设施失效，会使路基含水量增大，使路基强度大大降低而出现翻浆、弹簧、沉陷等病害，养护修复就十分困难。

路基土石方工程量大，材质亦有差异，不仅与自身的其他工程设施（如路基排水设施、防护与加固设施等）相互制约，而且同公路工程的其他项目（如路面、桥梁等）相互交错关系密切，另外还与周边环境有很大的关系，例如弃土，如果施工不当，则可能出现填塞自然排水通道而导致严重的后果；如需借土而取土不当，则可能导致生态环境的破坏。

一、路基施工测量的控制

在路基施工准备阶段（即施工单位进场至正式签发开工通知书之前），监理工程师根据合同条件对承包施工单位开工前的准备工作进行检查，除检查材料、施工机械、施工方案、自检系统外，还应检查承包人进行的施工测量。在开工之前现场恢复和固定路线，其内容包括中线及高程复查与增设，横断面的测量与绘制等。施工单位对所有的测量进行记录并整理所有的资料。

（1）路基施工前的测量工作包括导线、中线、水准点复测，横断面检查与补测，增设水准点等，每段测量完成后，测量记录本及成果资料由承包人的测量员签字，交给监理工程师审查并签字，承包人应留有测量记录资料和资料的副本。在施工测量完成以前，不得着手施工。测量的精度应符合交通部颁布实施的《公路路线勘测规程》的要求。

（2）根据设计资料认真搞好导线复测工作，原有导线点不能满足施工要求时，应进行加密，保证在道路施工过程中，相邻导线点间能互相通视。对有碍施工的导线点，施工前应加以固定，固定方法可采用交点法或其他固定方法。

（3）施工单位在路基开工前应全面恢复中线并固定路线主要控制桩，如交点、转点、圆曲线及缓和曲线起讫点等。对于高速公路、一级公路应采用坐标法恢复主要控制桩。恢复中线时应注意与结构物中心、相邻施工段的中线闭合，发现问题应及时查明原因，并报现场监理工程师。

（4）检查校核纵断面高程测量。要求每20m测一点且数据必须闭合，记录清楚完整，无涂改。整理绘制复测后的纵断面图，并计算填挖高。

（5）检查校核横断面测量。要求每20m测一横断面，地形变化特殊地段应加测若干断面，地貌特征要做好记录和说明。土石方应列表计算，每20m一段，填挖分清。要求提供横断面图、土石方数量表、说明书等。

（6）校核检查水准基点的测量。原设计水准基点应按精度要求全部测量一遍，若不符合精度要求，应在书面报告中说明；水准点必须设置在永久建筑物上，且建筑物应不易损坏、不下沉，不受自然侵蚀；两个承包施工单位水准点的衔接高程必须一致，且符合精度要求；即任何水准测量闭合差应达到 $\pm 20\sqrt{L}$mm 的精度，GLG 为水准路线长度，以 km 计；内业整理要列出水准点复测一览表，核实并标明水准点位置、里程、建筑物特征、高程。

（7）监理工程师核查全部或任何一部分测量成果时，承包人应无偿提供设备及辅助人员。

二、场地清理质量控制

路基施工前，原地面表层的情况除另有规定外，清理与掘除的工作范围为公路用地范围及借土场范围内施工场地。另外还有必要的平整场地等有关作业。

路基用地范围内的树木、灌木丛等均应在施工前砍伐或移植清理，砍伐的树木应移置于路基用地之外，进行妥善处理。高速公路、一级公路和填方高度小于1m的其他公路应将路基范围内的树根全部挖除并将坑穴填平夯实；填方高度大于1m的其他公路允许保留树根但根部露出地面不得超过20cm。取土坑范围内的树根也应全部挖除。

垃圾、有机物残渣及原地面以下至少10～30cm内的草皮、农作物的根系和表土等予以清除；旧桥梁、旧涵洞、旧路面和其他障碍物等予以拆除；原有结构的下部结构应拆除到天然河床底部以下30cm，其在河床以外的部分至少拆除到天然地面以下50cm。

清理方和弃方应放于指定位置；因清理与掘除在路基用地范围内产生的坑穴，应回填并压实；对原地面进行清理与掘除工作时，结合调查情况应特别注意对公路范围内水井、坟坑等隐蔽坑穴及地下管线的发现和记录，并针对不同情况进行处理。应注意提示施工单位注意发现和保护设计中未注明的地下构造物、文物，未经业主书面同意，不得因施工而损坏。文物按业主（或有关部门）的文件规定进行保护、保留或拆除。

三、填方路基质量控制

1. 填料选择

土和石满足一定的强度且能被压实到规定的密实程度就可做路堤填料。进行野外取土试验，土的强度和最大粒径应符合表3-1的规定，表中所列强度按《公路土工试验规程》（JTG E40—2007）规定的方法确定。通常下列土体不适宜填筑路基，不允许填入路基：

①沼泽土、淤泥、泥炭、冻土、生活垃圾；

②含有树根、草皮和易腐朽物质的土；

③有机质含量大于5%的土；

④液限大于50%，塑性指数大于26%的土；

⑤含盐量超过规定的强盐渍土和过盐渍土；

⑥表层不用非膨胀土封闭时，膨胀土不可直接用做路基填料；

⑦严重污染环境的工业废渣。

路基填料最小强度和最大粒径要求

表3-1

项目分类（路面底面以下深度）		最小强度（CBR）（%）		最大粒径（mm）
		高速公路、一级公路	二级及以下公路	
路堤	上路床（0～0.3m）	8.0	6.0	100
	下路床（0.3～0.8m）	5.0	4.0	100
	上路堤（0.8～1.5m）	4.0	3.0	150
	下路堤（>1.5m）	3.0	2.0	150*
零填及路堑路床（0～0.3m）		8.0	6.0	100

注：*不适用填石路堤。

对于黄土、盐渍土、膨胀土及含水量超过规定的土，不得直接作为路堤填料，在采取图纸要求的技术措施，并经监理工程师批准后可使用。利用粉煤灰等工业废渣填筑路堤时，应先进行试验，并将试验报告及施工方案报监理工程师批准后使用。路堤填料中其石块强度不应小于15MPa，最大粒径应小于层厚的2/3，高速公路，一级公路填石路基，路床顶面以下50cm厚度范围内，填料粒径不大于10cm。其他公路填石路堤路床顶面下30cm范围内宜填筑符合路床要求的土并压实，填料最大粒径不应大于15cm。

2. 填筑方法

路堤施工按填土顺序可分为分层平铺和竖向填筑两种方案。分层平铺是基本方案，有条件时尽量采用。

分层平铺应根据强度和稳定性的要求，合理安排不同土层的层位。当不同性质的土分层填筑时，为保证来自上层透水性强的填土水分的及时排出，应将填在下面的透水性差的土的表面做成双向横坡。不同土质填筑路堤的正确和错误方式如图 3-2 和图 3-3 所示。

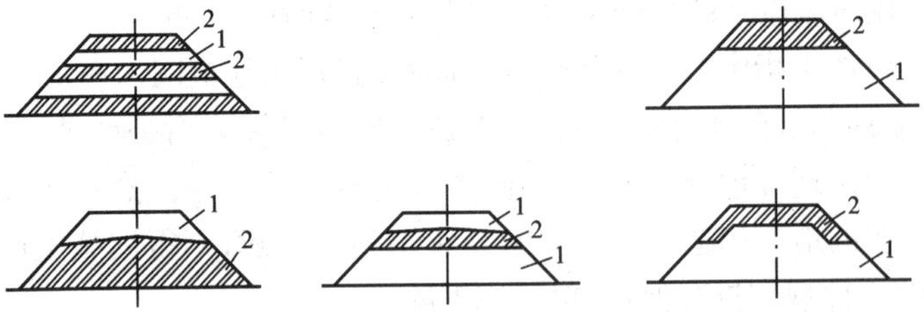

图 3-2　路堤填筑正确方案示意图

1-透水性较大的土;2-透水性较小的土

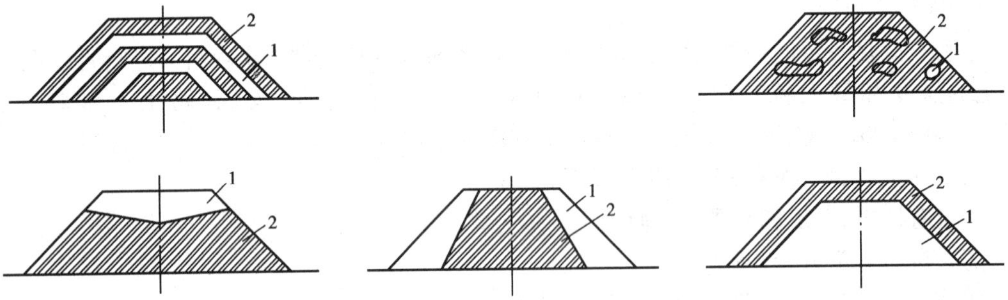

图 3-3　路堤填筑错误方式

1-透水性较大的土;2-透水性较小的土

如果路段的横坡较陡且难以分层填筑、陡坡地段上的半挖半填路基、路线跨越池塘或深谷时，地面高差大，难以水平分层卸土时，可以采用竖向填筑（高等级公路不能竖填）。为了提高竖向填筑的密实程度，应选用沉陷量小和料径均匀的砂石填料，并要求在路堤全宽内一次成型。条件允许情况下，尽量采用下层竖向填筑，上层分层平铺的混合填筑方法。如果密实度达不到要求，可考虑对地基进行注入、扩孔或强夯等加固措施。

3. 试验要求

高速公路、一级公路以及在特殊地区或采用新技术、新工艺、新材料进行路基施工时，应采用不同的施工方案做试验路段，从中选出路基施工的最佳方案指导全线施工。

（1）填方材料的试验。在路堤填筑前，填方材料应每 5 000m^3 在土质变化时取样，按《公路土工试验规程》（JTG E40—2007）规定的方法进行颗粒分析、含水量与密实度、液限、塑限、承载比（CBR）试验和击实试验，高速公路、一级公路还应做有机质含量和易溶盐含量试验。

（2）填方试验路段。承包人应在开工前 28 天，用路堤填料铺筑长度不小于 100m（全幅路基）的试验路段，并将试验结果报监理工程师审批。

现场试验应进行到能有效地使填料达到规定的压实度为止。试验时应记录：压实设备的类型、最佳组合方式；碾压遍数及碾压速度、工序；每层材料的松铺厚度、材料的含水量等，试验结果报经监理工程师批准后，即可作为该种填料施工控制的依据。试验结束时，试验段若达到规范规定的质量检验标准，可作为路基的一部分，否则，应予挖除，重新进行试验。

用于填方（包括回填）的每种类型的材料，都应进行现场压实试验。试验段所用的填料和机具应与施工所用材料和机具相同。

4. 填方路堤一般要求

（1）填方路堤施工前，应按规范的有关规定对原地面进行清理。所有填方作业均应严格按照图纸或监理工程师的要求施工。

(2)路堤基底应在填筑前进行压实,承包人应将压实后新测绘的填方工程断面图提交监理工程师核准,否则不得填筑。

(3)填方作业不得对邻近的结构物和其他设施产生损坏及干扰,否则,由此而引起的后果应由承包人自负。

(4)整个施工期间,承包人必须保证排水畅通。如因排水不当而造成工程损坏,承包人应立即进行修补。

(5)路堤填料中石料含量等于或大于70%时,应按填石路堤施工;石料含量小于70%时,按填土路堤施工。

(6)加宽旧路堤时,所用填土宜与旧路相同或选用透水性较好的土。清除地基上的杂草,并沿旧路边坡挖成向内倾斜的台阶,台阶宽度应不小于1m。

(7)特殊路基施工前,承包人应按图纸要求,提出处理方案报监理工程师批准。

(8)路堤基底及路堤每层施工完成后未经监理工程师检验合格,不得进行上一层的填土施工。

5. 填土路堤

填方路基必须按路面平行线分层控制填土高程;填方作业应分层平行摊铺;保证路基压实度。每层填料铺设的宽度应每侧各超出路堤的设计宽度30cm,以保证修整路基边坡后的路堤边缘有足够的压实度。不同土质的填料应分层填筑,且应尽量减少层数,每种填料层总厚度不得小于50cm。土方路堤填筑至路床顶面最后一层的压实层厚度不应小于8cm。

土方路堤的最大松铺厚度对于高速公路和一级公路不应超过30cm;对于其他公路不宜超过50cm,具体数值应通过现场试验确定。路堤填土高度小于80cm(不包括路面厚度)时,对于原地表清理与挖除之后的土质基底,应将表面翻松深30cm,然后整平压实。其压实度应符合规范的要求。当不同性质的土分层填筑时,为保证来自上层透水性强的填土水分的及时排出,应将填在下面的透水性差的土的表面做成双向横坡。同一层次使用不同性质的土填筑时,搭接处应做成斜面,且将透水性差的土填在斜面下部。路堤填土高度大于80cm时,应将路堤基底整平处理并在填筑前进行碾压,其压实度不应小于85%。

地面自然横坡或纵坡陡于1:5时,应将原地面挖成台阶,台阶宽度应满足摊铺和压实设备操作的需要,且不得小于1m。台阶顶一般做成2%~4%的内倾斜坡。砂类土上则不挖台阶,但应将原地面以下20~30cm的表土翻松。加宽旧路堤时,应沿旧路堤边坡挖成向内倾斜的台阶。

连接结构物的路堤工程,其施工方法不应危害结构物的安全与稳定。如在路堤范围内修筑便道或引道时,该便道或引道不得作为路堤填筑的部分,应重新填筑成符合规定要求的新路堤。

任何靠压实设备无法压碎的大块硬质材料,应予以清除或破碎,破碎后的硬质材料最大尺寸不超过压实层厚度的2/3,并应均匀分布,以便达到要求的压实度。

填土路堤分几个作业段施工时,两个相邻段交接处不在同一时间填筑,则先填段应按1:1坡度分层留台阶;如两段同时施工,则应分层相互交叠衔接,其搭接长度不得小于2m。

用透水性较小的土填筑路堤时,应将含水量控制在最佳含水量±2%范围内;当填筑路堤下层时,其顶部应做成4%的双向横坡;如填筑上层时,不应覆盖在由透水性较好的土所填筑的路堤边坡上。在土石混合填料中不得采用倾填法施工,应进行分层填筑,分层压实每层摊铺厚度应根据压实机械类型和规格确定,不宜超过40cm。用土石混合料填筑路堤压实度由现场试验确定,并报经监理工程师检验批准。

监理对土方路基实测时质量评定标准见表 3-2。

土方工程质量评定标准　　表 3-2

项　目			规定值或允许偏差		
			高速公路 一级公路	其他公路	
				二级公路	三、四级公路
压实度(%)	零填及挖方(m)	0～0.30	—	—	94
		0～0.80	≥96	≥95	—
	填方(m)	0～0.80	≥96	≥95	≥94
		0.80～1.50	≥94	≥94	≥93
		>1.5	≥93	≥92	≥90
弯沉(0.01mm)			不大于设计要求值		
纵断高程(mm)			+10，-15	+10，-20	
中线偏位(mm)			50	100	
宽度(mm)			符合设计要求		
平整度(mm)			15	20	
横坡(%)			±0.3	±0.5	
边坡			符合设计要求		

6. 填石路堤

修筑填石路堤，应将石块逐层水平填筑，分层厚度不宜大于 50cm。在填石路堤倾填前，路堤边坡坡脚用粒径大于 30cm 的石料进行码砌。当填石路堤高度小于或等于 6m 时，则码砌厚度不应小于 1m；当高度大于 6m 时，则码砌厚度不应小于 2m。

人工铺填 25cm 以上石料时，应大面向下摆放平稳，紧密靠拢，所有缝隙填以小石块或石屑。人工铺填 25cm 以下石料时，可直接分层填筑，分层碾压。高速公路及一级公路填石路堤路床顶面以下 50cm 的范围内应铺填有适当级配的砂石料，最大粒径不超过 10cm。其他公路填石路堤路床顶面以下 30cm 范围内宜填筑符合路床要求的土并压实，填料最大粒径不应大于 15cm。

填石路堤应使用重型振动压路机分层洒水压实。压实时继续用小石块或石屑填缝，直到压实层顶面稳定、不再下沉(无轮迹)、石块紧密、表面平整为止。施工中压实度由压实遍数控制。压实遍数由现场试验确定，并报经监理工程师检验批准。

监理对石方路基实测时质量评定标准见表 3-3。

石方工程实测项目　　表 3-3

项　目		规定值或允许偏差	
		高速公路 一级公路	其他公路
压实		层厚和碾压遍数符合要求	
纵断高程(mm)		+10，-20	+10，-30
中线偏位(mm)		50	100
宽度(mm)		符合设计要求	
平整度(mm)		20	30
横坡(%)		±0.3	±0.5
边坡	坡度	符合设计要求	
	平顺度		

7. 高填方路堤

水稻田或常年积水地带，用细粒土填筑路堤高度在6m以上，其他地带填土或填石路堤在20m以上时，可按照高填方路基施工。

按照规范的规定进行原地面清理后，如地基土的强度不符合设计要求，应按照图纸或监理工程师的要求进行处理或加固。高填方路堤填筑材料来源不同，其性能相差较大时，应分层填筑，不应分段或纵向分幅填筑。

高填方路堤应严格按照设计边坡填筑，路基每侧超宽控制在50cm以上，不得缺填。每层填筑厚度，应根据所采用的填料，按规范的有关规定执行。高填方路堤受水浸淹部分，应采用水稳性高及渗水性好的填料，边坡坡度应符合图纸要求，设计无特殊规定时不宜小于1∶2。半挖半填的路堤的一侧高填方路基为斜坡时，应按规定挖好横向台阶，并应在填方路堤完成后，对设计边坡外的松散弃土进行清理。

高填方路堤必须进行沉降和位移观测，观测方法可按规范的有关规定办理或经监理工程师批准的其他方法，观测资料应提供监理工程师审查，以便作出路面铺筑的有关决定。

8. 路基填、挖交界地段路堤填方

半填半挖地段填方，应按要求分层填筑，以免因填筑不当而出现裂缝（纵向填、挖交界处的路基填方，填筑不当，出现路基横向裂缝。横向填、挖交界处的路基填方，填筑不当，而出现路基横向裂缝）。

认真清理半填断面的原地面，根据图纸要求及规范的有关规定将半填断面原地面表面翻松或挖成台阶，再进行分层填筑。填筑时必须从低处往高处分层摊铺碾压，特别要注意填、挖交界处的拼接，碾压要做到密实无拼痕。半填半挖路段的开挖，必须待填方断面原地面处理好，经监理工程师检验合格后，方可开挖挖方断面。对挖方中非适用材料必须废弃，严禁填在半填断面内。

若图纸对半填半挖路基采用土工合成材料加筋时，则土工合成材料的设置部位、层数和材料规格、质量要求应符合图纸要求及规范的有关规定。

9. 零填挖路基

零填挖路基，路床顶面以下0～30cm范围内的压实度，不应小于96%，如果不符合要求，承包人应翻松后再压实，使压实度达到规定的要求。特殊路基土层上的零填挖路床面，承包人应按图纸或监理工程师的要求，实行换填、改善或翻拌晾晒。换填、改善厚度应按图纸或由监理工程师根据现场情况确定，并分层压实，换填的填料最小强度和最大粒径应符合规范的要求，其压实度达到规范的要求。

10. 粉煤灰路堤

粉煤灰路堤是指全部采用粉煤灰和部分采用粉煤灰填筑的公路路堤，应具有足够的强度和稳定性，满足公路路堤的技术要求。软弱地基上的高路堤在技术经济合理的情况下，优先采用粉煤灰修筑方案。

承包人必须按图纸要求铺筑土质或粒料隔离层，隔离层底的路拱横坡不宜小于3%，厚度不宜小于30cm，且应碾压达到压实度标准。

粉煤灰路堤应分层填筑，分层碾压，并宜采用振动压路机碾压。当分成不同作业段填筑时，先填地段应分层留台阶，使每个压实层相互重叠搭接，搭接长度应大于1.5m，以保证相邻作业段接头范围内的压实度达到规定的要求。摊铺后的粉煤灰必须及时碾压，做到当天摊铺，当天碾压完毕，以防止水分蒸发而影响压实效果。碾压时，应使粉煤灰的含水量处于最佳含水量范围内。粉煤灰路堤应根据压实试验确定的压实机械类型和压实遍数、摊铺厚度及压实度进行施工。铺筑时应控制卸料车的行驶方向和速度，不得在下层灰面上掉头、高速行驶、急刹车等，以免造成压实层松散。

土质护坡应与粉煤灰填筑同步进行施工。土质护坡摊铺宽度应保证削坡后的净宽满足设计要求。同时应按图纸要求，做好土质护坡的排水。

粉煤灰路堤施工应符合国家及当地环境保护部门的有关要求。

11. 结构物处的回填

结构物（包括桥涵台背、锥坡、挡土墙墙背等）的回填是指结构物完成后，用符合要求的材料分层填筑结构物与路基之间的遗留部分。

结构物处的回填，应按图纸和监理工程师的要求进行。回填时圬工强度的具体要求及回填时间，应按《公路桥涵施工技术规范》（JTJ 041—2000）有关的规定执行。

回填材料除图纸另有规定外，宜选用透水性材料如砂砾、碎石、矿渣、碎石土等，或半刚性材料如石灰土等，使用其他材料时应经监理工程师批准；填料的最大粒径不得超过 50mm。结构物处的填土应分层填筑，每层松铺厚度不宜超过 150mm，结构物处的压实度要求从填方基底或涵洞顶部至路床顶面均为 95%。在回填压实施工中，应对称回填压实并保持结构物完好无损。压路机达不到的地方，应使用小型机动夯具或监理工程师同意的其他方法压实。如对结构物有损坏，承包人应进行补救，直到监理工程师验收合格为止。当用石灰土作填料时按《公路路面基层施工技术规范》（JTJ 034—2000）有关规定执行。

台背填土顺路线方向长度：顶部为距翼墙尾端不小于台高 2m；底部距基础内缘不小于 2m；拱桥台背填土长度不应小于台高的 3 ~4 倍；涵洞填土长度每侧不应小于 2 倍孔径长度。

12. 填方压实

路基的压实工作，是路基施工过程中一个重要工序。土基压实后，路基的塑性变形、渗透系数、毛细水作用和隔温性能等均有明显改善。因此，压实路基是提高路基强度与稳定性的根本技术措施之一。

影响路基压实效果的因素有内因和外因两方面。内因指土的性质和湿度，外因指压实功能和压实时的外界自然和人为因素，其中压实功能又包括机械性能、压实时间与速度、土层厚度等。

实践表明，如果将填土的湿度控制在最佳含水量 w_0，则压实的效果最好，耗费的压实功能最经济。这是因为土中含水量对压实效果的影响比较显著。当含水量较小时，由于粒间引力使土保持着比较疏松的状态或凝聚结构，土中孔隙大都互相连通，水少而气多，在一定的外部压实功能作用下，虽然土孔隙中气体易被排出，密度可以增大，但由于水膜润滑作用不明显，外部功能也不足以克服粒间引力，土粒相对移动不容易，因此压实效果比较差；含水量逐渐增大时，水膜变厚，引力缩小，水膜起润滑作用，外部压实功能比较容易使土粒移动，压实效果渐佳；土中含水量过大时，孔隙中出现了自由水，压实功能不可能使气体排出，压实功能的一部分被自由水所抵消，减小了有效压力，压实效果反而降低。由击实试验所得的击实曲线如图 3-4 所示。

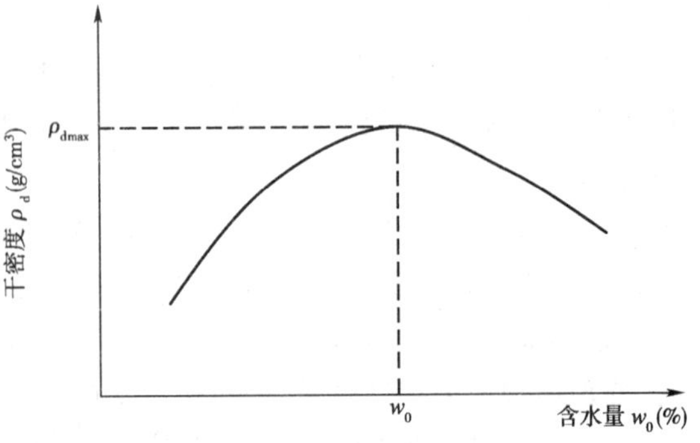

图 3-4　击实曲线

土的性质对压实效果的影响很大。如图

3-5 是 5 种不同土样的击实试验结果，其粒径不同，一般液限大、黏性高的土最佳含水量较高，最大干密度较低。这是因为其土颗粒偏细，比表面积偏大，故土粒表面吸附的水膜较多，且黏土中又含有较高的亲水性胶体物质。另外，砂性土的压实效果优于黏性土，且最佳含水量的概念对砂性土意义不大，因为其颗粒较粗，成松散状态，水容易散失。

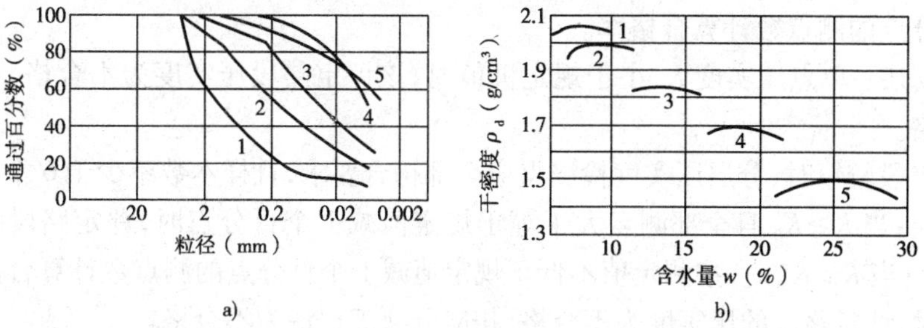

图 3-5　各种土的击实曲线

同一种土，在不同的击实功作用下得到的击实曲线如图 3-6 所示。曲线表明，随着压实功能的增大，击时曲线形态不变，但位置向左上方的移动，即 $\rho_{d\,max}$ 增大而 w_0 却减小。所以，同一种土，最佳含水量和最大干密度并不是恒定值，而是随着击实功而变化。图中的曲线还表明，当土偏干时，增加击实功对提高干密度的影响较大，偏湿时则收效不大。故偏湿的土用加大击实功的方式提高它的密度是不经济的。

土基压实操作时，压实机具应先轻后重，以适应逐渐增长的路基强度。碾压速度应先慢后快，以免引起土的推拥。压实机具的运行路线应先边缘后中间。碾压时相邻两轮迹应重叠轮宽的 1/3，以确保压实均匀。对于压不到的边角，应用人力或小型机具夯实。

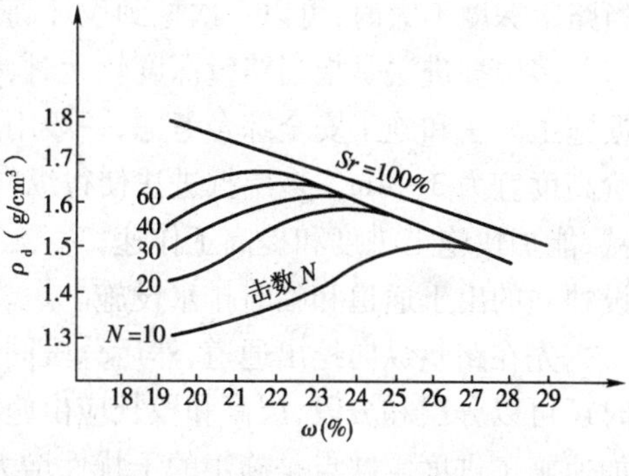

图 3-6　压实功对压实曲线的影响

13. 压实度评定

路基压实度以重型击实标准为准。标准密度应作平行试验，求其平均值作为现场检验的标准值。对于均匀性差的路基土质，应根据实际情况增补标准密度试验，求得相应的标准值，以控制和检验施工质量。

路基、路面压实度以 1 ~ 3km 长的路段为检验评定单元，按要求的检测频率进行现场压实度抽样检查，求算每一测点的压实度 K_i。细粒土现场压实度检查可以采用灌砂法或环刀法；粗粒土及路面结构层压实度检查可以采用灌砂法、水袋法或钻孔取样蜡封法。应用核子密度仪时，需经对比试验检验，确认其可靠性。

检验评定段的压实度代表值 K（算术平均值的下置信界限）为：

$$K = \bar{k} - \frac{t_a S}{\sqrt{n}} \geqslant K_0$$

式中：$\bar{k}$——检验评定段内各测点压实度的平均值；

t_a——分布表中随测点数和保证率（或置信度 a）而变的系数见附表二，高速公路、一级公路：基层、底基层为 99%，路基、路面面层为 95%；其他公路：基层、底基层为 95%，路基、路面面层为 90%；

S——检测值的标准差；

n——检测点数；

K_0——压实度标准值。

路基、基层：$K \geqslant K_0$，且单点压实度 K_i 全部大于等于规定值减 2 个百分点时，评定路段的压实度合格率为 100%；当 $K \geqslant K_0$，且单点压实度全部大于等于规定极值时，按测定值不低于规定值减 2 个百分点的测点数计算合格率。

$K < K_0$ 或某一单点压实度 K_i 小于规定极值时，该评定路段压实度为不合格，相应分项工程评为不合格。

路堤施工段较短时，分层压实度检测点应全部符合要求，且样本数不少于 6 个。

沥青面层：当 $K \geqslant K_0$ 且全部测点大于等于规定值减 1 个百分点时，评定路段的压实度合格率为 100%；当 $K \geqslant K_0$ 时，按测定值不低于规定值减 1 个百分点的测点数计算合格率。

$K < K_0$ 时，评定路段的压实度为不合格，相应分项工程评为不合格。

四、挖方路基质量控制

1. 路堑开挖方案

根据挖方数量大小和施工方法的不同，路堑开挖按掘进方向可分为纵向全宽掘进和横向通道掘进两种方案，在高度上又可分为单层、双层和纵横掘进混合三种。

在路线的一端或两端沿路线纵向向前开挖的方案为纵向全宽掘进，适用于短而深的路堑，当路堑深度不大时，可以一次挖到设计高程，称为单层纵向掘进。

多层掘进法是指当路堑深度较大时，分成几个台阶进行开挖。分层开挖的台阶高度应根据施工方法和施工安全综合考虑，一般用人力开挖时台阶高度宜为 1.5 ~ 2m，用机械开挖时台阶高度宜为 3 ~ 4m。多层掘进法使得纵向工作面拉开，多层多向出土，可以容纳较多的施工机械，能加快施工进度和提高工作速率。无论哪种掘进法，运土均由相反方向送出，且各层均应设独立的出土通道和临时排水设施。

先在路堑纵向挖出通道，然后分段同时横向掘进的方案称横向通道掘进。这样方法施工时还可以分层和分段，层高和段长应由施工组织方案决定。此方法的优点是可以扩大施工面，加速施工进度。缺点是施工的干扰性增大，安排不当时易产生质量和安全事故。采用双层式纵横通道混合掘进，同时沿纵横的正反方向，多施工面同时掘进的方案称混合法，深路堑的挖方工程数量大且工期受到限制时可采用此方案，它虽然能扩大施工面和加快施工进度，但干扰性更大。

2. 一般要求

（1）在路基挖方开工前至少 28d，承包人应将开挖工程断面图报监理工程师批准，否则不得开挖。所有挖方作业均应符合图纸和《公路路基施工技术规范》（JTG F10—2006）的有关规定，并应按监理工程师的要求进行施工。

（2）挖方放样必须认真细致，不能有误。造成超挖和二次开挖的由承包人负责。

（3）挖方作业应保持边坡的稳定，不得对邻近的各种结构物及设施产生损坏或干扰，否则，由此而引起的责任应由承包人自负。

（4）在开挖中出现石方时，承包人应测量土石分界线，经监理工程师鉴定认可后，分层进行开挖。如果出现零星石方，承包人应在事前量测石方数量，报经监理工程师批准后，方能继续施工。

（5）路基挖方材料应尽量予以利用，但不得重复计算利用材料的开挖数量。除图纸规定或被定为非适用材料外，不得任意废弃，并力争填、挖、借、弃合理。

(6)如路床面开挖超过图纸或监理工程师规定要求时，承包人应自费回填并压实。

(7)在整个施工期间，承包人必须始终保证路基排水畅通。如因排水不当而造成工程损坏时，承包人应立即对其进行修补。

3. 土方开挖

土方开挖应按图纸要求自上而下地进行，按图纸或监理工程师指定的边坡坡率开挖，不得乱挖或超挖。无论工程量多大，土层多深，均严禁用爆破法施工或掏洞取土。开挖中如发现土层性质有变化时，应修改施工方案及挖方边坡，并及时报监理工程师批准。当因气候条件使挖出的材料无法用于填筑路基和压实时，承包人应停止开挖，直到气候条件转好。

如果指定的弃土场不能满足弃方要求时，承包人应尽早重新选择弃土位置并相应修改施工方案报监理工程师批准。沿溪及沿山坡和其他按图纸规定不能横向弃置废方的开挖路段，承包人必须严格在指定的弃土场弃方。否则，承包人必须清除和移运到指定地点，并赔偿所造成的损失。

土方地段的路床顶面高程，应考虑因压实而产生的下沉量，其值由试验确定。路床顶面的压实度应符合规范的要求。承包人应按《公路土工试验规程》(JTJ 051—93)重型击实法进行检验。如不符合要求，承包人应进一步压实或采取其他措施进行处理，使之达到规定的压实度。

居民区附近的开挖，承包人应采取有效措施保护居民区房屋不受损害，保证居民和施工人员的安全，并为附近居民的生活及交通提供临时便道或便桥。

4. 石方开挖

承包人应根据地形、地质、开挖断面及施工机械配备等情况，采用能保证边坡稳定的方法施工。石方爆破作业应以小型及松动爆破为主，严禁过量爆破，并应在事前14天制定出计划和措施报监理工程师批准。未经监理工程师批准，不得采用大爆破施工，当的确需要进行大爆破施工时，承包人应严格按规范编制技术设计文件，并于爆破施工前28天交监理工程师审批。对于软石和风化岩石，能用机械开挖的均应采用机械开挖。

承包人应就爆破器材的存放地点、数量、警卫、收发、安全措施及必要的工艺图纸编制报告，并应在爆破器材进入工地前28天报监理工程师审批，同时将运入路线和时间，报有关管理部门批准，待取得通行证后方可将爆破器材运入工地保管。爆破使用的全部炸药应有记录，以备监理工程师检查。进行爆破作业时必须由经过专业培训并取得爆破证书的专业人员施爆。根据确定的爆破方案，进行炮位、炮孔深度和用药量设计，其设计图纸和资料应报送有关部门审批。承包人应确定爆破的危险区，并采取有效措施防止人、畜、建筑物和其他公共设施受到危害和损坏。在危险区的边界应设置明显标志，建立警戒线和显示爆破时间的警戒信号，在危险区的入口或附近道路应设置标志，并派专人看守，严禁人员在爆破时进入危险区。

由于爆破引起的松动岩石，必须清除。当属于超挖工程量时则不予计量。每次爆破后必须及时清理废渣，按预定计划作为材料堆放或废弃。石方路堑的路床顶面高程，应符合图纸要求，高出部分应辅以人工凿平，超挖部分应按监理工程师批准的材料回填并碾压密实稳固。

监理对土方、石方路基实测项目见表3-3、表3-4。

5. 非适用材料的处理

当要求承包人在填方区挖除低于原地表面的非适用材料时，应测量必要的断面并报监理工程师批准,其挖除深度及范围应由监理工程师确定。路基挖至完工断面后,如仍留有非适用材料,应按监理工程师要求的宽度和深度继续挖除,并用监理工程师批准的材料回填和压实到图纸规定或与其毗连路段相同规定的密实度。在回填前,应测量必要的断面并报监理工程师批准。

在暴露出的挖方是适用材料和非适用材料相混杂的挖方部分,应分别开挖、移运。适用材料供填方使用,且不应被非适用材料污染,已污染的材料应按弃方处理。凡经监理工程师批准,在路基挖方或填方区挖除的非适用材料,应按弃方要求处理。

6. 弃方的处理

承包人在有弃方的路段开工前至少28天,应提出开挖、调运施工方案(包括挖方及弃方的数量、调运方案、弃方位置及其堆放形式、坡脚加固处理、排水系统的布置以及有关的计划安排等)报监理工程师批准。当弃土场的位置、堆放形式或施工方案等有更改时,必须在更改前不少于14天将更改方案报监理工程师批准。

弃土堆应堆置整齐、稳定,排水畅通,弃土堆高度不宜超过3m,边坡不宜陡于1∶1.5,避免对土堆周围的建筑物、排水及其他任何设施产生干扰或损坏,同时要避免对环境造成污染。

第三节　软土地基处理质量控制

软土(例如:黄土、膨胀土、盐渍土、冻土、红土等)广泛分布在我国滨海平原、湖盆地、河口三角洲等地,按形成原因和分布,我国软土基本上可以分为两大类别:第一类是属于海洋沿岸的淤泥,分布较为稳定,厚度较大;第二类是内陆、山区以及河、湖盆地和山前谷地的淤泥,其沉积厚度较低,呈零星分布。在这些土层上修建路基必须给予特殊处理,若不处理,往往会发生路基失稳或过量沉陷,导致公路不能正常使用。

我国各地软土有很多共性,主要表现在:

(1)天然含水量高、孔隙比大。软土的孔隙比大于1.0,天然含水量一般都大于30%,有的达70%,甚至高达200%,多呈软塑或潜液状态,一经扰动很容易破坏其结构而流动;山区软土的含水量变化幅度更大。

(2)压缩性高。软土的压缩系数一般都在0.3~0.5MPa^{-1}之间,压缩性随天然含水量及液限的增加而增高。软土多属近代沉积,为欠固结土。同时它的矿物成分、粒度成分及结构决定了它具有高亲水性及低透水性,水不易排出,也不易压密。因此,软土在建筑物荷载作用下,土体沉降变形量大,而且沉降不均匀。

(3)抗剪强度低。软土的内摩擦角大多小于或等于10°,有的甚至接近于0°;黏聚力一般在10kPa左右,故其抗剪强度很低。经排水固结后,软土的抗剪强度虽有所提高,但由于软土孔隙水渗出很慢,其强度增长也很缓慢。因此,要提高软土的强度,必须在建筑物的施工和使用期间控制加荷速度,特别是开始阶段的加荷不能过大,否则土中水分来不及排出,不但土体强度不能提高,反而会由于土中水压力的急剧增大而破坏土体结构发生挤出。

(4)透水性低。软土渗透系数为10^{-8}~10^{-7}cm/s。土的排水固结需要相当长的时间,同时,在加载初期,地基中常出现较高的孔隙水压力,影响地基土的强度。

(5)触变性。有些软土一经扰动,结构强度便被破坏,甚至呈现流动状态。

(6)流变性。软土的长期抗剪强度只有一般抗剪强度的0.4~0.8倍。

一、软土地基的处理措施

(一)换土法

1. 换土法的原理

换土法是将基础底面以下不太深范围内(一般小于3m)的软弱土层挖去,然后以质地坚硬、强度较高、稳定性能好、具有抗侵蚀性的砂、碎石、卵石、素土、灰土、矿渣等材料分层换填,同时用人工或机械方法进行表面机械碾压、重锤夯实、振动压实等密实处理来满足工程要求。各种不同材料的垫层(如砂垫层、砂石垫层、碎石垫层、素土垫层、灰土垫层及矿渣垫层等)主要的作用是提高地基承载力,减少沉降量,加速软弱土层的排水固结,调整不均匀地基的刚度,防治冻胀以及消除膨胀土的胀缩作用。

2. 换土的适用范围

换填土层法可以用于处理浅层软基,包括淤泥、淤泥质土、松散素填土、杂填土地基及暗塘、暗沟等浅层和低洼区域,还适用处理一些区域性特殊土。

3. 灰土垫层

当软弱土层的厚度在1~3m范围内,是可考虑用灰土垫层来提高地基承载力,通常灰土为石灰土或二灰土(石灰粉煤灰)。石灰土垫层施工前必须对下卧地基进行检验,如发现局部软弱土坑,应挖除,用素土或石灰土填平夯实。

施工时应将灰土拌和均匀,控制含水量,如土中水分过多或不足时应晾干或洒水润湿,以达到灰土最佳含水量。灰土垫层材料中的石灰易用新鲜的消石灰。一般常用的消石灰粉末质量应符合 III 级以上的标准,活性氧化钙、氧化镁含量不低于50%。灰土中土的黏粒(0.005mm以下)或胶粒(0.002mm以下)含量越多,则灰土的强度越高。土料应过筛,其粒径不得大于15mm。

分层松铺厚度按采用的压实机具现场压实试验来确定,一般情况下松铺厚度应不大于30cm,分层压实厚度应不大于20cm。压实后的灰土应采取排水措施,3天内不得受水浸泡。灰土垫层铺筑完毕后,要防止日晒雨淋,应及时铺筑上层。

素土垫层材料可选用挖出的黏性土,土料中有机质含量不得超过5%,也不得含有冻土或膨胀土。当含有碎石时,其粒径不宜大于50mm。素土垫层材料不应采用地表耕植土、淤泥及淤泥质土、杂填土。

4. 砂垫层或砂砾垫层

按图纸或监理工程师的要求,在清理的基底上分层铺筑符合要求的砂或砂砾垫层,铺筑的施工工艺应与开工批复的一致。

分层铺筑松厚不得超过20cm,并逐层压实至规定的压实度,压实的方法应根据地基情况而选择振动法(平振、插振、夯实等)、水撼法、碾压法等。碾压注意土基的稳定性,特别是底基层碾压,应尽量避免对底层的扰动。若采用碾压法施工时,应控制最佳含水量。砂砾垫层应宽出路基边脚0.5~1.0m,且无明显的粗细料离析现象。两侧端以片石护砌,以免砂料流失。

砂和砂石垫层材料,应选用颗粒级配良好、质地坚硬的粒料,其颗粒的不均匀系数最好不能小于10,以中、粗砂为佳,可掺入一定数量的碎(卵)石,但要分布均匀。对湿陷性黄土地基,不得选用砂石等渗水材料。若采用细砂、粉砂,因不易压实且强度也不高,使用时应均匀掺入25%~30%的碎卵石,最大粒径不宜大于50mm。填筑砂砾垫层的基面和层面铺有土工布时,在砂砾垫层上下各厚10mm层次中不得使用轧制的粒料,以免含有裂口的碎砾石损伤土工布。

施工中应避免砂或砂砾受到污染。如监理工程师认为有严重的污染，承包人应换料重填。

碎石垫层中的碎石粒径，一般为 5 ~ 40mm 的自然级配碎石，含泥量不大于 5%。

矿渣垫层材料采用的矿渣应符合：质地坚硬，稳定性合格，无侵蚀性；松散密度不小于 $1.1t/m^3$，压碎指标不大于 13%，含硫量不大于 1.5%，铁矿含量不大于 1%，土与有机杂质含量不大于 5%。

(二)土工合成材料

土工合成材料是人工合成的聚化物为原材料制成的各种类型产品，可置于岩土或其他工程结构内部、表面或各结构层之间，具有过滤、防渗、隔离、排水、加筋和防护等多种功能。

1. 加固原理

土工合成材料突出的优点是：重量轻、整体连续性好、施工方便、抗拉强度高。抗微生物侵蚀性好。

土工合成材料用于地基加固补强的常用材料为土工格栅、土工格网以及土工布等材料。土工格栅、土工格网等筋材的作用机理与土工布有相似之处，即它们都可以通过与土体摩擦这种方式发挥自己的抗拉强度，同时又有很大区别，土工格栅、土工格网具有一定的开孔率通过与土体颗粒以及其他粒状填料之间的嵌锁与咬合作用来发挥性能。这使得这种材料总体优于土工布材料，而且还克服了土工布这类材料分隔土体，不能充分发挥土体自身抗剪强度的弱点。

2. 质量控制

土工合成材料的质量应符合图纸或规范的要求。在采用土工合成材料加筋的路堤填筑正式开工前，应结合工程先修筑试验路段，以指导施工。

铺设土工合成材料应按图纸施工，在平整的下承层上全断面铺设。铺设时，应将强度高的方向置于垂直于路堤轴线方向。合成材料应拉直平顺，紧贴下承层。可采用插钉等措施固定土工合成材料于下承层表面。

保证土工合成材料的整体性，当采用拱接法连接时，搭接长度宜为 30 ~ 90cm；采用缝接法时，缝接宽度应不小于 5cm；采用黏结法时，黏结宽度不应小于 5cm，黏合强度应不低于土工合成材料的抗拉强度。双层土工合成材料上、下层接缝应交替错开，错开长度不应小于 50cm。铺设土工合成材料的土层表面应平整，表面严禁有碎、块石等坚硬凸出物；在距土工合成材料层 8cm 以内的路堤填料，其最大粒径不得大于 6cm。

土工合成材料摊铺以后应及时填筑填料，以避免其受到阳光过长时间的直接暴晒。一般情况下，间隔时间不应超过 48h。填料应分层摊铺、分层碾压。土工合成材料上的第一层填土摊铺宜采用轻型推土机或前置式装载机。一切车辆、施工机械只容许沿路堤的轴线方向行驶。

对于软土地基，应采用后卸式卡车沿加筋材料两侧边缘倾卸填料，以形成运土的交通便道，并将土工合成材料张紧。填料不允许直接卸在土工合成材料上面，必须卸在已摊铺完毕的土面上；卸土高度以不大于 lm 为宜，以免造成局部承载能力不足。卸土后就立即摊铺，以免出现局部下陷。

填成施工便道后，再由两侧向中心平行于路堤中线对称填筑，第一层填料宜采推土机或其他轻型压实机具进行压实，只有当已填筑压实的垫层厚度大于 60cm 后，才能采用重型压实机械压实。施工过程中土工织物不应出现任何损坏，以保证工程质量。否则，承包人应予更换重铺。

(三)袋装砂井法

1. 加固原理

袋装砂井法是砂井排水法的延续。属于排水固结法的一种，排水固结法的关键在于排出孔隙水，使孔隙体积减少及有效应力增加，从而产生固结沉降。砂井加固前后地基排水条件如图3-7所示。袋装砂井是将散体砂装入用化纤纺织物做成的细长袋子内，置于软土中作为竖向排水体的一种方法。由于它可以做成很细的形状，通常为7～12cm，根据"细而密"的原则，能将井间距大大缩小，加快排水固结时间。同时，由于装砂的砂袋是由化纤纺织物制成，具有较大的拉伸强度，工程在施工加荷时竖向砂袋正好处于与土体滑动带相交位置，它能起到竖向加筋和抗滑作用，对土体的稳定较为有利。

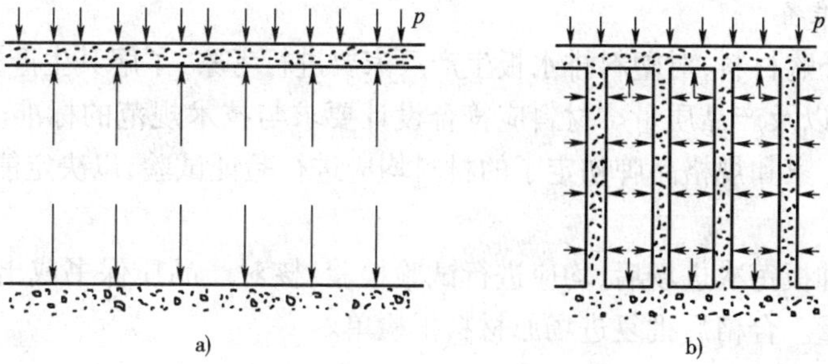

图3-7 砂井加固前后地基排水条件的比较

2. 适用范围

袋装砂井法适用于饱和软黏土、吹填土、松散粉土、新近沉积土、有机质土及泥炭土地基。

3. 材料要求

砂袋可采用聚丙烯、聚乙烯、聚酯等适用的编织料制成，其抗拉强度应能保证承受砂袋自重，装砂后砂袋的渗透系数应不小于砂的渗透系数。砂应采用渗水率较高的中、粗砂。大于0.5mm的砂的含量宜占总重的50%以上，含泥量不能大于3%，渗透系数不应小于5×10^{3}cm/s。砂应保持干燥，不宜潮湿，以免砂干燥后体积减少造成短井。装砂后砂袋的渗透系数应不小于砂的渗透系数。

4. 质量控制

袋装砂井机械底部支垫应调平，套管应对准桩位，导架应垂直，钢套管不得弯曲，确保砂井垂直。沉桩时应用经纬仪或重锤控制垂直度，定位应准确，桩间距超过150mm时应要求加密打设，确保设计要求的桩间距。

砂袋入井，应用桩架吊起垂直下井，应防止砂袋发生扭结、缩颈、断裂和砂袋磨损。沉入砂袋时，应用桩架将砂袋垂直吊起，当袋装砂井长度超过桩架高度时，可采用两节套管，砂袋沉入时以人工输入，管口装设滚轮。不允许袋装砂井接长，因此在插入前要注意余袋的长度，应设为相邻袋装砂井施工深度再加上一定的富裕长度。

拔管时应注意垂直起吊，以防止带出或损坏砂袋。施工中若发现砂袋损坏和拔出现象，应在原孔边缘重打；连续两次将砂袋带出时，应停止施工，待查明原因后再施工。为避免拔管时带出砂袋，可采用向管内注水的办法。除非在设计深度范围内遇到硬层，一般打到设计深度，要记好施工原始记录。

每完成一根桩，移走机械后应及时清理套管上拔时带出的泥土，防止污染砂砾垫层。同时应用合格的砂砾回填打井留下的垫层面的凹坑，对打设过程中松动的砂砾垫层要指令承包人人工压实。砂袋留孔口长度应保证伸入砂垫层至少30cm，并不得卧倒。

袋装砂井的平面位置、长度、灌砂量均应如实做施工记录，并报监理工程师审批，未获批准，不得进行下一道工序施工。

（四）塑料板排水法

1. 加固原理

塑料排水板法的加固原理与袋装砂井相同，具体是将塑料排水板用插板机打入土中，作为竖直排水通道。与袋装砂井法相比，塑料板排水法具有以下优点：滤水性好，可确保排水效果；塑料排水板具有一定的强度和延伸率，适应地基变形的能力强；板截面尺寸不大，插入时地基扰动少，施工方便。

2. 材料及试验准备

塑料排水板为外购材料，对塑料排水板生产厂家要进行考察，了解其生产资质、生产过程、生产量、原材料品质以及产品质量。材料应符合设计要求与技术规范的标准。供应量应能满足施工进度。生产厂家和规格品牌初定了的材料均应进行验证试验，以决定能否进场，并批复进场前原材料报检单。

同意进场的塑排板每次进场后，均应进行试验检验、核对产品质保书或出厂合格证，并抽样开包检查外观质量。合格后批复进场原材料报检单。

3. 质量控制

施工工艺流程应满足设计图纸和施工规范的要求。特别应注意打设深度的控制是否能满足设计要求。自检体系必须要保证每台桩机、任何施工时间都有至少一名自检员在场做施工质量控制和施工记录。质量保证措施应包括对进场材料的检查制度，保证现场施工质量控制和施工记录真实、及时、规范的制度。

塑料排水板的质量应符合图纸和规范规定的要求，施工之前应将塑料排水板堆放在现场，并加以覆盖，以防暴露在空气中老化。施工时应严格按照图纸指出的位置、深度和间距设置。塑料排水板留出孔口长度应保证伸入砂垫层不小于50cm，使其与砂垫层贯通；并将其保护好，以防机械、车辆进出时受损，影响排水效果。

塑料排水板在插入地基的过程中应保证板不扭曲、透水膜无破损和不被污染。板的底部应有可靠的锚固措施，以免在抽出保护套管时将其带出。凡塑料板被带上2m的应作废，进行补打。塑料排水板插好后应及时将露在垫层的多余部分切断，并予以保护，以防因插板机移动、车辆的进出或下雨时受到损坏而降低排水效果。塑料排水板宜采用滤水膜内平搭接的方法连接，搭接长度不得小于20cm。

施工质量不符合要求，承包人应按监理工程师的要求采取补救措施或更换排水板。袋装砂井、塑料排水板实测项目应根据公路工程质量评定标准进行。

（五）强夯法

1. 加固原理

强夯法处理软土地基是利用夯锤自由落下产生的冲击波使地基密实，这种冲击引起的振动在土中是以波的形式向地下传播的。当强夯法应用于非饱和土时，压密过程基本上同试验室的击实法相同；对于饱和无黏性土，夯击过程中，土体可能会产生液化，其致密过程与爆破和振动压密过程相似。

2. 适用范围

强夯法适用于处理碎石土、砂土、粉土、黏性土、杂填土和素填土等地基，它不仅能提高地基的强度、降低其压缩性、还能改善其抗振动液化的能力和消除土的湿陷性，故常用于处理可液化砂土地基和湿陷性黄土地基。强夯法对于饱和度较高的黏性土,一般来说处理效果不显著,尤其是淤泥和淤泥质土地基,处理效果更差。

3. 质量控制要点

强夯法需设置试夯区,面积不应小于 20m×20m,对不同地质条件,至少进行一处试夯,通过试夯确定施工参数,如夯锤重量、夯锤落距、单点总夯击能,夯点距离、间歇时间、夯击遍数及有效加固深度等。

在软基上采用强夯法施工,常在夯击地面上铺设 1~2m 的砂砾碎石层,有时还采用竖向排水体处理地基,其目的是加速软土地基孔隙水的排出。

夯锤必须设直径 20~35cm 的排气孔,避免产生“气垫效应”和“真空效应”。夯锤必须平稳自由落下,若倾斜落下或坑底面倾斜,能量损耗较大,且夯击中心易改变,影响工程质量。满夯时,能量不宜过大,一般加固深度达 3m 即可。

施工结束后应间隔一定时间才能对地基加固质量进行检验,对于软黏土一般间隔 3~4 周。质量检验可采用标准贯入、静力触探和分层静载试验,以确定地基承载力、夯实均匀性及强夯加固深度。

(六)粉喷桩法

粉喷桩属于深层搅拌法加固地基方法的一种形式,也叫加固土桩。深层搅拌法是加固饱和软黏土地基的一种方法,它是利用水泥、石灰等材料作为固化剂的主剂,通过特制的搅拌机械就地将软土和固化剂(浆液状和粉体状)强制搅拌,利用固化剂和软土之间所产生的一系列物理化学反应,使软土硬结成具有整体性、水稳性和一定程度的优质地基。粉喷桩就是利用粉体状固化剂来进行软基搅拌处理的方法。

1. 适用范围

粉喷桩最适用于加固各种成因的饱和软黏土,目前国内常用于加固淤泥、淤泥质土、粉土和含水量较高的黏性土。由于粉喷桩是将干的固化剂(水泥粉、石灰粉)拌入地基的,所以当土基中的含水量低于 30% 时,为保证粉体的充分固化,必须在搅拌过程中加入适当的水分,当选用粉喷桩时,土层的含水量宜大于 50%。

2. 粉喷桩质量控制

(1)在机具设备和材料进场的同时,应进行场地清理,使之符合施工要求并布置粉喷桩所需材料的储存棚和机具设备安装地点以及水电供应和排水沟位置。

(2)钻机技术性能和指标应满足设计与施工要求。钻机一般是钻头直径为 500mm,能完成 18m 桩长的机架,单轴并具有正向钻进反向提升功能,能实现匀速变速提升和钻进。钻机就位应满足图纸要求,垂直度偏位不得大于 1.5%,桩孔位置与图纸位置偏差不得大于 50mm。

(3)粉喷桩施工前应进行成桩试验,确定喷头转速、提升速度、水泥用量等技术参数,使其满足图纸要求。

(4)粉体发送器的粉体定量输出由控制转鼓的转速实现,粉体的掺入量根据施工前室内试验确定,施工时通过控制钻机提升速度和钻速实现。严格控制喷粉时间、停粉时间和水泥喷入量,确保粉喷桩长度。

(5)桩身上部 1/3~1/2 桩长不小于 5m 的范围内必须进行二次搅拌,确保桩身质量。

(6)发现喷粉量不足时,应整桩复打,喷粉中断时,复打重叠孔段应大于 1m。

(7)应做好施工记录,实际的孔位、孔深、每个钻孔的地下障碍物、洞穴、涌水、漏水及工程地质情况均应作详细记录。

（七）碎石桩法

1. 加固原理

碎石桩是指用振动、冲击或水冲等方法在软弱地基中成孔后，再将碎石挤入土中形成大直径的由碎石所构成的密实桩体。按其制桩工艺分为振冲碎石桩和干法碎石桩两大类。对松砂土层而言，利用振动或冲击将碎石压入砂中以减少孔隙比，提高相对密度，使路基挤密到临界孔隙比以下，以防止砂土在地震或受振动时液化，提高了地基的剪切强度和水平抵抗力；减少固结沉降；使地基变形均匀。对黏性土而言，由于形成了一定的间距的碎石桩和黏性土共同构成的复合地基，从而改善了地基的整体稳定性，增强地基整体抗剪能力，防止地基发生滑动破坏。

2. 适用范围

碎石法主要应用于软弱地基加固；堤坝边坡加固；消除可液化砂土的液化性；消除湿陷性黄土的湿陷性。

3. 质量控制

承包人应提前 21 天提供计划用于工程的碎石材料样品以及施工设备、施工方法，报监理工程师批准。

承包人应于开工前在监理工程师批准的地点设置 5 根试验桩。设置试验桩时，承包人应认真仔细地记录桩的贯入时间和深度、冲水量和水压、压入的碎石量和电流的变化等，以确定桩体在密实状态下的各项指标，以此作为设置碎石桩的控制指标。试验桩设置完毕后，承包人应对其中的三根试验桩进行标准贯入试验，并对其中的两根进行荷载试验，以检验施工设备和方法是否符合规范及监理工程师的要求。若一次试验不成功，则承包人应改装或更换设备，改变施工方法，进行两次或多次试桩的设置，直到 5 根桩全部符合要求。施工设备和方法被监理工程师批准后，方可用于施工。

施工时，碎石料应分批加入，每次加料量一般为 1m 堆高的填料。设置碎石桩时，应根据试验桩的成果严格控制电流，使其大于密实试验桩的电流值。碎石桩设置完毕后，其顶部应按设计图纸或监理工程师的要求铺设碎石或砂砾垫层。在整个施工过程中，应保证碎石料不被周围土体污染。

承包人应填写施工记录，监理工程师可随时抽查并将这些记录作为最终质量检查验收的依据。

（八）灌浆法

1. 加固原理

灌浆法是指利用物理化学原理，通过机械设备将具有固化和抗渗性能的浆液材料均匀地灌入地层中，并使之在一定范围内扩散和固化，将原来松散的土粒或裂隙胶结成一个整体，形成一个结构新、强度高、防水性能好和化学稳定性良好的“结石体”，以提高地基强度、降低渗透性、改善地基物理力学性质。

2. 适用范围

一般适用中砂以上的砂性土和有裂隙的岩石。黏性土地基若有适宜的排水条件时也可使用。

3. 质量控制

在注浆施工前，承包人应提交开工报告，内容包括所采用的机具类型和性能、计量仪器的标定、施工方法、施工放样、施工计划的全部细节、质量保证措施和质保体系，以及所储材料的说明及相关试验等。注浆工程在监理工程师的书面批准后方可开工。

承包人应派有经验的技术人员到现场主持压密注浆的施工工作。施工时应严格控制注浆量,确保设计要求。浆体必须充分搅拌均匀,在注浆过程中也应随时进行缓慢搅拌,在泵送前应经过筛网过滤。注浆管及输浆软管应保证密封不漏浆,以保证加固质量及效果。

承包人必须如实详细记录每个孔的编号、压浆深度、每次压浆的持续时间、压浆量、压力等有关的施工参数。

冬季施工时,应注意低温对加固效果的影响,当温度严重影响施工时,应暂停施工。

采用水泥和粉煤灰作为注浆材料时,材料必须经监理工程师认可后方能使用,保证现场的存放工作,严禁用过期、受潮、结块、变质的劣质水泥。

(九)高压喷射注浆法

高压喷射注浆法是利用钻机把带有喷嘴的注浆管钻进至土层的预定位置后,用高压设备将浆液或水以20MPa左右的高压流从喷嘴中喷射出来,冲击破坏土体,同时钻杆以一定速度逐渐向上提升,将浆液与土粒强制搅拌混合,待浆液凝固后,在土中形成一个固结体。

1. 适用范围

高压喷射注浆法对淤泥、淤泥质土、黏性土、粉土、黄土、砂土、碎石土和人工填土等都有良好的处理效果。对于含有较多的大粒径石块或有大量植物根茎的地基,因喷射流可能受到阻挡或削弱,冲击破碎力急剧下降影响处理效果。

2. 质量控制

钻机或旋转机就位时机座要平稳,立轴或转盘与孔位对正。钻机安放在设计的孔位上并应保持垂直,施工时旋喷管的允许倾斜不得大于1.5%。钻孔的位置与设卡位置的偏差不得大于50mm。

插管是将喷管插入地层预定的深度。在插管过程中,为防止泥沙堵塞喷嘴,可边射水,边插管。喷射作业喷射注浆前要检查高压设备和管路系统,设备的压力和排量必须满足设计要求。当喷管插入预定深度后,由下而上进行喷射作业。喷射注浆时应估计水泥浆的前峰已流出喷嘴后,才开始提升注浆管。开始喷射注浆的孔段要与前段搭接0.1m,防止固结脱节。施工时必须时刻注意浆液初凝时间、注浆流量、压力、旋转提升速度等参数是否符合设计要求。

喷射注浆结束后,由于浆液析水作用,一般均有不同程度收缩,使固结体顶部出现凹穴,及时用水灰比为0.6~1的水泥浆进行补灌。

二、特殊土地基处理

1. 岩溶地区路基

我国许多地区处于溶岩分布区,地下溶洞多,分布的范围广且深度不等,溶洞的表面覆盖层多为软土层,承载能力小。在这些路段修建路基时,重点要解决路堤基础的承载力不足(特别是高填土路堤)。处理岩溶洞的方法应报监理工程师并经检查认可,才能进行施工,否则由承包人承担责任。

承包人应按图纸及规范中有关规定要求施工,无论采取何种方法处理,在施工中均不应堵塞岩溶水的出路。不论路基基底还是路基上方的岩溶泉或冒水洞,承包人应采取疏导引离路基的排水方法进行排水,并保证路床范围的土石方不受浸润,不因温差作用而使水汽上升,聚集在路面基层下面。

对于路堑边坡上危及路基稳定的干溶洞，可采用干砌片石或浆砌片石堵塞；对于路基基底或挡土墙基底的干溶洞，洞口不大、深度较浅时，可回填夯实；对于洞径大而浅的干溶洞，应在全部清除洞内充填物后，换填片石混凝土。

对埋藏较浅、顶板破碎的溶洞，应清除覆土，炸开顶板，分层回填碎石、土石混合物等，回填时应遵循上细下粗的原则，当回填接近地面 50cm 时，应逐层夯实至地面。

2. 膨胀土地区路基

膨胀土地基是指黏粒成分主要由强亲水性矿物组成，并具有显著膨胀性的黏土。膨胀土是高塑性黏土，吸水膨胀，失水收缩，具有较大胀缩变形能力，且变形往复。即使在一定的荷载作用下，仍具有这种胀缩性质。膨胀土地区路基质量控制要点：

(1)承包人应在膨胀土地区路基施工前，按图纸和监理工程师的要求，修筑长度不小于200m 全幅路基宽度的试验段，以确定膨胀土路堤施工中的石灰掺量、松铺厚度、最佳含水量、碾压机具以及全部施工工艺，试验结果应报监理工程师批准。

(2)膨胀土地区路基施工，应避开雨季作业，路堤填筑要连续进行。路堤或路堑两侧边坡的防护工程必须及时完成，做好膨胀土路基的防水、排水工作。

(3)当路堤填高不足 1m 时，必须挖去地表 300 ~ 600mm 的膨胀土，换填非膨胀土，并按规定压实。当地表潮湿时，必须挖去湿软土层，换填碎砾石土、砂砾或坚硬岩石碎渣，或将土翻松、掺石灰稳定并按规定压实，一般换填深度可控制在 1.2m 左右。

(4)填土路堤不得采用强膨胀土填筑。高速公路、一级、二级公路采用中、弱膨胀土作填料时，应做改性处理，改性处理后要求胀缩总率不超过 0.7 为宜，并按试验段报告要求施工。弱膨胀土只能填在路堤下层及中层，边坡表面及路基顶面应以非膨胀性土或石灰改性膨胀土包边，包边厚度应符合图纸规定。

(5)膨胀土地区的路堑施工，路床应超挖 30 ~ 50cm，并应立即用非膨胀土或改性土回填压实。

(6)对膨胀土改性时，应加强土的粉碎和注意与石灰拌和的均匀性。压实机具应选用重型压机或振动压路机。碾压时，直线段由两边向中央，超高段由内侧向外侧碾压。考虑到膨胀土路堤的沉降，路堤两侧应各加宽 30 ~ 50cm。

3. 黄土地区路基

黄土有黄土和黄土质土之分，一般认为黄土有如下特征：①颜色为灰黄、褐黄、棕黄等色；②具多孔性，其孔隙肉眼可见，孔隙度一般为 40% ~ 50%；③含大量碳酸钙(10% ~ 30%)或钙质结核(俗称“砂姜石”)；④质地均一，成分以粉粒为主，约占 60% ~ 70%，几乎不含大于0.25 mm 的颗粒；⑤无层理，一般厚度约在 40 ~ 300mm 之间；⑥具有显著的垂直柱状节理而具直立性构造，在天然情况下能保持垂直边坡；⑦天然含水量很小，干燥时很坚固，遇水易剥落和遭受侵蚀；⑧遇水有显著的湿陷性。

黄土路堤应分层填筑，分层压实，大于 10cm 的土块必须打碎，并应在最佳含水量范围时碾压密实。路基范围内的回填及碾压的压实度均应符合土方路基压实度标准。

黄土路堑边坡，应严格按设计坡度开挖，如设计为陡坡时(如 1:0.1)，施工中不得放缓，以免引起边坡冲刷。路堑施工，当挖到接近设计高程时，应对上路床部分的土基整体强度和压实度进行检测。如路堑路床土质不符合设计规定，则应将其挖除，另行取土分层摊铺、碾压至规定的压实度。挖除厚度根据道路等级对路床的要求而定，高速公路及一级公路宜挖除 50cm，其他公路可挖除 30cm。如路堑路床的密实度不足，土质符合设计规定，则视其含水量情况，经洒水或经翻松晾晒至要求含水量再行整平碾压至规定压实度。

湿陷性黄土路基应采用拦截、排除地表水等措施防止地表水下渗。其地下排水构造物及地面排水沟渠必须采取防渗措施。

对Ⅱ级以上湿陷性黄土地基应在填筑前进行碾压或采用强夯石灰桩挤密、填土等加固处理。

黄土陷穴地区的路基施工,应将路堤或路堑边坡上侧50m、下侧10~20m内的陷穴进行处理。承包人应将陷穴的位置、埋藏深度及大小、所采取的处理措施报监理工程师批准。

对路基路床的陷穴应封堵其进口,引排周围地表水,使其不再流向陷穴,并回填砾石夯实或浇灌混凝土等。

4. 盐渍土地区路基

盐渍土是指在地表土层1m厚度内,易溶盐的平均含量>0.5%,使之盐渍化了的土。盐渍土的工程性质随易溶盐的种类和含盐量的大小而变化。在干旱时,氯盐的吸湿、保湿及胶结等作用常常有利于路基的稳定,但是路基在潮湿状态下,由于易溶盐的存在及其状态的转变(结晶与溶解的相互转化),能使路基土的密度减小,并较快地丧失其稳定性,造成道路泥泞,甚至坍陷,也能使翻浆更严重。当含有硫酸盐类时,对路基可产生有害的松胀作用,土体十分疏松,强度降低,失去稳定性。盐渍土的碱化作用,可使土膨胀性增加,破坏路面的平整。

盐渍土路基的处理宜在干旱季节施工,雨天不得施工。施工前应对该地区地表土层1m内的土质的含盐性质及含盐量进行控制检测,并报监理工程师审查。

施工中应首先做好排水系统,使路基及其附近无积水。盐渍土地区路堤施工前应测定其基底(包括护坡道)表土的含盐量和含水量及地下水位,根据测得的结果,分别按设计规定进行处理。如含盐量超过要求,应在填筑路堤前予以挖除,如路堤高度小于1.0m时,将基底含盐量较重的表土挖除,应换填渗水性土,其厚度对高速公路、一级公路不应小于1.0m,其他公路不应小于0.8m。原基底土的含水量如超过液限的土层厚度在1m以内时,必须全部换填渗水性土;如含水量界于液限和塑限之间时,应铺10~30cm的渗水性土后再填黏性土;如含水量在塑限以下时,可直接填筑黏性土。当清除软弱土体达到地下水位以下时,则应铺填渗水性强的粗粒土,并应高出地下水位30cm以上,再填黏性土。

盐渍土路基的施工,应分段一次完成。自清除基底含盐量较大的表土开始,连续施工,一次做到路床设计高程。盐渍土路堤应分层铺填分层压实,每层松铺厚度不大于20cm,砂类土松铺厚度不大于30cm。碾压时应严格控制含水量,不应大于最佳含水量1个百分点。

当盐渍土含水量超过规定时,应换填渗水性土,当基底含水量超过液限的土层厚度在1m以内时,必须全部换填渗水性土,并应在路堤下部设置封闭隔水层。填筑黏性土或换填渗水性土,其压实度均应符合土方路基压实度标准。

5. 河、塘、湖、海地区路基质量控制要点

承包人首先应详细查清山坡地质、洪水影响、路基基底、水文条件等情况,并按图纸要求,采取符合实际情况的有效处理方法,并报监理工程师审批。

在此类地区填筑高速公路和一级公路路基时,宜设置集中取土场集中取土,正常水位以下路堤应选用矿渣、块石、砾石等水稳定性良好的材料填筑,其粒径不宜大于30cm。

路堤跨越洪水淹没地段,其两旁不应设置取土坑。特殊情况下的三、四级公路,如需设置取土坑,应留有宽度不小于4m的护坡道,并在路堤下游20m以外设置。在施工两侧水位差较

大的河滩路堤时，为防止管涌现象，除放缓下游一侧边坡外，还宜设反滤层。若渗流通过基底，则应在基底设隔渗墙或隔渗层。

常水位以下路堤，宜用水稳性好、塑性指数不大于6且压缩性小、不易风化的透水性土填筑。如采用天然级配的砂砾、卵石、矿渣、石质坚硬而不易风化的片、块、碎石等，边坡不得陡于1:2，必要时可在一侧或两侧设置护道和边坡防护。受水位涨落影响的部分，亦应选用水稳性好的材料，如具有天然级配的砂砾、卵石、粗(中)砂。

第四节　路基排水工程质量控制

为了保证路基的稳定，公路工程必须修建适宜的排水系统，用以排除地面水和地下水。根据水来源的不同，路基排水可分为地面排水和地下排水两大类。

路基地面排水系统可将停滞在路基范围内的地面水迅速排除，并防止路基范围外面水流入路基内；路基地下排水系统把路基工作区内的土基含水量降低到一定的范围内，防止土基因含水量过大而强度降低，边坡坍塌、基身沉陷或滑动，影响道路的功能和寿命。两类排水的作用不同，但目的是一致的，即确保路基具有足够的强度和稳定性。

路基施工中，必须按设计要求首先做好排水工程以及施工场地附近的临时排水设施，然后再做主体工程。在无条件时，排水工程可与路基同步施工，并使其随施工进度逐步成型。在路基施工期，不得任意破坏地表植被或堵塞水路；各类排水设施应及时维修和清理，保持其完好状态，使水流畅通，不产生冲刷和淤塞；临时性排水设施应尽量与永久性排水设施结合起来。

(1)在开工之前，承包人应向监理工程师提供工程的有关施工方法和施工安排的书面报告，只有在获得批准后，才能开工。

(2)路基排水设施应有合适的泄水断面和纵坡。高速公路和一级公路的边沟不应作为农业排灌渠道，其他公路不得已时可和排灌渠道结合，但应适当加大泄水断面，并采取加固措施，以防水流危害路基。排水设施的进出水口，应视当地土质、水文、地形条件及筑路材料等情况，适当加固。

(3)承包人应按图纸确定的排水构造物的位置和高程，进行施工放样测量，并经监理工程师核准。

(4)排水构造物的基槽开挖和回填，应按规范的有关规定进行。排水构造物的基槽底面均应夯实到图纸规定的压实度。若基槽底面的地质状况与图纸要求不符时，承包人应根据实际情况提出处理方案和加固措施，经监理工程师审核批准后进行地基处理。

(5)为防止排水构造物的基底冲刷，承包人应严格按图纸要求施工。若监理工程师根据实际地形指示增加基底深度，承包人应按监理工程师的指示执行。

(6)所有地面以下的隐蔽工程，只有在经监理工程师检验合格之后，才能掩埋。

(7)由于承包人未执行上述有关规定而导致排水构造物的损坏和缺陷，应由承包人自费拆除重建。

一、地面排水设施

常用的路基地面排水设施有边沟、截水沟、排水沟、跌水与急流槽、倒虹吸、渡水槽、蒸发池等。

1. 边沟

挖方路基以及填方高度小于边沟深度的路堤，在路肩外缘均应设置边沟（见图3-8），汇集和排除路基范围内的地面水。常用的边沟断面形式有梯形、矩形、三角形或流线形等。形式的选用可根据地形条件、地质条件、施工条件而定。高等级公路和一级公路的边沟，采用梯形、矩形的较多，且边沟的断面稍大一些。一般情况下，边沟的纵坡以1%～2%为宜，最小不得小于1%～0.5%；当土质地段边沟沟底纵坡大于3%时，应采用干砌或浆砌片石进行铺砌。边沟的长度一般不宜超过500m，多雨地区不宜超过300m，三角形边沟长度不宜超过200m，边沟的水流应尽量就近排至路旁自然水沟或低洼地带。

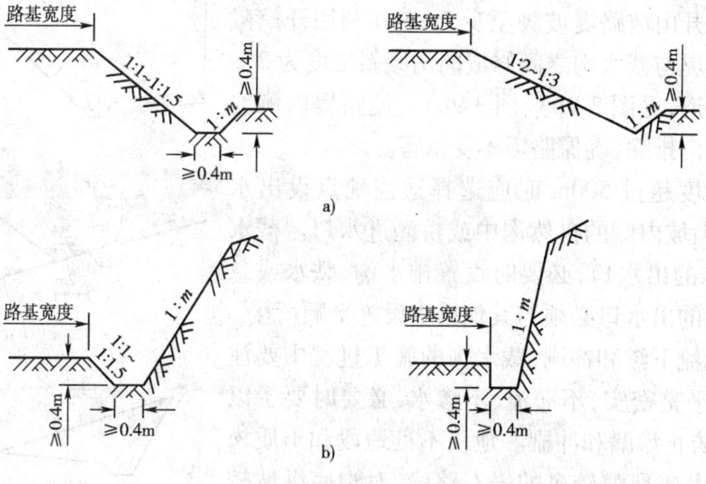

图3-8 边沟横断面图

a）填方；b）挖方

边沟施工要求：

（1）边沟应按图纸规定施工，边沟和涵洞接合处应与涵洞洞口建筑配合，以便水流通畅进入涵洞。

（2）平曲线处边沟施工时，沟底纵坡应与曲线前后沟底纵坡平顺衔接，不允许曲线内侧有积水或外流现象发生。曲线外侧边沟应适当加深，其增加值等于超高值。但曲线在坡顶时可不加深边沟。

（3）边沟施工时土质边坡必须平整、稳定，严禁贴坡；沟底应平顺整齐，不得有松散土和其他杂物，排水畅通。各类防渗加固设施、浆砌边沟要求坚实稳定，砌体砂浆配比准确，砌缝内砂浆均匀，勾缝密实，砌体抹面平整、光滑、顺直。

2. 截水沟

截水沟是设置在挖方路基边坡坡顶外或山坡路堤上方适当的位置，用以拦截上方流来的地面水，减轻边沟的水流负担，保护挖方路基边坡不受上方水流冲刷和损害的人工边沟。它的断面形式一般为梯形，在地面横坡较陡时也可做成石砌矩形。

截水沟的断面尺寸根据流量确定，底宽和深度不应小于0.5m。长度以200～500m为宜。截水沟的纵坡应根据地形地貌情况，纵坡适当加大，沟底平整、密实。

截水沟一般设置在雨量较多，且暴雨频率高，山坡覆盖层松软，坡面较高，水土流失较严重的地段，若汇水面积较大，地形复杂，可设置两道或多道截水沟。截水沟应结合地形合理布置，要求线形直捷舒顺，在转弯处应以平滑曲线连接，尽量与大多数地面水流方向垂直，以提高截水效果和缩短沟的长度。若因地形限制，截水沟绕行，工程艰巨，附近又无出水口处，可分段考虑，中部以急流槽衔接。

在无弃土的情况下，截水沟的边缘离开挖方路基坡顶的距离视土质而定，以不影响边坡稳定为原则。如系一般土质至少应离开5m，对黄土地区不应小于10m，并应进行防渗加固。截水沟挖出的土，可在路堑与截水沟之间修成土台并进行夯实，台顶应筑成2%倾向截水沟的横坡（如图3-9a）。

路基上方有弃土堆时，截水沟应离开弃土堆坡脚1～5m，弃土堆坡脚离开路基挖方坡顶不应小于10m，弃土堆顶部应设2%倾向截水沟的横坡。

截水沟离开山坡路堤坡脚至少2m。并利用开挖截水沟的土在路堤与截水沟之间修成向沟倾斜坡度为2%的土台或护坡道，见图3-9b）、图3-9c）。使路堤内侧地面水流向截水沟排除，确保路堤不受水害。

截水沟长度超过500m时应选择适当地点设出水口，将水引至山坡内侧的自然沟中或桥涵进水口。截水沟必须有牢靠的出水口，必要时设置排水沟、跌水或急流槽。截水沟的出水口必须与其他排水设施平顺衔接。

为防止水流下渗和冲刷，截水沟的施工过程中要注重沟底、沟壁平整密实，不滞流、不渗水，必要时要予以加固和铺砌，防止渗漏和冲刷。地质不良地段和土质松软、透水性较大或裂隙较多的岩石路段，对沟底纵坡较大的土质截水沟及截水沟的出水口，均应采用加固措施防止渗漏和冲刷沟底及沟壁。

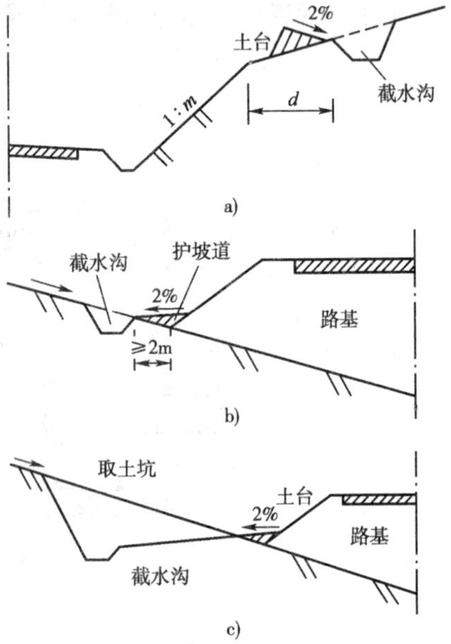

图3-9　截水沟断面图

3. 排水沟

排水沟的作用是将边沟、截水沟，以及其他来源的水流，引至路基范围以外的指定地点。排水沟的长度不宜超过500m，与各种水沟的连接应顺畅。

高速公路、一级公路通过耕地、居民区的填方路基，宜设坡脚排水沟。排水沟沿路线布设时，应离路基尽可能远一些，距路基坡脚不宜小于3～4m。路堤边坡设急流槽地段，排水沟距路基坡脚距离不宜小于2m。排水沟的纵坡设置以1%～3%为宜，纵坡大于3%时，需进行加固。大于7%时，应改用跌水或急流槽。

排水沟平面线形上应力求简捷，尽量采用直线，必须转弯时，可做成圆弧形，其半径不宜小于10～20m，当排水沟中的水流流入河道或沟渠时，为使原水道不产生冲刷或淤泥，一般应以锐角相交，交角不大于45°，如锐角相交有困难时，可用圆弧相连。

当排水沟因纵坡过大产生水流速度大于沟底、沟壁土的容许冲刷流速时，应采用边沟表面加固措施。

4. 跌水与急流槽

跌水与急流槽是人工排水沟渠的特殊形式。一般设置在陡坡和沟底纵坡较大的地段。高速公路、一级公路填方段为排除路面积水，多采用急流槽。跌水和急流槽应采用浆砌片石或水泥混凝土预制块砌筑。急流槽可用素混凝土现浇。各部位的尺寸应根据水文、地形、地质和当地雨水情况来确定，其高度与长度之比应与原地面坡度相适应。侧墙应高出设计水位0.2m以上。

跌水和急流槽进水口应予以防护，出口易冲刷，可设置消力池或其他消能设施。为防止急流槽基底滑动，其底面每隔2.5～5m可设置凸榫嵌入基底中，榫高为0.3～0.5m。宽度根据急流槽的坡度而定。长度不宜超过10m。槽身较长时，每5～10m分段砌筑，并预留伸缩缝。急流槽的砌筑应使自然水流与涵洞进、出口之间形成一个过渡段，其底部应按图纸要求砌筑抗滑平台并应设置端护墙。路堤边坡急流槽的修筑应能为水流入排水沟提供一个顺畅通道，路缘石开口及水流进急流槽的过渡段应连接圆顺。

急流槽的纵坡应按图纸所示进行施工，一般不宜超过1:1.5，同时应与天然地面坡度相配合。当急流槽较长时，槽底可用几个纵坡，一般是上段较陡，向下逐渐放缓。其断面一般采用矩形。槽底应做成粗糙面，厚度为0.2～0.4m。边墙顶面宽度：浆砌片石为0.2～0.4m，混凝土为0.1～0.3m，跌水的台阶高度可采用0.3～0.6m，台面坡度应为2%～3%。

5. 倒虹吸和渡水槽

当水流需要横跨路基，而又受设计高程的限制时，可以采用管道或沟槽从路基底部通过或上部架空跨越，前者为倒虹吸，后者为渡水槽。两者都属于路基地面排水的特殊结构物，多数情况下为配合农田水利所需而设。

倒虹吸的设置是借助上下游沟渠水位差，利用势能迫使水流降落，经路基下部管道流向路基另一侧，再复升流入下游水渠。由于所设管道为有压管道，竖井式倒虹吸的水流多次垂直改变方向，水流条件差，结构易漏水，经常淤塞且难以清理和修复。倒虹吸管道有箱形和管形两种，以混凝土和钢筋混凝土为主，临时性简易管道可采用砖石结构。

倒虹吸管的进出水口，应在竣工后及时盖上，防止人畜掉入。倒虹吸施工完成后，在填土之前应首先检查各部尺寸是否满足要求，同时还应按照烟雾试验法和灌水试验法进行渗透试验。

倒虹吸的施工关键在于防渗漏，一旦涵管发生渗漏，很难处理，因此要把好以下几关：

(1)涵管预制。要求从进料、混凝土配制、拌和、振捣、养生成型以及钢筋加工、绑扎等每道工序都要按要求严格把关，每节成品管涵不得有裂纹、麻面、缺边掉角等缺陷。

(2)企口处理。企口为管节连接处，最易渗漏，因此必须使管节紧密结合，常用的方法是沿企口塞紧经热沥青浸透的沥青麻絮，防渗的膨胀橡胶圈效果更好；其次是在企口和管节之间采用普通混凝土包裹，膨胀水泥更好。

(3)竖井浇筑。竖井浇筑过程中形成的施工缝，如竖井与涵管端部连接处、竖井墙身与底板交界处、竖井墙身施工缝等是最易渗漏的部位，都必须采取相应的措施处理好接缝处的渗漏问题。

(4)涵侧填土。涵管的两侧填土一般不易压实，可采用石灰、粉煤灰或水泥处治的稳定土经人工或机械分层夯实，分层厚度在10cm左右，效果最好。

渡水槽的构造与桥梁相似，主要作用是沟通水流，其架设应满足道路对净空与美化的要求，因此不仅在结构上要达到足够的强度，在效能上还应适合排水的要求，包括进出口的衔接、防冲、防渗等。因槽身过水断面一般较两端的沟渠横断面小，相应槽中流速有所提高，因此进出口段应注意防止冲刷和渗漏。进出口处设置过渡段，根据土质情况，分别将槽身两端伸入路基两侧地面2～5cm，而且出水口过渡段宜长些，以防淤泥。如果槽身较短，可取槽身与沟渠的横断面相同，沟槽直接衔接，即不设过渡段。与槽身连接的土质沟渠，应予以防护加固，加固长度至少是沟渠水深的4倍。

6. 蒸发池

在降雨量不大、晴天日数多、气候干燥、排水困难地段，可利用沿线的集中取土坑或专门开挖的凹坑修建蒸发池，以汇集路界地表水，并通过蒸发池蒸发和渗漏使之消失。

(1)用取土坑作蒸发池时与路基坡脚间的距离不应小于5～10m。面积较大的蒸发池至路堤坡脚的距离不得小于20m,坑内水面应低于路基边缘至少0.6m。

(2)坑底部应做成两侧边缘向中部倾斜0.5%的横坡。取土坑出入口应与所连接的排水沟或排水通道平顺连接。当出入口为天然沟谷时,应妥善导入沟谷内,不得形成漫流,必要时予以加固。

(3)蒸发池的容量不宜超过200～300m^3,蓄水深度不应大于1.5～2.0m。池周围可用土埂围护,防止其他水流入池中。

(4)蒸发池的设置不应使附近地区泥沼化及影响当地环境卫生。

二、地下排水设施

路基地下排水的目的是为了提供稳定的路基和坡体,提高路堤基底的承载能力。在地下水危及路基稳定(包括整体稳定和局部稳定)或者严重影响路基强度的情况下,应根据具体情况采取措施拦截、旁引、排除地下含水层的水分,降低地下水位。

路基地下排水设施主要以渗流方式汇集水流,并就近排出路基范围以外,常用的路基地下排水设施有盲沟、渗沟、渗井、暗沟(管)、检查井等。对水流、水量不大的地下水,以渗为主,汇集水流,将其排出路基以外;遇水流、水量较大时,应用专用地下沟(管)予以排除。

1. 盲沟

设在路基边沟下面的暗沟称为盲沟。其目的是拦截和降低地下水。盲沟通过边沟内分层填实不同粒径的颗粒材料,利用其透水性将地下水汇集于沟内,并沿沟排泄到指定之处。

盲沟的断面形式一般为矩形,也可做成边坡陡于1:0.2,上宽下窄的梯形。为排泉水或地下水流可采用暗沟(管),各部位尺寸大小根据排出水量及地形、地质条件确定。

在盲沟的底部和中部用较大碎石或卵石(粒径30～50mm)填筑,在碎石或卵石的两侧和上部,按一定比例分层(层厚约150mm),并填较细颗粒的粒料(中砂、粗砂、砾石),做成反滤层,逐层的粒径比例,大致按4:1递减。砂石料颗粒小于0.15mm的含量不应大于5%。或用土工合成材料包裹有孔的硬塑管,管四周填以大于硬塑管孔径的等粒径碎、砾石,组成盲沟。在盲沟顶部做封闭层,用双层反铺草皮或其他材料(如土工合成的防渗材料)铺成,并在其上夯填厚度不小于0.5m的黏土防水层。

盲沟的排水量较少,不宜过长,一般以50m为限,沟底的纵坡不宜小于1%,出水口应高出地表排水沟常水位0.2m。盲沟的埋置深度,应满足渗水材料的顶部(封闭层以下)不得低于原有地下水位的要求。当排除层间水时,盲沟底部应埋于最下面的不透水层上。在冰冻地区,盲沟埋深不得小于当地最小冻结深度。

当采用土工织物作反滤层时,应先在底部及两侧沟壁铺好就位,并预留顶部覆盖所需的土工织物,拉直紧贴下垫层,纵向和横向接缝应交替错开,搭接长度均不得小于300mm。

对盲沟实测的项目见表3-4。

盲沟实测项目 表3-4

项次	检查项目	规定值或允许偏差	检查方法和频率
1	沟底高程(mm)	±15	水准仪:每10～20mL处
2	断面尺寸(mm)	不小于设计	尺量:每20m测1处

2. 渗沟

渗沟是盲沟的一种特殊形式,构造比盲沟更完善。按结构形式可分为填石渗沟、管式渗沟和洞式渗沟。

渗沟的作用与盲沟相仿,但尺寸较盲沟大,埋置更深。渗沟用作降低地下水位时,尽量靠近路基;用做拦截地下水时,应尽量与地下水流方向垂直。渗沟顶部和底部应设置封闭层,可采用5号砂浆浆砌片石或水泥混凝土浇筑。

深而长的渗沟,应设检查井。在直线段每隔30~50m或在渗沟的转弯、变坡处设置。检查井直径不宜小于1m,井壁应设渗水孔和反滤层。井壁处的排水管应高出井底0.3~0.4m,检查井应设检查梯,井口顶部应高出附近地面0.3~0.4m,并设井盖。

管式渗沟适用于有一定流量、渗沟长度较长的地段。但渗沟纵向长度应不大于250~350m,若渗沟过长时,应加设横向泄水管,将渗沟内的水流迅速分段排除。其最小纵坡为0.5%。

洞式渗沟适用于地下水流量较大或缺少圆管时,可采用石砌涵洞形式。涵洞可用浆砌片石筑成,上加带泄水小孔的混凝土盖板或条石。沟底纵坡最小为0.5%,有条件时适当采用较大纵坡,以利排水。渗沟施工时的人工开挖,一般深度在2m时,宽度为0.6~0.8m;深度在3~4m时,宽度不小于1.0m。

渗沟内用做渗水或排水的砂石填料,应经过筛选和清洗。反滤层是为了汇集水流,并用于防止含水层中土粒堵塞排水层而设置的。反滤层应尽可能选用颗粒大小均匀的砂石材料,分层填埋,相邻两层颗粒直径之比不小于1:4。每层厚度不小于15cm。有条件时可在反滤层外加铺土工布进行包裹,更能加强过滤作用,同时使得路基土颗粒不因随水流被带走而形成空洞。各种渗沟出水口沟底高程应高于沟外最高水位高程20cm。

3. 渗井

当地下存在多层含水层,其中影响路基的上部含水层较薄,排水量不大,且平式渗沟难以布置时,则可采用立式排水设备,这种设备称作渗井。

渗井的作用是穿过不透水层,将路基范围内的上层地下水引入更深的含水层中去,以降低上层的地下水位或全部予以排除。由于渗井施工不易,单位渗水面积的造价高于渗沟,选用时要进行分析比较后确定。

渗井上部构造为集水结构,下部为排水结构。渗井的一般要求如下:

井内填充材料用碎石或卵石,渗井的下部必须穿过不透水层而深达透水层(透水层中有潜水时,要注意潜水压力不至于造成渗井内潜水倒灌)。透水层离地面较深时可用钻井机钻孔。钻孔的直径50~60cm,最小直径不应小于15cm。井(孔)内由中心向四周按层次分别填入由粗至细的砂石材料。中心粗料渗水,四周细料反滤。填充料要求筛分冲洗,施工时需用铁皮套筒分隔,以便分别填入不同粒径的材料。不得粗细混杂,以保证渗井达到预期排水效果。渗井的行、列间距布置,以满足路基范围内原地下水位降低并脱离路基工作区,使该区能保持工作在干燥、中湿状态为准则。渗井面积的大小取决于路基表面积水的流量,一般可采用直径为70cm的圆井,或边长60~100cm的方井。当排除表面集中流水时,渗井顶部四周用黏土筑堤围护,顶上也可加筑混凝土盖,严防渗井淤塞。

三、涵洞质量控制

(一)圆管涵

1. 涵管质量

(1)混凝土构件应按图纸所示尺寸制模,外型轮廓线条应顺直,其端面必须垂直于底面。未外露表面上不得出现搓板及接缝痕迹。

(2)所预制构件成品，表面应清洁平整，没有蜂窝、麻面、离析、坑洞、破角或其他缺陷，且无外部涂刷的痕迹。外形轮廓清晰，线条顺直，无翘曲现象。

(3)预制构件的混凝土强度必须达到设计强度的70%以后，才允许脱底模。

(4)管节端面应平整并与其轴线垂直；斜交管涵进出水口管节的外端面，应按斜交角度进行处理。

(5)管壁内外侧表面应平直圆滑，如果缺陷小于不验收规定时，应修补完善后方可使用；如果每处蜂窝面积大于30×30mm，其蜂窝深度超过10mm，蜂窝总面积超过全面积的1%，或露筋则不予验收，并应报监理工程师处理。

(6)管节混凝土强度应符合图纸要求，混凝土配合比、拌和均应符合规范的有关规定。

2. 检验和废弃

所有预制构件的材料质量、制造工艺及制成的构件，都应在预制场地接受检查和试验，具体的检验或试验项目、标准及抽样数量均应经监理工程师批准；承包人应将待检查的成品，另外安放在特定的场地。用于试验的预制件，由承包人免费提供，并由监理工程师任意选择。

除监理工程师批准可修复外，具有下列任一缺陷的成品应予废弃，废弃的构件应立即搬走，并由承包人自费处理。

①由于配合比、拌和、浇筑和养生不当而显示出成型不良；

②钢筋外露或严重放错位置；

③端部开裂或损坏，致使连接处连接不良；

④成品尺寸超过允许偏差。

3. 涵管的运输与装卸

涵管在运输、装卸过程中，应采取防碰撞措施，避免管节损坏或产生裂纹。涵管装卸和堆放工作应用吊车或经监理工程师批准的吊具进行，禁止采用滚板或斜板卸管，并不得在地上滚动。存放场地的位置和装卸的操作方法必须经监理工程师认可。

4. 施工要求

(1)基础开挖

基础开挖应符合图纸要求及规范的有关规定。当在原有灌溉水流的沟渠修筑时，承包人应开挖临时通道保护好灌溉水流。基槽开挖后，应紧接着进行垫层铺设、涵管敷设及基槽回填等作业。如果出现不可避免的耽误，无论是何原因，承包人均应采取一切必要措施，保护基槽的暴露面不致破坏。

(2)垫层和基座

①砂砾垫层应为压实的连续材料层，其压实度应在96%以上，按重型击实法试验测定；砂砾垫层应分层摊铺压实不得有离析现象，否则要重新拌和铺筑。

②石灰土作垫层时，承包人应在施工前将混合料的配合比设计报监理工程师批准。施工中要拌和均匀，分层摊铺，分层压实，其压实度应在90%以上，按重型击实法试验测定。

③混凝土基座应按规范的规定施工，基座尺寸及沉降缝应符合图纸所示、沉降缝位置应与管节的接缝位置相一致。

④管涵基础应按图纸所示或监理工程师的指示，结合土质及路基填土高度设置预留拱度。

(3)敷设

管节安装从下游开始，使接头面向上游。每节涵管应紧贴于垫层或基座上，使涵管受力均匀。所有管节应按正确的轴线和图纸所示坡度敷设。如管壁厚度不同，应使内壁平齐。任何管节如位置设置不准确，承包人应自费取出重新设置。在敷设过程中，应保持管内清洁无脏物、无多余的砂浆及其他杂物。

在软基上修筑涵管时，应按图纸和监理工程师指示对地基进行处理，当软基处理达到图纸要求后，方可在上面修筑涵管。

(4)接缝

涵管接缝宽度不应大于10mm，禁止加大接缝宽度来满足涵长的要求，并应用沥青麻絮或其他具有弹性的不透水材料填塞接缝的内、外侧，以形成柔性密封层。按照图纸所示或监理工程师要求，应再用两层宽15cm，浸透沥青的油毛毡包缠并用铅丝绑扎接缝部位。

如果图纸规定，在管节接缝填塞好后，应在其外部设置C20级混凝土箍圈。箍圈环绕接缝浇筑好后，应给予充分养生，以获得足够的强度而不产生裂缝、脱落。

当管节采用承插式接缝时，在承口端应先坐以干硬性水泥砂浆，在管节套接以后再在承口端的环形空隙内塞以砂浆，以使接头部位紧密吻合，并将内壁表面抹平。当管节采用套环接缝时，应按接缝形式分别采用沥青麻絮、水泥砂浆或沥青砂紧密填塞所有接缝，使其稳固、耐久和不漏水。在填塞沥青砂之前，应在圆管的外表面和套环内表面涂刷沥青涂层，以增强其黏性，并按图纸所示部位固定捆扎绳，以免沥青砂外漏。

(5)进出水口

进出水口应按图纸要求施工，采用混凝土或圬工结构修筑。进出水口的沟床应整理顺直，使上下游水流稳定畅通。当设有跌水井和急流槽时，应按图纸所示或监理工程师的指示进行施工。

(6)回填

回填所用的材料，应采用透水性土，严禁使用含有淤泥、杂草、腐殖质、含冻土块的土。涵洞处路堤缺口填土应从涵洞洞身两侧不小于两倍孔径范围内，同时按水平分层、对称地按照图纸要求的压实度填筑、夯(压)实。

用机械填土时，除应按照上述规定施工外，涵洞顶上填土厚度必须大于0.5~1.0m时，才允许机械通过。

经检验证实圆管涵和倒虹吸管安装及接缝符合要求，并且其砌体砂浆或混凝土强度达到设计强度的75%，方可进行回填作业。

(二)盖板涵、箱涵

(1)混凝土的涵台及基础分别浇筑时，基础顶面与涵台相接部分应拉毛。基础、涵台及洞口建筑采用石砌时，应符合规范规定的要求。

(2)现浇混凝土涵洞的台帽、台身、一字墙如为整体式时，台身和基础可以连续浇筑，也可不连续浇筑。八字式洞口或锥坡式洞口与涵台之间应是分离式。

(3)涵台或盖板，可按图纸设置的沉降缝处分段修筑。

(4)图纸有要求将钢筋混凝土盖板用锚栓与涵台锚固在一起时，应按图纸规定或监理工程师批准的其他方法固定锚栓。

(5)当设计有支撑梁时，应在安装或浇筑盖板之前完成。预制混凝土盖板安装前，应检查成品及涵台尺寸是否合格；台帽是否强度达到设计强度的70%以上；安装后，盖板上的吊装装置应用砂浆或监理工程师批准的其他材料填满，相邻板块之间采用高等级水泥砂浆(1:2)填塞密实。

(6)箱形涵洞现场浇筑时，在浇筑底板以前，应清除基座上的杂物，然后按图纸立模板、绑扎钢筋、浇筑混凝土。底板混凝土强度达到设计强度的70%后，方可在底板上立模浇筑侧板及顶板。在浇筑侧板上的牛腿时，应按图纸所示和监理工程师的指示预埋搭板联结锚固筋。严格按图纸所示的高程、纵坡和预拱度，设置垫层和基座以及浇筑涵洞混凝土。

(7)台背填土必须在支撑梁(或涵底铺砌)，盖板安装且砂浆强度及箱涵混凝土强度达到设计强度的75%以后，方可进行填土，填土应两个涵台同时对称填筑，在涵洞上填土时，第一层的最小摊铺厚度不得小于30cm，并防止剧烈的冲击。

(8)设置沉降缝的道数、缝宽和位置应符合图纸所示或监理工程师指示进行施工，并按图纸规定填塞嵌缝料，或采用监理工程师批准的加氟化钠等防腐掺料的沥青浸麻絮，或纤维板紧密填塞，用有纤维掺料的沥青嵌缝膏或其他材料封缝。在缝处应加铺抗拉强度较高的卷材，如沥青玻璃纤维布或油毡，加铺的层数及宽度按图纸所示，具体的施工方法应经监理工程师批准。

(9)混凝土盖板或顶板、侧板外表面上在填土前应涂刷沥青胶结材料和其他材料，以形成防水层。涂刷的层数或厚度应按图纸所示和监理工程师的指示进行。

(三)拱涵

(1)拱架、支架、模板等由承包人负责设计，经监理工程师批准后进行施工。各种石料的砌筑工艺按规范的要求进行。

(2)拱圈砌筑应由两侧向中间同时对称进行，砌筑时拱圈或支架不得变形。进出水口的拱上端墙应待拱圈合龙砂浆强度达到设计强度的30%以上后，方可进行施工。

(3)拱圈砂浆强度达到设计强度的70%时方可拆除拱架；砂浆强度必须达到设计强度后方可进行拱上填土。

(4)当拱架未拆除，拱圈砂浆强度达到设计强度的70%时，可进行拱顶填土，但应在拱圈砂浆强度达到设计强度后方可卸架。

(5)涵身直顺、涵底铺砌密实平整，拱圈圆顺。

第五节　路基支挡结构质量控制

一、路基支挡结构物

挡土墙是用来支撑陡坡以保持土体稳定的一种构造物，它所承受的主要荷载是土压力。挡土墙用途有：降低挖方边坡高度，减少挖方数量，避免山体失稳滑塌；收缩路堤坡脚，减少填方数量和占地面积；保证路堤稳定；避免沿河路基挤缩河床，防止水流冲刷路基；防止山坡覆盖层下滑和整治滑坡。

根据在路基横断面上的位置，挡土墙可分为路堑墙、路堤墙、路肩墙及山坡墙，如图3-10所示。挡土墙以结构形式划分，常见的挡土墙形式有重力式、半重力式、衡重式、悬臂式、扶壁式、加筋土式、锚杆式、锚定板式和桩板式。此外还有柱板式、垛式、竖向预应力锚杆式及土钉式等。各类挡土墙的适用范围，取决于墙址地形、工程地质、水文地质、建筑材料、墙的用途、施工方法、技术经济条件及当地的施工经验等因素。

二、砌石、混凝土挡土墙

重力式挡墙往往是砌石或混凝土挡墙，其主体材料是片、块石或混凝土。料源丰富，且施工技术要求不高，故应用范围较广，如路堑墙、路堤墙、路肩墙、山坡墙。也可应用于浸水挡墙和抗滑挡墙。

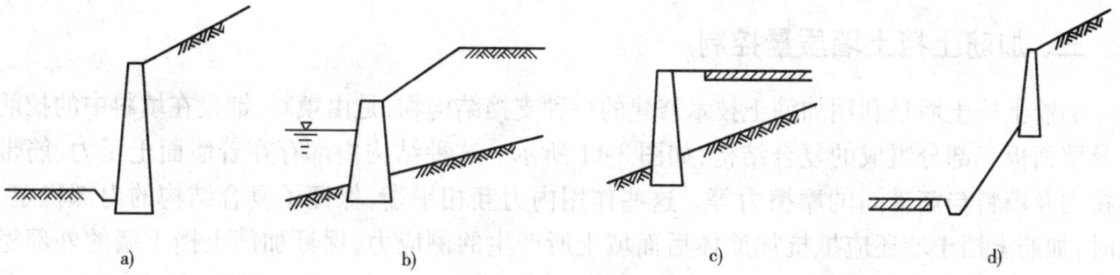

图 3-10 挡土墙横断面图

a）路堑墙；b）路堤墙；c）路肩墙；d）山坡墙

砌石、混凝土挡土墙施工前，承包人应根据工地特点、工期要求及施工条件，结合自己的设备能力，做出施工组织设计，在开始砌筑前 28 天报监理工程师，经监理工程师批准后，方可开始砌筑。

挡土墙范围内的基底处理与一般路堤基底处理相似。墙基础直接置于天然地基上时，工程师检验同意后开始砌筑。当有渗透水时，应及时排除，以免基础在砂浆初凝前遭水侵害。墙基础为软弱土层，不能保证图纸要求的强度时，应经监理工程师批准，采用加宽基础或其他措施。浸水或近河路基的挡土墙基础的设置深度，应符合图纸规定，且不小于冲刷线以下 0.5m。

当墙基础设置在岩石的横坡上时，应清除表面风化层，并做成台阶形，台阶的高宽比不得大于 2:1，台阶宽度不应小于 0.5m。沿墙长度方向地面有纵坡时，应沿纵向按图纸要求做成台阶。砌筑基础的第一层时，如基底为基岩或混凝土基础，应先将其表面加以清洗、湿润，坐浆砌筑。砌筑工作中断后再进行砌筑时，应将砌层表面加以清扫和湿润。

砌石挡墙砌筑时必须两面立杆挂线或样板挂线，外面线应顺直整齐，逐层收坡，内面线可大致适顺，在砌筑过程中应经常校正线杆，以保证砌体各部尺寸符合图纸要求。砌体应分层坐浆砌筑，砌筑上层时，不应振动下层。不得在已砌好的砌体上抛掷、滚动、翻转和敲击石块。砌体砌筑完成后，应进行勾缝。勾缝一般采用水泥砂浆，其强度等级比砌筑砂浆提高一个等级。勾缝的形式一般有平缝、凹缝及凸缝三种，其形状有方形、圆形、三角形等。一般砌体宜采用平缝或凸缝，料石砌体宜采用凹缝。砌体勾缝应牢固、美观，当勾凸缝时，其宽度、厚度应基本一致。

工作段的分段位置宜在伸缩缝和沉降缝之处，各段水平缝应一致，分段砌筑时，相邻段的高差不宜超过 1.2m。沉降缝、伸缩缝的宽度一般为 2～3cm。为保证接缝的作用，两种接缝均须垂直，并且缝两侧砌体表面需要平整，不能搭接，必要时缝两侧的石料须加以修凿。砌筑接缝砌体时，最好根据设计规定的接缝位置设置，采用跳段砌筑的方法，使相邻两段砌块高度错开，并在接缝处作为一个外露面，挂线砌筑，使其达到既直又平。墙体防水层、泄水孔，应符合图纸规定或按监理工程师的指示设置。

现浇重力式挡土墙模板支安应牢固、底脚加扫地方木，两侧设对接螺栓的水平撑、斜撑，并加方木内撑。钢筋、模板安装经检查验收后，方可浇筑。混凝土按规范规定，应分层浇筑，插捣密实，不得出现蜂窝、麻面、露筋、空洞。应设专人盯住模板，以便及时实施补救措施。

墙后填筑前，碾压机具和填料性质应进行压实试验，确定填料分层厚度及碾压遍数，以便正确地指导施工。墙后回填要均匀，摊铺要平整，并设不小于 3% 的横坡，逐层填筑，逐层碾压夯实，不允许向墙背斜坡填筑。墙背填料的压实效果应达到所在路基相应高度处的压实度，基底压实度不应小于85%。

三、加筋土挡土墙质量控制

加筋土挡土墙是利用加筋土技术修建的一种支挡结构物，是由填料、铺设在填料中的拉筋以及墙面板三部分组成的复合结构，如图3-11所示。这种结构内部存在着墙面土压力、筋带的拉力及填料与筋带间的摩擦力等。这些作用内力互相平衡，保证了复合结构的内部稳定。同时，加筋土挡土墙还应抵抗加筋体后面填土所产生的侧应力，保证加筋土挡土墙的外部稳定，从而使整个复合结构稳定。

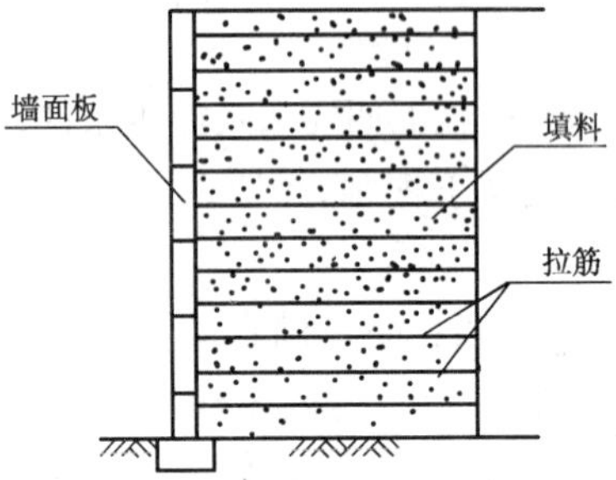

a)

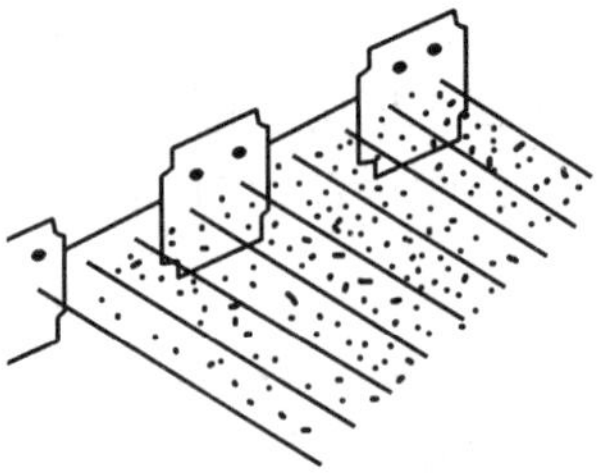

b)

图3-11　加筋土挡土墙基本结构

加筋土挡土墙一般适用于地形较为平坦、宽敞的填方地段；不宜在挖方地段、急流冲刷、崩塌等不良地质地段和基本烈度为8°以及8°以上的地震地区，具有强烈腐蚀环境地区也不宜修建加筋土挡土墙。

1. 基础施工

加筋土挡土墙基础分为加筋体基础和墙面板基础。加筋体基础实际上就是墙后填料的基础。加筋体基础一般不需要做专门处理，这是加筋土挡土墙与其他重力式结构相比的一个显著特点。

加筋土挡土墙的基础主要是指墙面板下的基础，其作用是便于安砌墙面板，起支托和定位作用。基础可以做得很小，一般设置宽度为30～50cm，厚度为25～40cm的条形基础。基础施工时，基底土要反复碾压到95%压实度。条形基础一般采用C20现浇混凝土或预制块件及片石砌筑。加筋土挡土墙的墙面板应有一定的埋置深度，防止因土粒流失而引起墙面附近加筋体的局部破坏。

开挖基坑应严格按图纸和监理工程师的指示分段进行，控制好基础位置和垫层基底设计高程，对基底分段长度整平压实，检测地基承载力，满足设计要求，并经监理工程师检验同意后，方可进入下一道工序。

垫层材料应分层填筑，分层夯实，垫层厚度及压实要求应符合图纸和监理工程师的指示。

砌筑浆砌片石基础或浇筑混凝土基础时，必须分段进行，浇筑混凝土和浆砌片石施工工艺，应符合规范的要求；浆砌片石顶面用水泥砂浆予以整平，符合施工高程，基础施工时，应按图纸要求设置沉降缝，用沥青木板填塞，深度不宜小于80mm。

2. 安装墙面板

(1)当基础施工后强度达到70%以上，高程、尺寸符合图纸要求，经监理工程师检验合格，预制的墙面板质量符合图纸规定时,便可进行安装工作。

(2)在清洁的条形基础顶面上,准确画出面板外缘线,曲线部位应加密控制点。

(3)按图纸要求的垂度、坡度挂线安装,安装缝宜小于10mm。

(4)面板安装是保证墙体稳定性和外观质量的重要环节,而第一层面板安装又是控制全墙总工程质量的关键,因此面板放样尤为重要。面板放样一般可与基础放样同时进行。为防止相邻面板错位和确保面板的相对稳定,第一层面板的安装宜用斜撑固定,以上各层宜采用夹木螺栓固定。安装时用低强度砂浆砌筑调平,同层相邻面板水平误差不大于10mm,轴线偏差每20延米不大于10mm。

(5)面板安装可用人工或机械吊装就位。安装时单块面板倾斜度,一般可内倾1/100~1/200,作为填料压实时面板外倾的预留度。

(6)当填料为黏性土时,宜在面板后不小于0.5m范围内回填砂砾材料,在筋带近旁的填料最大粒径不宜大于50mm,不得含有锋利的碎砾石。

3. 铺设筋带

(1)铺设筋带应与墙面板成垂直,上下层筋带位置应错开,按图纸所示或监理工程师的指示进行。筋带一般应水平铺设,并垂直于墙面板。加筋土挡土墙的拐角处和曲线部位,布筋方向也应与墙面垂直。当墙中设有斜交的横向构造物时,在垂直于墙面的方向上,筋带无法配置到所需的长度时,应设置足够的增强筋带。

(2)聚丙烯土工带与墙面板的拉环连接,不得直接接触,应有间隔处理。连接后用拉具拉直拉紧。钢筋混凝土带与面板拉环的连接,以及每节钢筋混凝土带之间的钢筋连接,可采用焊接、扣环或螺栓连接,平铺及拉直在填筑的平面上。其焊接方式和焊缝长度应按有关规定执行。

(3)外露钢筋的防锈处理及土工带与拉环的间隔处理应符合规范的规定。

(4)严禁车辆或行人扰动筋带。

4. 填筑与碾压

填料应优选渗水性好的材料,当用不透水填料时,宜在墙背50cm范围内采用砂砾石类土,以便墙后积水溢出。填料采集前应按要求做好击实试验,确定填料的最佳含水量和最大干密度以及相应的物理化学性能,以便控制压实质量。填料内不得含有机料及冻块,含水量应在最佳含水量2%范围以内。压实度按路基高度而定。

(1)卸料时机具与面板距离不应小于1.5m,机具不得在未覆盖填料的筋带上行驶,并不得扰动下层筋带。

(2)可采用人工摊铺或机械摊铺,摊铺厚度应均匀一致,表面平整,并设不小于3%横坡。当采用机械摊铺时,摊铺机械距面板不应小于1.5m。机械运行方向应与筋带垂直,并不得在未覆盖填料的筋带上行驶或停车。距面板1.5m范围内,应用人工摊铺。

(3)加筋土工程的填料应严格分层碾压,碾压时一般应先轻后重,并不得使用羊足碾。压路机不得在未经压实的填料上急剧改变运行方向和急刹车。

(4)压实作业应先从筋带中部开始,逐步碾压至筋带尾部再碾压靠近面板部位。压实机械距面板不得小于1.0m。

5. 墙面封顶

顶层墙面板安装后,所形成纵向高低不平处应使用砂浆找平,严格注意控制设计高程及位置偏差。

找平砂浆经养生达到一定强度后，即可现浇帽石，并将预制的栏杆固定在正确的位置上，浇筑帽石中，另按设计每隔5m设一泄水管。

加筋土挡土墙的防、排水设施，如反滤层、透水层、隔水层等应与墙体同步施工，同时完成。当挡土墙区域内出现层间水、裂缝水、涌泉时，应先修筑排水构造物，再修筑加筋土挡土墙。

四、锚杆挡土墙

锚杆式挡土墙是利用锚杆技术形成的由钢筋混凝土墙面及锚杆组成的一种支挡结构物（见图3-12）。锚杆一端锚固在稳定的地土中，另一端与墙面连接，依靠锚杆与地层之间的锚固力（即锚杆抗拔力）承受土压力，维持挡土墙的平衡。按墙面的结构形式可分为柱板式锚杆挡土墙和壁板式锚杆挡土墙。

锚杆挡土墙对地基承载能力要求不高，常用于缺乏石料的地区和挖基困难的地段。一般适用于岩质路堑地段作路堑墙使用，但其他具有锚固条件的路堑墙也可使用，还可用于陡坡路堤。壁板式锚杆挡土墙多用于岩石边坡防护。

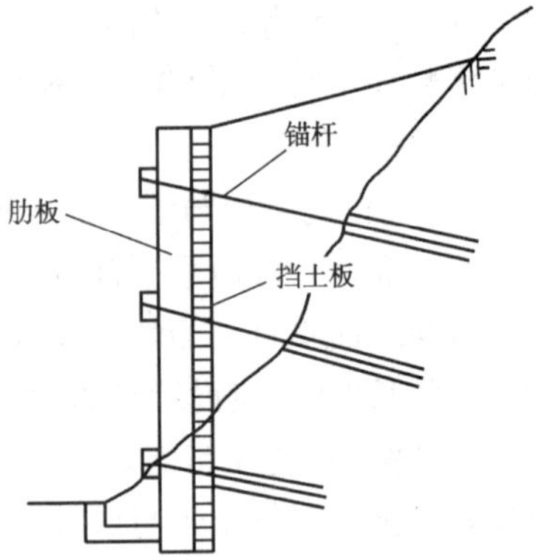

图3-12 锚杆式挡土墙示意图

施工前，承包人应将锚杆挡土墙的施工方法的全部细节报请监理工程师批准后方可进行施工。应做好施工场地清理，平整夯实，场内注意排水畅通。

锚杆挡土墙的施工，应由有经验的施工人员主持，掌握锚孔处地层地质和水文情况。钻孔设备完好，施工时做好记录。

锚孔轴线应准确，锚孔直径及锚孔深应不小于图纸规定。孔口位置允许偏差为 ±50mm，钻孔轴线与设计轴线的偏差应小于3%孔长，孔深允许偏差为±200mm；相邻锚孔间距应符合图纸规定。

造孔是锚杆挡土墙施工中至关重要的一环。锚孔钻孔质量指标主要是钻孔弯曲率，对于岩石锚杆还包括岩芯采取率。锚孔钻孔时，不应损伤岩体结构，以避免岩层裂隙扩大，造成坍孔和灌浆困难。为增加锚杆的抗拔能力，在钻孔过程，可将锚固部分或锚孔底部用小药量爆破成葫芦状。锚孔成孔后，应将孔内岩粉碎屑等杂物排除干净，保持孔内干燥及孔壁干净粗糙。

锚杆挡土墙不宜在雨天施工。锚孔钻孔、放置锚杆、锚孔灌浆各工序应连续完成，以一根桩、一个孔为工作单元。锚杆放入锚孔后，应检查灌浆孔及排气孔是否畅通、完好。安放杆体时，应防止杆体扭压、弯曲，注浆管宜随锚杆一同放入钻孔，注浆管头部距孔底宜为5～10cm，杆体放入角度应与钻孔角度保持一致。

锚孔的灌浆工艺影响锚固能力，灌浆前应用水冲洗孔壁，清除孔中碎渣岩粉。灌浆时在孔口深0.5m范围内先用1∶3水泥砂浆封闭。灌浆过程中，应随时注意排气孔不被堵塞，待灌满浆，抽出灌浆管，封闭排气孔及灌浆孔。

锚孔灌浆应符合图纸要求，采用抗压强度30MPa以上水泥砂浆。水泥砂浆配合比应经试验确定，细集料粒径不宜大于2mm。为加快进度提高砂浆强度，可适当掺加外加剂，掺加品种和数量经试验确定。

为判定锚杆能否满足图纸要求，应进行锚杆确认试验。锚杆极限抗拔力试验数量不少于锚杆总数量的5%，且不得少于3根，应在灌浆后水泥砂浆强度达到设计强度后进行。试验中若变位量不断增加，直到2h后仍不稳定，即认为该锚杆已被破坏；或变位过大，超过图纸规定控制的变位值，或者极限抗拔力小于图纸规定，也可认为锚杆已破坏。

立柱、挡土板及锚杆按图纸要求安置完毕，墙背应即进行回填，填料宜先择砂类土、碎砾石土、严禁使用腐殖土和树皮、草根等杂物，并按图纸要求的压实度进行碾压和夯实。墙背回填时，应特别注意不得将锚杆钢筋压弯造成立柱、挡土板的损坏。还应按图纸规定的位置和要求，设置防、排水设施。

第六节　路基边坡防护工程质量控制

由岩土所筑成的路基，大面积地暴露于空间，长期受自然因素的侵蚀，岩土在不利水温条件下，物理、力学性质将发生变化。路基防护工程主要是保护路基边坡坡面免受雨水冲刷，减缓温差及湿度变化的影响，防止、延缓和减弱岩土表面的风化、破碎、剥蚀演变进程，从而保护路基边坡的整体稳定性，在一定程度上还可以兼顾路容，美化公路。实践证明，在公路建设中，防护工程对保证公路使用品质、提高投资效益均具有重要的意义。

一、植物防护工程

植物防护可美化路容，协调环境，调节边坡的湿温，起到固定和稳定边坡的作用。适用于边坡高度不大，边坡比较平缓的坡面。是一种简易有效的防护设施。

植被防护

(1)种草

适用于边坡坡度不陡于1∶1，土质适宜种草，不浸水或短期浸水但地面径流速度不超过6m/s的边坡。对不利于草类生长的土质，应在坡面先铺一层厚度不小于100mm的种植土再栽种或播种；暴雨强度较大的地区，可在坡面上铺设植生袋，将草籽、肥料和土均匀拌和并裹于土工织物内。

(2)铺草皮

适用于坡度不陡于1∶1的土质和强风化、全风化的岩石边坡。草皮可为天然草皮或人工培植的土工网草皮，应选用根系发达、茎矮叶茂的耐旱草种，严禁采用生长在泥沼里的草皮。当坡面冲刷比较严重，边坡较陡，径流速大于0.6m/s(容许最大速度为1.8m/s)时，应根据具体条件(坡度与流速等)，分别采用平铺、水平叠置、垂直坡面或与坡面成一半坡角的倾斜叠植草皮，还可采用片石铺砌方格或拱式边框，方格或框内再铺草皮。

铺草皮需预先备料，也可就近培育，切成整齐块状，然后移铺在坡面上。铺时应自下而上，并用竹木小桩将草皮钉在坡面上，使之稳固。草皮根部土应随草切割，坡面要预先整平，必要时还应加铺种植土，草皮应随挖随铺，注意相互贴紧。

(3)植树

适用于坡度不陡于1∶1.5或更缓的土质和全风化的岩石边坡。树种应为根系发达、枝叶茂盛、适合当地迅速生长的低矮灌木。在公路弯道内侧边坡严禁栽植高大树木。

二、喷射混凝土和喷浆边坡防护

1. 准备工作

(1)清理防护岩面杂物，清除浮石及松动的岩石。

(2)用高压水冲洗坡面，并使岩面保持一定湿度。

(3)在岩面上确定锚杆孔位，进行钻孔，孔深及孔径应符合图纸要求。钻孔完毕，应将孔内岩粉吹干净。

(4)安装锚杆，同时在钻孔内灌注水泥砂浆或其他图纸规定并经监理工程师批准的材料。

(5)埋设控制喷射混凝土厚度的标志，铺设钢筋网和铁丝网或土工格栅。网眼的大小应符合图纸规定。钢筋网和土工格栅应与锚杆联结牢固，其与岩面的间隙宜为30mm，或按图纸规定。

2. 喷射水泥砂浆

(1)边坡喷浆防护，水泥砂浆的配合比应按照图纸规定。

(2)喷浆前应先试喷，以确定合适的配比及施工方法，试喷效果经监理工程师认可方可大面积施工。

(3)大面积喷浆，应沿路线方向每隔20～25m设置一道伸缩缝，缝宽20mm。

3. 喷射混凝土

施工前应先确定喷射混凝土的施工工艺(干式、湿式)及混凝土的配合比、选择使用的喷射机具，报监理工程师批准。喷射混凝土前应先进行试喷、调整回弹量、确定混凝土配合比及施工操作程序，经监理工程师认可后方可大面积施工。

喷射混凝土的混合料配合比：水泥与集料的质量比宜为1:4～1:4.5；砂率45%～55%；水灰比宜为0.40～0.45；速凝剂掺量应通过试验后确定。混合料应随拌随用。不掺速凝剂时，存放时间不应超过2h；掺速凝剂时，存放时间不应超过20min。混合料在运输、存放过程中，应严防雨淋、滴水及大块石等杂物混入，在装入喷射机前应过筛。

喷射混凝土应分段、分片由下而上进行。作业开始时，应先送风，后开机，再给料；结束时，应待料喷完后，再关机。向喷射机供料时应连续均匀，机器正常运转时，料斗内应保持足够的存料。喷射混凝土厚度应均匀，符合图纸要求的厚度。喷射开始时，应减小喷头至坡面的距离，并调节喷射角度，以保证铁丝网与岩面间混凝土的密实性。喷射时，应保持混凝土表面平整，呈湿润光泽，无干斑或滑移流淌现象。喷射后，当采用普通硅酸盐水泥时，养护应不少于10d；当采用矿渣硅酸盐水泥或火山灰硅酸盐水泥时，养护不得少于14d，喷层周边与未防护坡面的衔接处应做好封闭处理。

喷射混凝土应符合图纸规定的厚度，并按图纸规定或监理工程师指示设置伸缩缝及泄水孔。喷射混凝土的回弹物，不能收集起来放入下批配料中，以免影响喷射混凝土质量。

下列情况应暂停喷射施工：

①雨天冲刷新喷面上的水泥，造成混凝土脱落；

②气温低于5℃；

③大风妨碍喷射工作的进行。

4. 锚杆

锚杆孔成孔及清孔应视不同地质条件选取合适的方法，报监理工程师批准后实施。施工中严格按照如下顺序进行：清理边坡、设置锚杆孔、清孔注浆、放入锚杆、安装端头垫板、进行其他坡面施工。

锚杆杆体使用前应平直，除锈、除油。砂浆应拌和均匀，随拌随用，一次拌和的砂浆应在初凝前用完，并严防石块、杂物混入；注浆开始或中途停止超过30min时，应用水或稀水泥浆润滑注浆罐及其管路；注浆时，注浆管应插至距孔底50～100mm，随砂浆的注入缓慢匀速拔出；杆体插入后，若孔口无砂浆溢出，应及时补注；杆体插入孔内长度不应小于图纸规定的95%，锚杆安装后，不得随意敲击，3d 内不得悬挂重物。每段工程应取代表性段落对锚杆进行抗拔试验，要求锚杆抗拔力大于图纸规定。锚喷防护实测项目见表3-4。

三、砌石防护工程质量控制

干砌片石护坡适用于易受水流侵蚀的土质边坡、严重剥落的软质岩石边坡、周期性浸水及受水流冲刷较轻（流速小于 2 ~ 4m/s）的河岸或水库岸坡的坡面防护。边坡坡度不陡于 1:1.25。

干砌片石护坡一般分为单层铺砌和双层铺砌，铺砌层厚度：单层为 250 ~ 350mm，双层为 400 ~ 600mm。铺砌层下应设置碎石或砂砾垫层，厚度 100 ~ 150mm，当坡面土的粒径分配曲线上通过率为 85% 的颗粒粒径大于或等于 0. 074mm 时，可以用反滤效果等效于砂砾垫层的土工织物代替。干砌片石护坡坡脚应修筑墁石铺砌式基础，埋置深度一般为 1. 5 倍护坡厚度。用于冲刷防护时，基础应埋置在冲刷线以下 0. 5 ~ 1. 0m。干砌片石应逐块嵌紧且错缝，护面厚度一般不小于 200mm，干砌要勾缝，必要时改用浆砌，护面顶部封闭，以防渗水。

对过分潮湿或冻害严重的土质边坡应先采取排水措施再行铺筑。护坡厚度宜为 25 ~ 50cm。用于冲刷防护时，不应小于 350mm。浆砌片石护坡底面应设厚度 100 ~ 150mm 碎石或砂砾垫层，浆砌片石护坡应设置 20mm 宽伸缩缝，伸缩缝间距宜为 10 ~ 15m；同时，还应间隔 2 ~ 3m交错设置泄水孔，孔径为 100mm。在地基土质变化处也应设置沉降缝。

四、其他加固工程质量控制

1. 护面墙

为了覆盖各种软质岩层和较破碎岩石的挖方边坡，免受大气因素影响而修建的墙称为护面墙。护面墙多用于易风化的云母片岩、绿泥片岩、千枚岩及其他风化严重的软质岩层和较破碎的岩石地段。护面墙除自重外，不承受其他荷重，亦不承受墙背土压力，故所防护的边坡应符合极限稳定边坡的要求，一般不宜陡于 1:0. 5。墙面要求紧贴坡面，表面砌平，厚度可不一。护面墙石料应符合规格。每隔 10 ~ 15m 应设置 20mm 宽伸缩缝一道，并每隔 2 ~ 3m 交错设置泄水孔，孔径 100mm。护面墙基础应埋置在稳定的地基上，护面墙前趾应低于边沟铺砌的底面。

2. 抹面

抹面防护适用于坡面较干燥、未经严重风化的各种易风化的软质岩石挖方边坡。抹面材料可采用石灰炉渣灰浆或水泥石灰砂浆，为防止表面开裂，增强抗冲蚀力，可在表层涂软化点稍高于当地气温的沥青保护层。抹面的厚度宜为 30 ~ 70mm，抹面的边坡坡度不受限制，但不能担负荷载，亦不能承受土压力，故要求边坡必须是稳定的，坡面应该平整干燥。抹面大面积布置时，应该每隔 5 ~ 10m，设伸缩缝一道，缝宽 l0 ~ 20mm，用沥青麻筋或油毛毡填塞紧密。其周边必须严格封闭，坡顶设置小型截水沟，沟底与沟坡用抹面材料封面。抹面要求经常检查维修，发现裂纹或脱落，及时浆补，抹面的正常使用年限为 8 ~ 10 年，高速公路路基边坡不宜采用。

3. 河道防护

顺坝、丁坝及河岸防护的布设位置应严格按图纸规定进行放样并将其与河道、水流的相对平面位置报监理工程师审批，以保证能正确发挥作用。

所有石砌工程，必须在基面或坡面夯实平整后，方可砌筑。石砌工程的基础应按图纸要求或监理工程师指示的深度嵌入基槽,凡坡脚与混凝土或砌石基础相接时,应将相接的基础打毛并坐以砂浆。砌体外露面和坡顶、边缘及边角,应选用较大的平整石块并略加修整,互相咬接。砌筑完成后,应进行勾缝。为使沿石块的全长有坚实的支承,干砌片石的石块下面的明缝均应用小石料填塞。干砌片石表面砌缝的宽度不应超过25mm。干砌片石坡面上的砌筑,应在夯实的砂砾石垫层上,以一层锁结一层的接缝方式铺砌。铺砌边缘应顺直、整齐、牢固。

在土基上浆砌片石时,第一层可不坐浆,选用较大石块,砌于下层。自第二层起,必须坐浆,且砌缝互相咬接,砂浆饱满。

思考题

1. 什么是路基?对路基的基本要求是什么?
2. 简述路基压实的机理。
3. 软土地基有何特点?
4. 路基填方质量控制的一般要求。
5. 路基挖方质量控制的一般要求。
6. 地面排水设施有哪些?
7. 地下排水设施有哪些?
8. 挡土墙一般有几种形式?

第四章 路面工程质量控制

[重点内容和学习要求]

本章从路面的功能与构造出发,介绍路面基层、沥青路面和水泥混凝土路面的施工质量控制。

通过本章的学习,要求学生能够清楚认识基层、面层的主要类型、掌握基层、面层混合料的原材料要求、配合比设计方法以及施工质量控制要点。

第一节 概 述

一、路面的功能与构造

1. 路面的功能

路基路面是构成道路线形主体结构密不可分的主要组成部分,其中路面是直接供车辆行驶的部分,它的好坏直接影响行车速度、安全和运输成本。高等级公路铺筑了良好的路面,就能够保证车辆高速、安全、舒适地行驶,并且可以节约运输成本,充分发挥公路的功能。

2. 对路面的基本要求

(1)承载能力

结构承载能力包括强度与刚度两方面。路面结构应具有足够的强度,以抵抗行车荷载引起的各个部位的压应力、拉应力、剪应力等,避免发生压碎、拉断、剪切等各种破坏。路面结构还应具有足够的刚度,不致在行车荷载作用下发生过大的变形,避免发生车辙,沉陷或波浪等各种病害。

(2)稳定性

在天然地表面建造的道路结构物改变了自然的平衡,在达到新的平衡状态之前,道路结构物处于一种暂时的不稳定状态。新建的路面结构袒露在大气之中,经常受到大气温度、降水与湿度变化的影响,结构物的物理、力学性质将随之发生变化,处于另外一种不稳定状态。路面结构能否经受这种不稳定状态,而保持工程设计所要求的几何形态及物理力学性质,称为路面结构的稳定性。

(3)耐久性

一般的道路工程使用年限至少数十年。承重并经受车辆直接碾压的路面部分要求使用年限20年以上,因此路面工程应具有耐久的性能。路基路面在车辆荷载的反复作用与大气水温周期性的重复作用下,路面使用性能将逐年下降,强度与刚度将逐年衰变,路面材料的各项性能也可能由于老化衰变,而引起路面结构的损坏。因此,必须提高路基路面的耐久性,保持其强度、刚度、几何形态经久不衰。

(4)平整度

路面表面平整度是影响行车安全,行车舒适性以及运输效益的重要使用性能。特别是高速公路,对路面平整度的要求更高。不平整的路表面会增大行车阻力,并使车辆产生附加的振动作用。这种振动作用会造成行车颠簸,影响行车的速度和安全,驾驶的平稳和乘客的舒适。同时,振动作用还会对路面施加冲击力,从而加剧路面和汽车机件的损坏和轮胎的磨损,并增大油料的消耗。而且,不平整的路面还会积滞雨水,加速路面的破坏。因此,为了减少振动冲击力,提高行车速度和增进行车舒适性、安全性,路面应保持一定的平整度。

(5)抗滑性能

路面表面要求平整,但不宜光滑,汽车在光滑的路面上行驶时,车轮与路面之间缺乏足够的附着力或摩擦力。雨天高速行车,或紧急制动或突然启动,或爬坡、转弯时,车轮也易产生空转或打滑,致使行车速度降低,油料消耗增多,甚至引起严重的交通事故。通常用摩擦系数表征抗滑性能,摩擦系数小,则抗滑能力低,容易引起滑溜交通事故。对于高速公路高速行车道,要求具有较高的抗滑性能。

3. 路面的组成及结构层次的划分

路面由行车道、路缘带、路肩等组成,路面结构层自上而下可分为面层、基层、垫层,有时在面层和基层之间还设有联结层,见图 4-1。

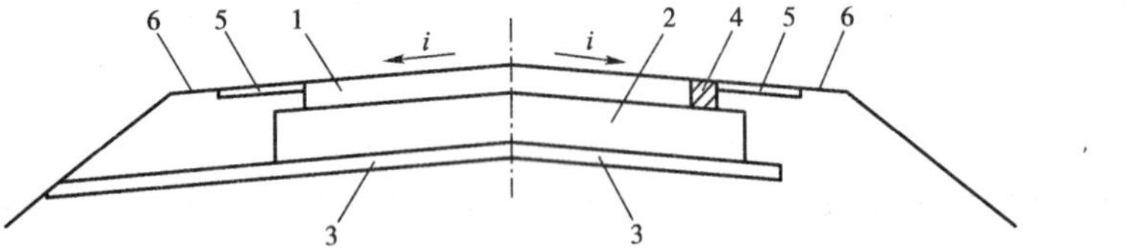

图 4-1　路面的组成和结构层次示意图

1-面层;2-基层(有时包括底基层);3-垫层;4-路缘石;5-加固路肩;6-土路肩;*i*-路拱横坡度

面层直接承受行车荷载的垂直力、水平力和冲击力的作用,同时还受到降水的浸蚀和气温变化的影响。基层主要承受由面层传来的行车荷载的垂直力,并扩散到下面的垫层和土基中去。垫层能改善土基的湿度和温度状况,以保证面层和基层的强度、刚度和稳定性。

二、路面的分类及适用范围

1. 路面的分类

根据路面结构的力学特性,可以把路面分为以下三种结构类型:

(1)柔性路面

柔性路面主要包括粒料类基层与沥青面层、碎(砾)石面层或块石面层组成的路面结构。柔性路面的总体结构刚度较小,在车辆荷载作用下产生较大的弯沉变形。柔性路面的抗折强度较低,它通过各结构层将车辆荷载传递给路基,使路基承受较大的单位压力。路基路面结构主要靠抗压强度和抗剪强度承受车辆荷载。

(2)刚性路面

刚性路面主要指用水泥混凝土做面层或基层的路面结构。水泥混凝土的抗折强度高,弹性模量较大,因此刚性较大。在车辆荷载作用下,水泥混凝土结构层处于板体工作状态,竖向弯沉较小,路面结构主要靠水泥混凝土板的抗折强度承受竖向荷载。通过板体的扩散分布作用,传递给路基的单位压力比柔性路面小得多。

(3)半刚性路面

用水泥、石灰等无机结合料处治的土或碎(砾)石及含有水硬性结合料的工业废渣修筑的基层,其刚性介于柔性路面与刚性路面之间,故称之为半刚性基层。半刚性基层和铺筑于其上的沥青面层统称为半刚性路面。

2. 路面的适用范围

路面面层类型的选用应符合表4-1的规定。

路面面层类型及适用范围 表4-1

面层类型	适用范围
沥青混凝土	高速公路、一级公路、二级公路、三级公路、四级公路
水泥混凝土	高速公路、一级公路、二级公路、三级公路、四级公路
沥青贯入、沥青碎石、沥青表处	三级公路、四级公路
砂石路面	四级公路

注:砂石路面包括级配碎(砾)石、泥结碎(砾)石、水结碎石、填隙碎石及其他粒料路面。

三、路面工程材料

(一)沥青面层材料

1. 沥青

沥青材料可采用道路石油沥青、乳化沥青、液体石油沥青、煤沥青、改性沥青等。沥青路面采用的沥青标号,宜按照公路等级、气候条件、交通条件、路面类型及在结构层中的层位及受力特点、施工方法等,结合当地的使用经验,经技术论证后确定。

道路石油沥青的质量应符合表4-3规定的技术要求。各个沥青等级的适用范围应符合表4-2的规定。

道路石油沥青的适用范围 表4-2

沥青等级	适用范围
A级沥青	各个等级的公路,适用于任何场合和层次
B级沥青	①高速公路、一级公路沥青下面层及以下的层次,二级及二级以下公路的各个层次 ②用做改性沥青、乳化沥青、改性乳化沥青、稀释沥青的基质沥青
C级沥青	三级及三级以下公路的各个层次

乳化沥青适用于沥青表面处治路面、沥青贯入式路面、冷拌沥青混合料路面,修补裂缝,喷洒透层、黏层与封层等。在高温条件下宜采用黏度较大的乳化沥青,寒冷条件下宜使用黏度较小的乳化沥青。乳化沥青类型根据集料品种及使用条件选择。阳离子乳化沥青可适用于各种集料品种,阴离子乳化沥青适用于碱性石料。

液体石油沥青适用于透层、黏层及拌制冷拌沥青混合料。根据使用目的与场所,可选用快凝、中凝、慢凝的液体石油沥青。

道路用煤沥青适用于下列情况:各种等级公路的各种基层上的透层、三级及三级以下的公路铺筑表面处治或贯入式沥青路面、与道路石油沥青、乳化沥青混合使用,以改善渗透性。道路用煤沥青严禁用于热拌热铺的沥青混合料。

改性沥青是掺加橡胶、树脂、高分子聚合物、天然沥青、磨细的橡胶粉,或者其他材料等外掺剂(改性剂)制成的沥青结合料,能够改善沥青或沥青混合料的性能。

2. 粗集料

用于沥青层的粗集料包括碎石、破碎砾石、筛选砾石、钢渣、矿渣等,但高速公路和一级公

表 4-3

道路石油沥青技术要求

指标	单位	等级	沥青标号																
			160号[4]	130号[4]	110号			90号					70号[3]					50号[3]	30号[4]
针入度(25℃,5s,100g)	0.1mm		140~200	120~140	100~120			80~100					60~80					40~60	20~40
适用的气候分区[6]			注[4]	注[4]	2-1	2-2	3-2	1-1	1-2	1-3	2-2	2-3	1-3	1-4	2-2	2-3	2-4	1-4	注[4]
针入度指数PI[2]		A	-1.5~+1.0																
		B	-1.8~+1.0																
软化点(R&B) 不小于	℃	A	38	40	43			45			44		46		45			49	55
		B	36	39	42			43			42		44		43			46	53
		C	35	37	41			42					43					45	50
60℃动力黏度[2] 不小于	Pa·s	A	-	60	120			160			140		180		160			200	260
10℃延度[2] 不小于	cm	A	50	50	40			45	30	20	30	20	20	15	25	20	15	15	10
		B	30	30	30			30	20	15	20	15	15	10	20	15	10	10	8
15℃延度 不小于	cm	A、B	100															80	50
		C	80	80	60			50					40					30	20
蜡含量(蒸馏法) 不大于	%	A	2.2																
		B	3.0																
		C	4.5																
闪点 不小于	℃		230					245					260						

续上表

指标	单位	等级	沥青标号						
			160 号[4]	130 号[4]	110 号	90 号	70 号[3]	50 号[3]	30 号[4]
溶解度 不小于	%		99.5						
密度(15℃)	g/cm³		实测记录						
TFOT(或 RTFOT)后[5] 质量变化 不大于	%		±0.8						
残留针入度比(25℃) 不小于	%	A	48	54	55	57	61	63	65
		B	45	50	52	54	58	60	62
		C	40	45	48	50	54	58	60
残留延度(10℃) 不小于	cm	A	12	12	10	8	6	4	—
		B	10	10	8	6	4	2	—
残留延度(15℃) 不小于	cm	C	40	35	30	20	15	10	—

注:[1]试验方法按照现行《公路工程沥青及沥青混合料试验规程》(JTJ 052—2000)规定的方法执行。用于仲裁试验求取 PI 时的 5 个温度的针入度关系的相关系数不得小于 0.997。

[2]经建设单位同意,表中 PI 值、60℃动力黏度、10℃延度可作为选择性指标，也可不作为施工质量检验指标。

[3]70 号沥青可根据需要要求供应商提供针入度范围为 60~70 或 70~80 的沥青,50 号沥青可要求提供针入度范围为 40~50 或 50~60 的沥青。

[4]30 号沥青仅适用于沥青稳定基层。130 号和 160 号沥青除寒冷地区可直接在中低级公路上直接应用外,通常用作乳化沥青、稀释沥青、改性沥青的基质沥青。

[5]老化试验以 TFOT 为准,也可以 RTFOT 代替。

[6]气候分区见《公路沥青路面施工技术规范》(JTG F40—2004)附录 A。

路不得使用筛选砾石和矿渣。粗集料的粒径规格应按表 4-4 的规定生产和使用。

沥青混合料用粗集料规格 表 4-4

规格名称	公称粒径(mm)	通过下列筛孔(mm)的质量百分率(%)												
		106	75	63	53	37.5	31.5	26.5	19.0	13.2	9.5	4.75	2.36	0.6
S1	40 ~ 75	100	90 ~ 100	—	—	0 ~ 15	—	0 ~ 5						
S2	40 ~ 60		100	90 ~ 100	—	0 ~ 15	—	0 ~ 5						
S3	30 ~ 60		100	90 ~ 100	—	—	0 ~ 15	—	0 ~ 5					
S4	25 ~ 50			100	90 ~ 100	—	—	0 ~ 15	—	0 ~ 5				
S5	20 ~ 40				100	90 ~ 100	—	—	0 ~ 15	—	0 ~ 5			
S6	15 ~ 30					100	90 ~ 100	—	—	0 ~ 15	—	0 ~ 5		
S7	10 ~ 30					100	90 ~ 100	—	—	—	0 ~ 15	0 ~ 5		
S8	10 ~ 25						100	90 ~ 100	—	0 ~ 15	—	0 ~ 5		
S9	10 ~ 20							100	90 ~ 100	—	0 ~ 15	0 ~ 5		
S10	10 ~ 15								100	90 ~ 100	0 ~ 15	0 ~ 5		
S11	5 ~ 15								100	90 ~ 100	40 ~ 70	0 ~ 15	0 ~ 5	
S12	5 ~ 10									100	90 ~ 100	0 ~ 15	0 ~ 5	
S13	3 ~ 10									100	90 ~ 100	40 ~ 70	0 ~ 20	0 ~ 5
S14	3 ~ 5										100	90 ~ 100	0 ~ 15	0 ~ 3

粗集料应该洁净、干燥、表面粗糙，质量应符合表 4-5 的规定。当单一规格集料的质量指标达不到表中要求，而按照集料配比计算的质量指标符合要求时，工程上允许使用。对受热易变质的集料，宜采用经拌和机烘干后的集料进行检验。

沥青混合料用粗集料质量技术要求 表 4-5

指 标			单位	高速公路及一级公路		其他等级公路
				表面层	其他层次	
石料压碎值	不大于		%	26	28	30
洛杉矶磨耗损失	不大于		%	28	30	35
表观相对密度	不小于		t/m³	2.60	2.50	2.45
吸水率	不大于		%	2.0	3.0	3.0
坚固性	不大于		%	12	12	—
针片状颗粒含量(混合料)	不大于		%	15	18	20
其中粒径大于 9.5mm	不大于		%	12	15	—
其中粒径小于 9.5mm	不大于		%	18	20	—
水洗法 <0.075mm 颗粒含量	不大于		%	1	1	1
软石含量	不大于		%	3	5	5
磨光值	不小于	潮湿区		42		
		湿润区		40		
		半干区		38		
		干旱区		36		
与沥青黏附性不小于		潮湿区		5	4	4
		湿润区		4	4	4
		半干区		4	3	3
		干旱区		3	3	3

注：①坚固性试验可根据需要进行。

②用于高速公路、一级公路时，多孔玄武岩的视密度可放宽至 2.45t/m³，吸水率可放宽至 3%，但必须得到建设单位的批准，且不得用于 SMA 路面。

③对 S14 即 3 ~ 5 规格的粗集料，针片状颗粒含量可不予要求，<0.075mm 含量可放宽到 3%。

粗集料与沥青的粘附性应符合规范的要求，当使用不符要求的粗集料时，宜掺加消石灰、水泥或用饱和石灰水处理后使用,必要时可同时在沥青中掺加耐热、耐水、长期性能好的抗剥落剂,也可采用改性沥青的措施,使沥青混合料的水稳定性检验达到要求。

3. 细集料

沥青路面的细集料包括天然砂、机制砂、石屑。细集料应洁净、干燥、无风化、无杂质,并有适当的颗粒级配,其质量应符合表4-6的规定。细集料的洁净程度,天然砂以小于0.075mm含量的百分数表示,石屑和机制砂以砂当量(适用于0~4.75mm)或亚甲蓝值(适用于0~2.36mm或0~0.15mm)表示。

沥青混合料用细集料质量要求　　表4-6

项　目		单位	高速公路、一级公路	其他等级公路
表观相对密度	不小于	t/m^3	2.50	2.45
坚固性(>0.3mm部分)	不小于	%	12	—
含泥量(小于0.075mm的含量)	不大于	%	3	5
砂当量	不小于	%	60	50
亚甲蓝值	不大于	g/kg	25	—
棱角性(流动时间)	不小于	s	30	—

注:坚固性试验可根据需要进行。

天然砂可采用河砂或海砂,通常宜采用粗、中砂,其规格应符合表4-7的规定,砂的含泥量超过规定时应水洗后使用,海砂中的贝壳类材料必须筛除。热拌密级配沥青混合料中天然砂的用量通常不宜超过集料总量的20%。

沥青混合料用天然砂规格　　表4-7

筛孔尺寸(mm)	通过各孔筛的质量百分率(%)		
	粗　砂	中　砂	细　砂
9.5	100	100	100
4.75	90~100	90~100	90~100
2.36	65~95	75~90	85~100
1.18	35~65	50~90	75~100
0.6	15~30	30~60	60~84
0.3	5~20	8~30	15~45
0.15	0~10	0~10	0~10
0.075	0~5	0~5	0~5

石屑是采石场破碎石料时通过4.75mm或2.36mm的筛下部分,其规格应符合表4-8的要求。高速公路和一级公路的沥青混合料,宜将S14与S16组合使用,S15可在沥青稳定碎石基层或其他等级公路中使用。

沥青混合料用机制砂或石屑规格　　表4-8

规格	公称粒径(mm)	水洗法通过各筛孔的质量百分率(%)							
		9.5	4.75	2.36	1.18	0.6	0.3	0.15	0.075
S15	0~5	100	90~100	60~90	40~75	20~55	7~40	2~20	0~10
S16	0~3		100	80~100	50~80	25~60	8~45	0~25	0~15

注:当生产石屑采用喷水抑制扬尘工艺时,应特别注意含粉量不得超过表中要求。

机制砂宜采用专用的制砂机制造，并选用优质石料生产，其级配应符合 S16 的要求。

4．填料

沥青混合料的填料必须采用石灰岩或岩浆岩中的强基性岩石等憎水性石料经磨细得到的矿粉，原石料中的泥土杂质应除净。矿粉应干燥、洁净，能自由地从矿粉仓流出，其质量应符合表 4-9 的技术要求。

沥青混合料用矿粉质量要求　　表 4-9

项　目		单位	高速公路、一级公路	其他等级公路
表观相对密度	不小于	t/m^3	2.50	2.45
含水量	不大于	%	1	1
粒度范围 <0.6mm		%	100	100
<0.15mm		%	90 ~ 100	90 ~ 100
<0.075mm		%	75 ~ 100	70 ~ 100
外观			无团粒结块	
亲水系数			<1	
塑性指数			<4	
加热安定性			实测记录	

拌和机的粉尘可作为矿粉的一部分回收使用。但每盘用量不得超过填料总量的 25%，掺有粉尘填料的塑性指数不得大于 4%。

粉煤灰作为填料使用时，用量不得超过填料总量的 50%，粉煤灰的烧失量应小于 12%，与矿粉混合后的塑性指数应小于 4%，其余质量要求与矿粉相同。高速公路、一级公路的沥青面层不宜采用粉煤灰做填料。

（二）水泥混凝土面层材料

1．水泥

特重、重交通水泥混凝土路面宜采用旋窑道路硅酸盐水泥，也可采用旋窑硅酸盐水泥或普通硅酸盐水泥；中、轻交通的路面可采用矿渣硅酸盐水泥；低温天气施工或有快通要求的路段可采用快硬早强 R 型水泥，此外宜采用普通型水泥。各交通等级路面水泥的抗折强度、抗压强度应符合表 4-10 的规定。

各交通等级路面水泥各龄期的抗折强度、抗压强度　　表 4-10

交通等级		特重交通		重交通		中、轻交通	
龄期(d)		3	28	3	28	3	28
抗压强度(MPa)	不小于	25.5	57.5	22.0	52.5	16.0	42.5
抗折强度(MPa)	不小于	4.5	7.5	4.0	7.0	3.5	6.5

2．粗集料

水泥混凝土路面用粗集料包括碎石、碎卵石和卵石等。粗集料应质地坚硬、耐久、洁净，并应符合表 4-11 的规定。高速公路、一级公路、二级公路及有抗（盐）冻要求的三、四级公路混凝土路面使用的粗集料应不低于 II 级，其他公路混凝土路面可使用 III 级粗集料。

用做路面混凝土的粗集料不得使用不分级的统料，应按最大公称粒径的不同采用 2 ~ 4 个粒级的集料进行掺配，并应符合表 4-12 合成级配的要求。现场监理人员应严格控制水泥混凝土路面集料的粒径。卵石最大公称粒径不宜大于 19.0mm；碎卵石最大公称粒径不宜大于

26.5mm;碎石最大公称粒径不应大于31.5mm。碎卵石或碎石中粒径小于0.075mm的石粉含量不宜大于1%。

水泥混凝土路面用粗集料技术指标 表4-11

项目		单位	技术要求		
			Ⅰ级	Ⅱ级	Ⅲ级
碎石压碎指标	小于	%	10	15	20
卵石压碎指标	小于	%	12	14	16
坚固性(按质量损失计)	小于	%	5	8	12
针片状颗粒含量(按质量计)	小于	%	5	15	20
含泥量(按质量计)	小于	%	0.5	1.0	1.5
泥块含量(按质量计)		%	0	<0.2	<0.5
有机物含量(比色法)			合格	合格	合格
硫化物及硫酸盐(按 SO_3 质量计)	小于	%	0.5	1.0	1.0
岩石抗压强度		MPa	火成岩≥100;变质岩≥80;水成岩≥60		
表观密度	大于	kg/m^3	2 500		
松散堆积密度	大于	kg/m^3	1 350		
空隙率	小于	%	47		
碱集料反应			经碱集料反应试验后,试件无裂缝、酥裂、胶体外溢等现象,在规定试验龄期的膨胀率<0.10%		

注:①Ⅲ级碎石的压碎指标,用做路面时,应小于20%;用做下面层或基层时,可小于25%。

②Ⅲ级粗集料的针片状颗粒含量,用做路面时,应小于20%;用做下面层或基层时,可小于25%。

粗集料级配范围 表4-12

类型	级配	通过下列筛孔(mm)的质量百分率(%)							
		2.36	4.75	9.50	16.0	19.0	26.5	31.5	37.5
合成级配	4.75~16	95~100	85~100	40~60	0~10				
	4.75~19	95~100	85~95	60~75	30~45	0~5	0		
	4.75~26.5	95~100	90~100	70~90	50~70	25~40	0~5	0	
	4.75~31.5	95~100	90~100	75~90	60~75	40~60	20~35	0~5	0
粒级	4.75~9.5	95~100	80~100	0~15	0				
	9.5~16		95~100	80~100	0~15	0			
	9.5~19		95~100	85~100	40~60	0~15	0		
	16~26.5			95~100	55~70	25~40	0~10	0	
	16~31.5			95~100	85~100	55~70	25~40	0~10	0

3. 细集料

细集料应采用质地坚硬、耐久、洁净的天然砂、机制砂或混合砂,并应符合表4-13的规定。高速公路、一级公路、二级公路及有抗(盐)冻要求的三、四级公路混凝土路面使用的砂应不低于Ⅱ级,其他公路混凝土路面可使用Ⅲ级砂。特重、重交通混凝土路面宜使用河沙,沙的硅质含量不应低于25%。细集料的级配要求应符合表4-14的规定,路面用天然砂宜为中砂,也可使用细度模数在2.0~3.5之间的砂。

水泥混凝土路面用细集料技术指标　　表4-13

项目		单位	技术要求		
			I级	II级	III级
机制砂单粒级最大压碎指标	小于	%	20	25	30
氯化物(按氯离子质量计)	小于	%	0.01	0.02	0.06
坚固性(按质量损失计)	小于	%	6	8	10
云母(按质量计)	小于	%	1.0	2.0	2.0
含泥量(按质量计)	小于	%	1.0	2.0	3.0
泥块含量(按质量计)		%	0	<1.0	<2.0
机制砂 MB 值<1.4或合格石粉含量(按质量计)	小于	%	3.0	5.0	7.0
机制砂 MB 值≥1.4或不合格石粉含量(按质量计)	小于	%	1.0	3.0	5.0
有机物含量(比色法)			合格	合格	合格
硫化物及硫酸盐(按 SO_3 质量计)	小于	%	0.5	0.5	0.5
轻物质(按质量计)	小于	%	1.0	1.0	1.0
机制砂母岩抗压强度		MPa	火成岩≥100;变质岩≥80;水成岩≥60		
表观密度	大于	kg/m^3	2 500		
松散堆积密度	大于	kg/m^3	1 350		
空隙率	小于	%	47		
碱集料反应			经碱集料反应试验后,由砂配制的试件无裂缝、酥裂、胶体外溢等现象,在规定试验龄期的膨胀率<0.10%		

注:天然III级砂用做路面时,含泥量应小于3%;用做贫混凝土基层时,可小于5%。

细集料级配范围　　表4-14

砂分级	通过下列筛孔(mm)的质量百分率(%)					
	0.15	0.30	0.60	1.18	2.36	4.75
粗砂	90~100	80~95	71~85	35~65	5~35	0~10
中砂	90~100	70~92	41~70	10~50	0~25	0~10
细砂	90~100	55~85	16~40	0~25	0~15	0~10

4. 水

饮用水可直接作为混凝土搅拌和养护用水。对水质有疑问时,应检验下列指标,合格者方可使用。

(1)硫酸盐含量(按 SO_4^{2-} 计)小于0.002 7mg/mm^3;

(2)含盐量不得超过0.005mg/mm^3;

(3)pH值不得小于4;

(4)不得含有油污、泥和其他有害杂质。

5. 外加剂

外加剂的产品质量应符合表4-15的各项技术指标。供应商应提供有相应资质外加剂检测机构的品质检测报告,检验报告应说明外加剂的主要化学成分,认定对人员无毒副作用。

混凝土外加剂产品的技术性能指标　　表 4-15

试验项目		普通减水剂	高效减水剂	早强减水剂	缓凝高效减水剂	缓凝减水剂	引气减水剂	早强剂	缓凝剂	引气剂
减水率(%),≮		8	15	8	15	8	12	—	—	6
泌水率比(%),≮		95	90	95	100	100	70	100	100	70
含气量(%)		≤3.0	≤4.0	≤3.0	<4.5	<5.5	>3.0			>3.0
凝结时间(min)	初凝	−90～+120	−90～+120	−90～+90	>+90	>+90	−90～+120	−90～+90	>+90	−90～+120
	终凝				—	—				
抗压强度比(%),≮	1d	—	140	140	—	—	—	135	—	—
	3d	115	130	130	125	100	115	130	100	95
	7d	115	125	115	125	110	110	110	100	95
	28d	110	120	105	120	110	100	100	100	90
收缩率比(%)28d,≯		120	120	120	120	120	120	120	120	120
抗冻标号		50	50	50	50	50	200	50	50	200
对钢筋锈蚀作用		应说明对钢筋无锈蚀危害								

注:①除含气量外,表中数据为掺外加剂混凝土与基准混凝土差值或比值。

②凝结时间指标"−"表示提前,"+"表示延缓。

引气剂应选用表面张力降低值大、水泥稀浆中起泡容量多而细密、泡沫稳定时间长、不溶残渣少的产品。有抗冰(盐)冻要求地区,各交通等级路面必须使用引气剂;无抗冰(盐)冻要求地区,二级及二级以上公路路面混凝土中应使用引气剂。

各交通等级路面混凝土宜选用减水率大、坍落度损失小、可调控凝结时间的复合型减水剂。高温施工宜使用引气缓凝(保塑)(高效)减水剂;低温施工宜使用引气早强(高效)减水剂。选定减水剂品种前,必须与所用的水泥进行适应性检验。

6. 粉煤灰

混凝土路面在掺用粉煤灰时,应掺用质量指标符合表 4-16 规定的电收尘 I、II 级干排或磨细粉煤灰,不得使用 III 级粉煤灰。复合式路面下面层应掺用符合表 4-15 规定的 III 级或 III 级以上粉煤灰,不得使用等外粉煤灰。

粉煤灰分级和质量指标　　表 4-16

粉煤灰等级	细度(45μm 气流筛,筛余量)(%)	烧失量(%)	需水量比(%)	含水量(%)	Cl^-(%)	SO_3(%)	混合砂浆活性指数	
							7d	28d
I	≤12	≤5	≤95	≤1.0	<0.02	≤3	≥75	≥85(75)
II	≤20	≤8	≤105	≤1.0	<0.02	≤3	≥70	≥80(62)
III	≤45	≤15	≤115	≤1.5	—	≤3	—	—

注:混合砂浆活性指数为掺粉煤灰的砂浆与水泥砂浆的抗压强度比的百分数,适用于所配制混凝土强度等级大于等于 C40 的混凝土,括号内的数值适用于配制的混凝土强度等级小于 C40 时。

粉煤灰宜采用散装灰,进货应有等级检验报告。应确切了解所用水泥中已经加入的掺合料种类和数量。

7. 钢筋

水泥混凝土路面板采用钢筋形式主要包括钢筋网、传力杆、拉杆等,均应符合国家有关标准的技术要求。

各交通等级混凝土路面所用钢筋应顺直,不得有裂纹、断伤、刻痕、表面油污和锈蚀。传力杆钢筋加工应锯断,不得挤压切断;断口应垂直、光圆用砂轮打磨掉毛刺,并加工成 2 ~ 3mm 圆倒角。

8. 接缝材料

水泥混凝土路面的接缝材料包括胀缝板和填缝料。胀缝板要求能适应混凝土面板膨胀和收缩,施工时不变形,弹性复原率高,耐久性好。高速公路、一级公路宜采用塑胶、橡胶泡沫板或沥青纤维板;其他公路可采用各种胀缝板。其技术要求应符合表 4-17 的规定。

胀缝板的技术要求 表 4-17

试验项目	单位	胀缝板种类		
		木材类	塑胶、橡胶泡沫类	纤维类
压缩应力	MPa	5.0 ~ 20.0	0.2 ~ 0.6	2.0 ~ 10.0
弹性复原率	%	≥55	≥90	≥65
挤出量	mm	<5.5	<5.0	<3.0
弯曲荷载	N	100 ~ 400	0 ~ 50	5 ~ 40

注:各类胀缝板吸水后的压缩应力不应小于不吸水的 90%,木板应去除结疤,沥青浸泡后木板厚度为(20 ~ 25) ±1mm。

填缝材料应具有与混凝土板壁黏结牢固、回弹性好,不溶于水、不渗水,高温时不挤出、不流淌,抗嵌入能力强,耐老化龟裂,负温拉伸量大,低温时不脆裂、耐久性好等性能。填缝料有常温施工式和加热施工式两种,其技术指标应分别符合表 4-18、表 4-19 的规定。常温施工式填缝料主要有聚(氨)酯、硅树脂类,氯丁橡胶、沥青橡胶类等。加热施工式填缝料主要有沥青玛蹄脂类、聚氯乙烯胶泥类、改性沥青类等。高速公路、一级公路应优选使用树脂类、橡胶类或改性沥青类填缝材料,并宜在填缝料中加入耐老化剂。

常温施工式填缝料技术要求 表 4-18

试 验 项 目	单位	低 弹 性 型	高 弹 性 型
失黏(固化)时间	h	6 ~ 24	3 ~ 16
弹性复原率	%	≥75	≥90
流动度	mm	0	0
-10℃拉伸量	mm	≥15	≥25
与混凝土黏结强度	MPa	≥0.2	≥0.4
黏结延伸率	%	≥200	≥400

注:低弹性型适宜在气候严寒、寒冷地区使用;高弹性型适宜在炎热、温暖地区使用。

加热施工式填缝料技术要求 表 4-19

试 验 项 目	单位	低 弹 性 型	高 弹 性 型
针入度	0.01mm	<50	<90
弹性复原率	%	≥30	≥60
流动度	mm	<5	<2
-10℃拉伸量	mm	≥10	≥15

填缝时应使用背衬垫条控制填缝形状系数。背衬垫条应具有良好的弹性、柔韧性、不吸水、耐酸碱腐蚀和高温不软化等性能。背衬垫条材料有聚氨酯、橡胶或微孔泡沫塑料等,其形状应为圆柱形,直径应比接缝宽度大 2 ~ 5mm。

第二节　路面基层质量控制

路面基层是在路基(或垫层)表面上用单一材料或混合料按一定的技术要求铺筑而成的层状结构,可分为上基层和底基层。路面基层(底基层)的强度与稳定性对路面的整体强度、使用质量和使用寿命都有十分重要的影响。

一、基层(底基层)的类型和结构质量要求

1. 基层(底基层)的类型

基层(底基层)可分为粒料类和无机结合料稳定类两大类。

(1)粒料类基层(底基层)

粒料类基层根据强度构成原理可分为嵌锁型和级配型两类,它的主要特点是透水性大,施工方便,常用做底基层或垫层,也可用作沥青面层与基层之间的联结层。

嵌锁型粒料基层的整体强度主要依靠碎石颗粒之间的嵌锁和摩阻作用,颗粒间的黏结力很小。目前常用的是填隙碎石。

级配型粒料基层的强度和稳定性取决于内摩阻力和黏结力的大小。目前常用的是级配碎(砾)石、级配良好的天然砂砾等。

(2)无机结合料稳定类基层(底基层)

无机结合料稳定类基层又称为半刚性基层,常用的类型有:

①水泥稳定类:包括水泥稳定土、水泥稳定碎石、水泥稳定砂砾等。

②石灰稳定类:包括石灰土、石灰碎石土、石灰砾石土等。

③综合稳定类:包括水泥石灰综合稳定土、水泥石灰稳定碎(砾)石等。

④石灰工业废渣稳定类:包括石灰粉煤灰稳定土(简称二灰土)、二灰砂砾、二灰碎石,石灰煤渣、石灰煤渣土、石灰煤渣碎石、石灰煤渣矿渣等。

半刚性基层(底基层)的主要特点是强度高、水稳性好,但不耐磨,容易产生干缩裂缝和温缩裂缝。无机结合料稳定粒料(如水泥稳定碎石、水泥稳定砂砾)常用做高等级公路的基层和底基层,但无机结合料稳定细粒土(如水泥土、石灰土、二灰土等)仅适于用做高等级公路的底基层以及其他公路的基层和底基层。

2. 基层(底基层)的结构质量要求

(1)具有足够的强度和刚度,避免基层在行车荷载的反复作用下发生剪切破坏和疲劳弯拉破坏或产生过多的残余变形;

(2)具有足够的水温稳定性,防止基层因过于潮湿或冻胀春融引起强度大幅度降低;

(3)具有足够的平整度,以免影响面层平整度或造成面层厚薄不匀以致影响路面使用寿命;

(4)半刚性基层应具有较小的收缩性,防止干缩和温缩引起基层结构产生纵横裂缝,破坏基层整体性,避免在面层出现反射裂缝;

(5)刚性路面下的基层应该具有足够的抗冲刷(抗腐蚀)能力,以防止唧泥;

(6)基层与沥青面层应具有良好的结合性,使路面结构处于完全连续的界面应力状态,从而减小路面结构内的应力和应变,防止沥青路面发生病害。

表 4-20

基层混合料颗粒组成范围

材料名称	公路等级	层位	编号	通过下列筛孔(mm)的质量百分率(%)											
				53.0	37.5	31.5	26.5	19.0	9.5	4.75	2.36	1.18	0.6	0.075	0.002
水泥稳定类	高速公路一级公路	基层				100	90 ~ 100	72 ~ 89	47 ~ 67	29 ~ 49	17 ~ 35		8 ~ 22	0 ~ 7	
		底基层	1		100	90 ~ 100		67 ~ 90	45 ~ 68	29 ~ 50	18 ~ 38		8 ~ 22	0 ~ 7	
		底基层	2		100					50 ~ 100			17 ~ 100	0 ~ 30	
	二级和二级以下公路	基层			90 ~ 100		66 ~ 100	54 ~ 100	39 ~ 100	28 ~ 84	20 ~ 70	14 ~ 57	8 ~ 47	0 ~ 30	
		底基层		100						50 ~ 100			17 ~ 100	0 ~ 50	0 ~ 30
二灰稳定类	高速公路一级公路	基层	1		100	85 ~ 100		68 ~ 85	50 ~ 70	35 ~ 55	25 ~ 45	17 ~ 35	10 ~ 27	0 ~ 15	
		基层	2		100	90 ~ 100		72 ~ 90	48 ~ 68	30 ~ 50	18 ~ 38	10 ~ 27	6 ~ 20	0 ~ 7	
	二级和二级以下公路	基层	1			100		85 ~ 100	55 ~ 75	39 ~ 59	27 ~ 47	17 ~ 35	10 ~ 25	0 ~ 10	
		基层	2			100		81 ~ 98	52 ~ 70	30 ~ 50	18 ~ 38	10 ~ 27	6 ~ 20	0 ~ 7	
级配碎石	高速公路一级公路	基层				100		85 ~ 100	52 ~ 74	29 ~ 54	17 ~ 37		8 ~ 20	0 ~ 7	
	二级和二级以下公路	基层		100	90 ~ 100		73 ~ 88	49 ~ 69	29 ~ 54	17 ~ 37		8 ~ 20	0 ~ 7		

二、基层(底基层)的材料质量控制

基层(底基层)施工的材料控制是公路工程质量控制中的重要环节,也是监理工程师检查基层施工前准备工作的重要内容,检查的内容主要包括原材料和混合料的试验以及配合比设计两方面。

(一)对原材料的要求

1. 土

(1)液限与塑性指数

对水泥稳定类,细粒土的液限不应超过40%,塑性指数不应超过17;对石灰稳定类,细粒土的塑性指数宜为15~20;对二灰稳定类,细粒土的塑性指数宜为12~20。

(2)颗粒组成

基层混合料颗粒组成应符合表4-20的规定。

(3)压碎值

基层材料所用的碎石、砾石应具有一定的抗压碎能力,如表4-21所示。

粗集料压碎值(%) 表4-21

<table>
<tr><th rowspan="2">公路等级</th><th colspan="2">水泥稳定类</th><th colspan="2">石灰稳定类</th><th colspan="2">石灰工业废渣</th><th colspan="2">级配碎石</th><th colspan="2">填隙碎石</th></tr>
<tr><th>基层</th><th>底基层</th><th>基层</th><th>底基层</th><th>基层</th><th>底基层</th><th>基层</th><th>底基层</th><th>基层</th><th>底基层</th></tr>
<tr><td>高速公路、一级公路</td><td>≤30</td><td>≤30</td><td>—</td><td>≤35</td><td>≤30</td><td>≤35</td><td>≤26</td><td>≤30</td><td>—</td><td rowspan="3">≤30</td></tr>
<tr><td>二级公路</td><td rowspan="2">≤35</td><td rowspan="2">≤40</td><td>≤30</td><td rowspan="2">≤40</td><td rowspan="2">≤35</td><td rowspan="2">≤40</td><td>≤30</td><td>≤35</td><td>—</td></tr>
<tr><td>二级以下公路</td><td>≤35</td><td>≤35</td><td>≤40</td><td>≤26</td></tr>
</table>

(4)硫酸盐与有机质含量

对水泥稳定类,土的有机质含量不应大于2%,硫酸盐含量不应大于0.25%,有机质含量超过2%的土,必须先用石灰进行处理,闷料一夜后再用水泥稳定;对石灰稳定类,土的有机质含量不宜超过10%,硫酸盐含量不宜超过0.8%;对石灰工业废渣稳定类,土的有机质含量不宜超过10%。

2. 无机结合料

无机结合料目前最常用的是水泥、石灰和粉煤灰。

(1)水泥

普通硅酸盐水泥、矿渣硅酸盐水泥和火山灰质硅酸盐水泥都可用于稳定土,但应选用初凝时间3h以上和终凝时间较长(宜在6h以上)的水泥。不应使用快硬水泥、早强水泥以及已受潮变质的水泥,宜采用32.5级水泥。

(2)石灰

石灰技术指标应符合表4-22的规定。应尽量缩短石灰的存放时间。如存放时间较长,应采取覆盖封存措施,妥善保管。

对于高速公路和一级公路,石灰稳定土宜采用磨细生石灰粉。综合稳定土中用的石灰应是消石灰粉或生石灰粉。石灰工业废渣稳定土所用石灰质量应符合表4-22规定的III级消石灰或III级生石灰的技术指标。

石灰的技术指标　　表4-22

项目	钙质生石灰			镁质生石灰			钙质消石灰			镁质消石灰		
	等级											
	I	II	III	I	II	III	I	II	III	I	II	III
有效钙加氧化镁含量(%)　不小于	85	80	70	80	75	65	65	60	55	60	55	50
未消化残渣含量(5mm圆孔筛的筛余,%)　不大于	7	11	17	10	14	20						
含水量(%)　不大于							4	4	4	4	4	4
细度　0.71mm方孔筛的筛余(%)不大于							0	1	1	0	1	1
细度　0.125mm方孔筛的筛余(%)不大于							13	20	—	13	20	—
钙镁石灰的分类界限,氧化镁含量(%)	≤5			>5			≤4			>4		

注:硅、铝、镁氧化物含量之和大于5%的生石灰,有效钙加氧化镁含量指标,I等≥75%,II等≥70%,III等≥60%;未消化残渣含量指标与镁质生石灰指标相同。

(3)粉煤灰

粉煤灰中SiO_2、Al_2O_3和Fe_2O_3的总含量应大于70%,粉煤灰的烧失量不应超过20%;粉煤灰的比表面积宜大于2 500cm^2/g(或90%通过0.3mm筛孔,70%通过0.075mm筛孔)。

干粉煤灰和湿粉煤灰都可以应用。湿粉煤灰的含水量不宜超过35%。

3. 水

凡是饮用水(含牲畜饮用水)均可用于稳定土施工。

(二)混合料的试验项目

1. 重型击实试验

确定最佳含水量和最大干密度,以规定工地碾压时的合适含水量和应达到的最大干密度;确定制备强度试验和耐久性试验的试件所应该用的含水量和干密度;确定制备承载比试件的材料含水量。

2. 承载比

求工地预期干密度下的承载比,确定材料是否适宜做基层或底基层。

3. 抗压强度

进行材料组成设计,选定最适宜于用水泥或石灰稳定的材料,规定施工中所用的结合料剂量,为工地提供质量评定标准。

4. 耐久性

用于湿循环或冻融循环试验确定适宜于用水泥或石灰稳定的材料,探索无机结合料稳定材料在潮湿冰冻条件下的使用性能。

(三)混合料配合比设计的一般原则与方法

1. 一般原则

混合料配合比设计要达到的目标是:所设计的混合料组成在强度上满足设计要求,抗裂性达到最优且便于施工。配合比设计的基本原则是结合料剂量合理,尽可能采用综合稳定及集料应有一定的级配。

混合料组成中,结合料剂量太低则不能成为半刚性材料,剂量太高则刚度太大,容易脆裂。实际上,限制低剂量是为了保证整体性材料具有基本的抗拉强度,以满足荷载作用的强度要求;限制高剂量可使模量不致过大,避免结构产生太大的拉应力,同时降低收缩系数,使结构层不会因温度变化而引起拉伸破坏。

采用水泥、石灰综合稳定时,混合料中有一定水泥可提高早期强度,有一定石灰可使刚度不会太大,掺入一定数量的粉煤灰可以降低收缩系数,必要时可根据材料性质和施工季节,加入早强剂或其他外加剂。

集料应有一定的级配,集料数量以达到靠拢而不紧密为原则,其空隙让无机结合料填充,形成各自发挥优势的稳定结构。因此,较为理想的基层材料应是石灰、粉煤灰、水泥综合稳定粒料类半刚性材料。半刚性基层材料中结合料和集料的种类繁多,应以就地取材为前提,并根据以上原则通过试验求得合理组成,以充分发挥其优势。

2. 配合比设计方法

(1)分别按表4-23、表4-24所列水泥或石灰剂量配制同一种土样、不同结合料剂量的混合料。

水泥剂量参考值 表4-23

土类	层位	水泥剂量(%)				
中粒土和粗粒土	基层	3	4	5	6	7
	底基层	3	4	5	6	7
塑性指数<12的细粒土	基层	5	7	8	9	11
	底基层	4	5	6	7	9
其他细粒土	基层	8	10	12	14	16
	底基层	6	8	9	10	12

注:①在能估计合适剂量的情况下,可以将五个不同剂量缩减到三或四个。

②如要求用做基层的混合料有较高强度时,水泥剂量可用4%,5%,6%,7%,8%。

石灰剂量参考值 表4-24

土类	层位	石灰剂量(%)				
砂砾土和碎石土	基层	3	4	5	6	7
塑性指数<12的黏性土	基层	10	12	13	14	16
	底基层	8	10	11	12	14
塑性指数>12的黏性土	基层	5	7	9	11	13
	底基层	5	7	8	9	11

二灰稳定类混合料试件的制备可根据不同情况进行。二灰对于硅铝粉煤灰,采用石灰粉煤灰做基层或底基层时,石灰与粉煤灰的比例可以是1:2~1:9。采用二灰土做基层或底基层时,石灰与粉煤灰的比例可用1:2~1:4(对于粉土,以1:2为宜),石灰粉煤灰与细粒土的比例可以是30:70~90:10。采用二灰级配集料做基层时,石灰与粉煤灰的比例可用1:2~1:4,石灰粉煤灰与集料的比应是20:80~15:85。

(2)确定各种混合料的最佳含水量和最大干(压实)密度,至少应做三个不同结合料剂量混合料的击实试验,即最小剂量、中间剂量和最大剂量。其他剂量混合料的最佳含水量和最大干密度用内插法确定。

(3)按规定压实度分别计算不同结合料剂量的试件应有的干密度。

(4)按最佳含水量和计算得的干密度制备试件。进行强度试验时,作为平行试验的最少试件数量应不小于表4-25的规定。如试验结果的偏差系数大于表中规定的值,则应重做试验,并找出原因,加以解决。如不能降低偏差系数,则应增加试件数量。

最少试件数量 表4-25

土类	下列偏差系数时的试件数量		
	<10%	10%~15%	15%~20%
细粒土	6	9	
中粒土	6	9	13
粗粒土		9	13

(5)试件在规定温度下保湿养生6d,浸水24h后,按《公路工程无机结合料稳定材料试验规程》(JTJ 057)进行无侧限抗压强度试验。

(6)计算试验结果的平均值和偏差系数。

(7)根据表4-26的强度标准,选定合适的结合料剂量,此剂量试件室内试验结果的平均抗压强度$\overline{R}$应符合以下公式的要求:

$$\overline{R} \geq \frac{R_d}{1 - Z_\alpha C_v}$$

式中:R_d——设计抗压强度(见表4-26);

C_v——试验结果的偏差系数(以小数计);

Z_α——标准正态分布表中随保证率(或置信度α)而变的系数,高速公路和一级公路应取保证率95%,即$Z_\alpha=1.645$;其他公路应取保证率90%,即$Z_\alpha=1.282$。

(8)工地实际采用的结合料剂量应比室内试验确定的剂量多0.5%~1.0%。采用集中厂拌法施工时,可只增加0.5%;采用路拌法施工时,宜增加1%。

半刚性基层混合料的抗压强度标准(MPa) 表4-26

类型	层位	高速公路、一级公路	其他等级公路
水泥稳定类	基层	3~5	2.5
	底基层	1.5~2.5	1.5~2.0
石灰稳定类	基层	—	≥0.8
	底基层	≥0.8	0.5~0.7
二灰稳定类	基层	0.8~1.1	0.6~0.8
	底基层	≥0.6	≥0.5

注:①设计累计标准轴次小于12×10^6的公路可采用低限值;设计累计标准轴次超过12×10^6的公路可用中值;主要行驶重载车辆的公路应用高限值。某一具体公路应采用一个值,而不是某一范围。

②二级以下公路可取低限值;行驶重载车辆的公路,应取较高的值;二级公路可取中值;行驶重载车辆的二级公路应取高限值。某一具体公路应采用一个值,而不用某一范围。

三、基层施工质量控制要点

(一)基层施工准备阶段的质量控制

1. 原材料试验与审批

在工程开工前,承包人应对土、粗细集料、结合料等各种原材料进行取样和试验,试验结果经监理工程师审批后,质量合格的原材料方可投入使用。

2. 审查混合料配合比

承包人在开工前,应把经监理工程师批准使用的原材料进行混合料的配合比试验,确定满足强度要求的施工用配合比,经监理工程师审批后,承包人方可在基层施工中使用。

3. 审查承包人主要机械设备的配置

在开工前,承包人应自行检查为本工程施工所配备的拌和、摊铺、压实机械及其他设备的数量、型号、生产能力等。上述设备经监理工程师审查合格后,予以批准使用。

4. 审查试验路段的施工方案及总结报告

在正式开工前至少一个月,承包人应在监理工程师批准的地点自费铺筑一段面积为400 ~800m^2 的基层(底基层)试验路段。如经验收合格,可作为主体工程的一部分。

承包人应提供用于试验路段的原材料、混合料组成设计,以及备料、拌和、摊铺、碾压、养生设备一览表和施工程序、施工工艺及操作计划等详细书面说明,并报监理工程师审核批准。

铺筑试验路段的目的是:检验承包人提出的施工方案和施工方法的适用性,检验拌和、摊铺与压实机械所具有的实际效果,检验和确认基层(底基层)施工中各道工序的质量控制指标,并提出保证质量的有效措施及质量检验的试验方法。最终获得大面积基层(底基层)施工时的各项技术参数。

通过试验路段的修筑,需提交正式施工的技术参数有:

(1)用于正式施工的基层(底基层)混合料的配合比。

(2)混合料的松铺系数。

(3)水泥稳定类混合料施工的允许延迟时间。

(4)标准的施工方法,包括混合料的数量控制方法;混合料摊铺方法和适用的机具;拌和机械是否适用,正确的拌和方法、拌和深度及拌和遍数;混合料最佳含水量的控制方法;压实机械的选择和组合,压实的顺序、速度和遍数;现场密实度的检查方法,初定每一作业段的最小检查数量;整平和整型的合适机具和方法。

(5)确定每一作业段的合适长度。

(6)确定一次铺筑的合适厚度。

5. 批准施工

承包人施工准备工作就绪,试验资料齐全,机械设备配置数量与施工项目及施工进度匹配,机具运行质量良好,施工放样数据符合设计要求,经监理工程师审核认为确实具备开工条件方可正式开始施工。

(二)基层施工阶段的质量控制

根据混合料拌和方式的不同,基层施工方法可分为路拌法和厂拌法(集中拌和法)。由于篇幅所限,本节仅介绍水泥稳定土基层施工阶段的质量控制。

高速公路和一级公路的基层应采用集中厂拌法进行施工。对于二级以下的公路,水泥稳定土基层和底基层可以采用路拌法施工;对于高速公路和一级公路,直接铺筑在土基上的底基层下层可以用稳定土拌和机进行路拌法施工。

1. 路拌法施工

路拌法施工的工艺流程宜按图4-2的顺序进行。

(1)准备下承层

水泥稳定土的下承层表面应平整、坚实,高程和路拱应符合规定,不得有任何松散的材料和软弱地点。不合格处必须采取措施进行处理,并经验收合格后,方可铺筑水泥稳定土层。

(2)施工放样

在下承层上恢复中线,直线段每15~20m设一桩,平曲线段每10~15m设一桩,并在两侧路肩边缘外设指示桩。在指示桩上用明显标记标出水泥稳定土层边缘的设计高。

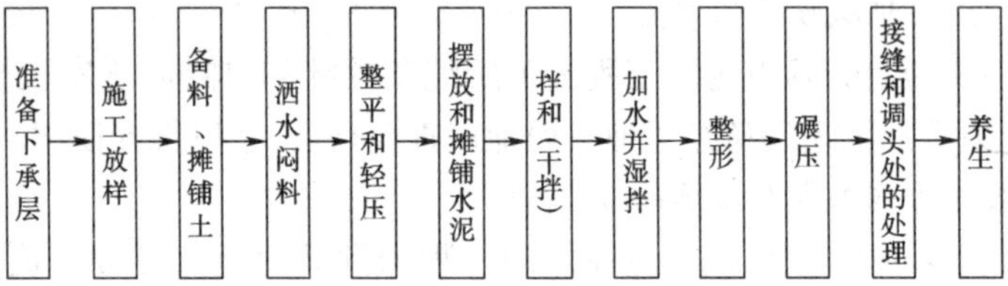

图4-2　路拌法施工水泥稳定土的工艺流程

(3)备料

根据工程实际情况,可利用老路面或土基上部材料,也可利用料场的土(包括细粒土、中粒土和粗粒土),但均应符合前述对原材料的要求。

在预定堆料的下承层上,在堆料前应先洒水,使其表面湿润,但不应过分潮湿而造成泥泞。土在下承层上的堆置时间不应过长,运送土只宜比摊铺土工序提前1~2d。

(4)摊铺土

应事先通过试验确定土的松铺系数。人工摊铺混合料时,其松铺系数可按表4-27选用。

混合料松铺系数参考表　　表4-27

材料名称	松铺系数	备　注
水泥稳定砂砾	1.30~1.35	
水泥土	1.53~1.58	现场人工摊铺土和水泥,机械拌和,人工整平

摊铺土应在摊铺水泥的前一天进行。摊铺长度按日进度的需要量控制,满足次日完成掺加水泥、拌和、碾压成型即可。雨季施工,如第二天有雨,不宜提前摊铺土。

摊铺过程中的注意事项如下:

①应将土均匀地摊铺在预定的宽度上,表面应力求平整,并有规定的路拱。

②应将土块、超尺寸颗粒及其他杂物拣除。如土中有较多土块,应进行粉碎。

③检验松铺土层的厚度,应符合预计要求。

④除洒水车外,严禁其他车辆在土层上通行。

(5)洒水闷料

如已整平的土(含粉碎的老路面)含水量过小,应在土层上洒水闷料。洒水应均匀,防止出现局部水分过多的现象。洒水车严禁在洒水段内停留和调头。

细粒土应经一夜闷料;中粒土和粗粒土,视其中细土含量的多少,可缩短闷料时间。如为综合稳定土,应先将石灰和土拌和后一起进行闷料。

(6)整平和轻压

对人工摊铺的土层整平后,用6~8t两轮压路机碾压1~2遍,使其表面平整,并有一定的压实度。

(7)摆放和摊铺水泥

按计算出的每袋水泥的纵横间距,在土层上做安放标记。应将水泥当日直接送到摊铺路段,卸在做标记的地点,并检查有无遗漏和多余。

用刮板将水泥均匀摊开，并注意使每袋水泥的摊铺面积相等。水泥摊铺完后，表面应没有空白位置，也没有水泥过分集中的地点。

(8)拌和(干拌)

对二级及二级以上公路，应采用专用稳定土拌和机进行拌和并设专人跟随拌和机，随时检查拌和深度并配合拌和机操作员调整拌和深度。拌和深度应达稳定层底并宜侵入下承层5～10mm，以利上下层黏结。严禁在拌和层底部留有素土夹层。通常应拌和两遍以上。

对于三、四级公路，在没有专用拌和机械的情况下，可用农用旋转耕作机与多铧犁或平地机相配合进行拌和，但应注意拌和效果，拌和时间不能过长。

(9)加水并湿拌

在上述拌和过程结束时，如果混合料的含水量不足，应用喷管式洒水车(普通洒水车不适宜用做路面施工)补充洒水。水车起洒处和另一端调头处都应超出拌和段2m以上。洒水车不应在正进行拌和以及当天计划拌和的路段上调头和停留，以防局部水量过大。洒水后，应再次进行拌和，使水分在混合料中分布均匀。拌和机械应紧跟在洒水车后面进行拌和，减少水分流失。

洒水及拌和过程中的注意事项如下：

①应及时检查混合料的含水量，含水量宜略大于最佳值。对于稳定粗粒土和中粒土，宜较最佳含水量大0.5%～1.0%；对于稳定细粒土，宜较最佳含水量大1%～2%。

②应配合人工拣出超尺寸颗粒，消除粗细颗粒“窝”以及局部过分潮湿或过分干燥之处。

③混合料拌和均匀后应色泽一致，没有灰条、灰团和花面，即无明显粗细集料离析现象，且水分合适和均匀。

(10)整形

混合料拌和均匀后，应立即用平地机初步整形。整形过程中的注意事项如下：

①在直线段，平地机由两侧向路中心进行刮平；在超高路段，平地机由超高内侧向外侧进行刮平。

②对于局部低洼处，应用齿耙将其表层5cm以上耙松，并用新拌的混合料进行找平，不应形成薄层贴补现象。

③每次整形都应达到规定的坡度和路拱，并应特别注意接缝必须顺适平整。

④在整形过程中，严禁任何车辆通行，并保持无明显的粗细集料离析现象。

(11)碾压

整形后，当混合料的含水量为最佳含水量(1%～2%)时，应立即用轻型压路机并配合12t以上压路机在结构层全宽内进行碾压。直线和不设超高的平曲线段，由两侧路肩向路中心碾压；设超高的平曲线段，由内侧路肩向外侧路肩进行碾压。碾压时，应重叠1/2轮宽，后轮必须超过两段的接缝处。一般需碾压6～8遍。压路机的碾压速度，头两遍以采用1.5～1.7km/h为宜，以后宜采用2.0～2.5km/h。采用人工摊铺和整形的稳定土层，宜先用拖拉机或6～8t两轮压路机或轮胎压路机碾压1～2遍，然后再用重型压路机碾压。

碾压过程中的注意事项如下：

①水泥稳定土的表面应始终保持湿润，如水分蒸发过快，应及时补洒少量的水，但严禁洒大水碾压。

②如有“弹簧”、松散、起皮等现象，应及时翻开重新拌和(加适量的水泥)或用其他方法处理，使其达到质量要求。

③严禁压路机在已完成的或正在碾压的路段上调头或急刹车，应保证稳定土层表面不受破坏。

④在碾压结束之前，用平地机再终平一次，使其纵向顺适，路拱和超高符合设计要求。终平应仔细进行，必须将局部高出部分刮除并扫出路外；对于局部低洼之处，不再进行找补，可留待铺筑面层时处理。

⑤经过拌和、整形的水泥稳定土，宜在水泥初凝前并应在试验确定的延迟时间内完成碾压，并达到要求的压实度，同时没有明显的轮迹。

(12)接缝和调头处的处理

①横向接缝处理。同日施工的两工作段的衔接处，应采用搭接。前一段拌和整形后，留5～8m不进行碾压，后一段施工时，前段留下未压部分，应再加部分水泥重新拌和，并与后一段一起碾压。

每天最后一段末端缝(即工作缝)应与路中线垂直，缝壁应与下承层表面垂直。在工作缝邻接作业段新铺混合料碾压过程中，应将接缝修整平顺。

②纵向接缝处理。水泥稳定土层的施工应该避免纵向接缝，在必须分两幅施工时，纵缝必须垂直相接，不应斜接，应采用设置模板的方式进行处理。

③调头处的处理。如拌和机械或其他机械必须到已压成的水泥稳定土层上调头，应采取覆盖措施保护调头作业段。一般可在准备用于调头的约8～10m长的稳定土层上，先覆盖一张厚塑料布或油毡纸，然后铺上约10cm厚的土、砂或砂砾。

(13)养生及交通管制

每一段碾压完成并经压实度检查合格后，应立即开始养生。

①宜采用湿砂进行养生，砂层厚宜为7～10cm。砂铺匀后，应立即洒水，并在整个养生期间保持砂的潮湿状态。不得用湿黏性土覆盖。养生结束后，必须将覆盖物清除干净。

②对于基层，也可采用沥青乳液进行养生。沥青乳液的用量按0.8～1.0kg/m^2(指沥青用量)选用，宜分两次喷洒。第一次喷洒沥青含量约35%的慢裂沥青乳液，使其能稍透入基层表层。第二次喷洒浓度较大的沥青乳液。如不能避免施工车辆在养生层上通行，应在乳液分裂后撒布3～8mm的小碎(砾)石，做成下封层。

③无上述条件时，也可用洒水车经常洒水进行养生。每天洒水的次数应视气候而定。整个养生期间应始终保持稳定土层表面潮湿。

④对于高速公路和一级公路，基层的养生期不宜少于7d。对于二级和二级以下的公路，如养生期少7d即铺筑沥青面层，则应限制重型车辆通行；如基层上为水泥混凝土面板，且面板是用小型机械施工的，则基层完成后可较早铺筑混凝土面层。

⑤在养生期间未采用覆盖措施的水泥稳定土层上，除洒水车外，应封闭交通。在采用覆盖措施的水泥稳定土层上，不能封闭交通时，应限制重车通行，其他车辆的车速不应超过30km/h。

2. 厂拌法施工

(1)拌和

水泥稳定土可以在中心站用厂拌设备进行集中拌和，对于高速公路和一级公路，应采用专用稳定土集中厂拌机械拌制混合料。集中拌和时，应符合下列要求：

①土块应粉碎，最大尺寸不得大于15mm；

②配料应准确，拌和应均匀；

③含水量宜略大于最佳值,使混合料运到现场摊铺后碾压时的含水量不小于最佳值;

④不同粒级的碎石或砾石以及细集料(如石屑和砂)应隔离,分别堆放。

在正式拌制混合料之前,必须先调试所用的设备,使混合料的颗粒组成和含水量都达到规定的要求。原集料的颗粒组成发生变化时,应重新调试设备。

在潮湿多雨地区或其他地区的雨季施工时,应采取措施,保护集料,特别是细集料(如石屑和砂等)应有覆盖,防止雨淋。拌和时应根据集料和混合料含水量的大小,及时调整加水量。

(2)运输

应尽快将拌成的混合料运送到铺筑现场。车上的混合料应覆盖,减少水分损失。

(3)摊铺

应采用沥青混凝土摊铺机或稳定土摊铺机摊铺混合料。在二、三、四级公路上,没有摊铺机时,可采用摊铺箱或自动平地机摊铺混合料。如下承层是稳定细粒土,应先将下承层顶面拉毛,再摊铺混合料。

拌和机与摊铺机的生产能力应互相匹配。对于高速公路和一级公路,摊铺机宜连续摊铺,拌和机的产量宜大于400t/h。如拌和机的生产能力较小,在用摊铺机摊铺混合料时,应采用最低速度摊铺,减少摊铺机停机待料的情况。

在摊铺机后面应设专人消除粗细集料离析现象,特别应该铲除局部粗集料“窝”,并用新拌混合料填补。

(4)碾压

宜先用轻型两轮压路机跟在摊铺机后及时进行碾压,后用重型振动压路机、三轮压路机或轮胎压路机继续碾压密实。碾压施工质量控制与路拌法相同。

(5)接缝设置

用摊铺机摊铺混合料时,不宜中断,如因故中断时间超过2h,应设置横向接缝。

应避免纵向接缝。高速公路和一级公路的基层应分两幅摊铺,宜采用两台摊铺机一前一后相隔约5~10m同步向前摊铺混合料,并一起进行碾压。在不能避免纵向接缝的情况下,纵缝必须垂直相接,严禁斜接。

(6)养生及交通管制

要求与路拌法相同。

第三节　沥青路面质量控制

沥青路面是用沥青材料作结合料黏结矿料修筑面层与各类基层和垫层所组成的路面结构。公路工程中常用的沥青路面有:热拌沥青混合料路面、沥青表面处治路面、沥青贯入式路面等。

由于沥青面层使用沥青结合料,因而增强了矿料间的黏结力,提高了混合料的强度和稳定性,使路面的使用质量和耐久性都得到提高。与水泥混凝土路面相比,沥青路面具有表面平整、无接缝、行车舒适、耐磨、振动小、噪声低、施工期短、养护维修简便、适宜于分期修建等优点,因而获得越来越广泛的应用。

按强度构成原理可将沥青路面分为密实类和嵌挤类两大类:

密实类沥青路面要求矿料的级配按最大密实原则设计,其强度和稳定性主要取决于混合料的黏聚力和内摩阻力。密实类沥青路面按其空隙率的大小可分为闭式和开式两种:闭式混合料中含有较多的小于0.6mm和0.075mm的矿料颗粒,空隙率小于6%,混合料致密而耐久,但热稳定性较差;开式混合料中小于0.6mm的矿料颗粒含量较少,空隙率大于6%,其热稳定性较好。

嵌挤类沥青路面要求采用颗粒尺寸较为均一的矿料,路面的强度和稳定性主要依靠骨料颗粒之间相互嵌挤所产生的内摩阻力,而黏聚力则起着次要的作用。按嵌挤原则修筑的沥青路面,其热稳定性较好,但因空隙率较大、易渗水,且耐久性较差。

一、沥青混合料配合比

(一)组成设计的目标

1. 高温稳定性

高温稳定性是沥青混合料在夏季高温条件下,经长期交通荷载的作用后,不产生车辙和波浪等病害的性能。温度升高时,沥青的黏滞度降低,矿料之间黏结力削弱,导致强度和抗变形能力降低。提高高温稳定性可采用增大黏聚力和内摩阻力的方法,或采用聚合物改性沥青。

2. 低温抗裂性

低温抗裂性是指沥青混合料在低温条件下应具有一定的柔韧性,以保证在低温时不产生裂缝。温度降低时,沥青的黏滞度增高,强度增大,但变形能力降低,并出现脆性破坏。引起低温开裂的因素很多,主要因素有沥青的性质、当地的气温状况、路基的类型和路面结构及层间结合状况等。在混合料组成设计中,应选用稠度较低、温度敏感性低、抗老化能力强的沥青。

3. 抗疲劳性

抗疲劳性是沥青混合料抵抗荷载重复作用的能力。影响抗疲劳性能的主要因素有:沥青的质量与含量、混合料的空隙率、矿料的性质及级配。最佳的疲劳寿命存在一个最佳的沥青含量,此含量与矿料的种类和级配有关。混合料的疲劳寿命随空隙率的降低而显著增长,密级配混合料比开级配混合料有较长的疲劳寿命。

4. 耐久性

耐久性是指沥青路面受长期的荷载作用及自然因素的影响下不出现损坏的性能。耐久性差的沥青混合料常会引起路面过早出现裂缝、沥青膜剥落、松散等病害。影响沥青混合料耐久性的主要因素有:沥青性质、矿料的矿物成分、沥青混合料的组成结构等。

5. 抗滑性

随着现代高速公路的发展,对沥青混合料的抗滑性提出了更高的要求。影响沥青混合料抗滑性的主要因素有矿质集料的粗糙度、微表面性质、混合料的级配组成及沥青的用量。为了保证长期高速行驶的安全,配料时应特别注意粗集料的耐磨光性,应选择硬质有棱角的集料。同时,应控制沥青用量,当沥青用量超过最佳用量的5%时,混合料的抗滑性将明显降低。

(二)热拌沥青混合料的组成设计

热拌沥青混合料(HMA)适用于各种等级公路的沥青路面。其种类按集料公称最大粒径、矿料级配、空隙率划分,分类见表4-28。

由于篇幅所限,本节仅介绍适用于密级配沥青混凝土及沥青稳定碎石混合料的配合比设计方法。热拌沥青混合料的配合比设计应通过目标配合比设计、生产配合比设计及生产配合比验证三个阶段,确定沥青混合料的材料品种及配比、矿料级配、最佳沥青用量。通常采用马歇尔试验配合比设计方法。

热拌沥青混合料种类 表 4-28

混合料类型	密级配			开级配		半开级配	公称最大粒径(mm)	最大粒径(mm)
	连续级配		间断级配	间断级配		沥青稳定碎石		
	沥青混凝土	沥青稳定碎石	沥青玛蹄脂碎石	排水式沥青磨耗层	排水式沥青碎石基层			
特粗式	—	ATB-40	—	—	ATPB-40	—	37.5	53.0
粗粒式	—	ATB-30	—	—	ATPB-30	—	31.5	37.5
	AC-25	ATB-25	—	—	ATPB-25	—	26.5	31.5
中粒式	AC-20	—	SMA-20	—	—	AM-20	19.0	26.5
	AC-16	—	SMA-16	OGFC-16	—	AM-16	16.0	19.0
细粒式	AC-13	—	SMA-13	OGFC-13	—	AM-13	13.2	16.0
	AC-10	—	SMA-10	OGFC-10	—	AM-10	9.5	13.2
砂粒式	AC-5	—	—	—	—	AM-5	4.75	9.5
设计空隙率注(%)	3~5	3~6	3~4	>18	>18	6~12		

注:空隙率可按配合比设计要求适当调整。

1. 目标配合比设计

(1)确定工程设计级配范围

沥青路面工程的混合料设计级配范围由工程设计文件或招标文件规定。经确定的工程设计级配范围是配合比设计的依据,不得随意变更。

沥青混合料的矿料级配应符合工程规定的设计级配范围。密级配沥青混合料宜根据公路等级、气候及交通条件按表 4-29 选择采用粗型(C 型)或细型(F 型)混合料,并在表 4-30 范围内确定工程设计级配范围,通常情况下工程设计级配范围不宜超出表 4-30 的要求。

粗型和细型密级配沥青混凝土的关键性筛孔通过率 表 4-29

混合料类型	公称最大粒径(mm)	用以分类的关键性筛孔(mm)	粗型密级配		细型密级配	
			名称	关键性筛孔通过率(%)	名称	关键性筛孔通过率(%)
AC-25	26.5	4.75	AC-25C	<40	AC-25F	>40
AC-20	19	4.75	AC-20C	<45	AC-20F	>45
AC-16	16	2.36	AC-16C	<38	AC-16F	>38
AC-13	13.2	2.36	AC-13C	<40	AC-13F	>40
AC-10	9.5	2.36	AC-10C	<45	AC-10F	>45

密级配沥青混凝土混合料矿料级配范围 表 4-30

级配类型		通过下列筛孔(mm)的质量百分率(%)												
		31.5	26.5	19	16	13.2	9.5	4.75	2.36	1.18	0.6	0.3	0.15	0.075
粗粒式	AC-25	100	90~100	75~90	65~83	57~76	45~65	24~52	16~42	12~33	8~24	5~17	4~13	3~7
中粒式	AC-20		100	90~100	78~92	62~80	50~72	26~56	16~44	12~33	8~24	5~17	4~13	3~7
	AC-16			100	90~100	76~92	60~80	34~62	20~48	13~36	9~26	7~18	5~14	4~8
细粒式	AC-13				100	90~100	68~85	38~68	24~50	15~38	10~28	7~20	5~15	4~8
	AC-10					100	90~100	45~75	30~58	20~44	13~32	9~23	6~16	4~8
砂粒式	AC-5						100	90~100	55~75	35~55	20~40	12~28	7~18	5~10

(2)材料选择与准备

配合比设计的各种矿料必须按现行《公路工程集料试验规程》规定的方法,从工程实际使用的材料中取代表性样品。进行生产配合比设计时,取样至少应在干拌5次以后进行。

配合比设计所用的各种材料必须符合气候和交通条件的需要。其质量应符合本章第一节规定的技术要求。当单一规格的集料某项指标不合格,但不同粒径规格的材料按级配组成的集料混合料指标能符合规范要求时,允许使用。

(3)矿料配比设计

沥青路面矿料配合比设计宜借助电子表格用试配法进行。矿料级配曲线按《公路工程沥青及沥青混合料试验规程》T 0725 的方法绘制(见图4-3)。以原点与通过集料最大粒径100%的点的连线作为沥青混合料的最大密度线(见表4-31)。

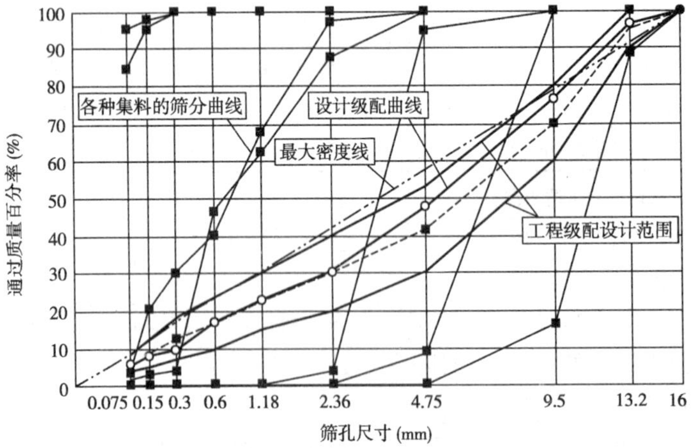

图4-3 矿料级配曲线示例

矿料级配设计计算表示例 表4-31

筛孔(mm)	10~20(%)	5~10(%)	3~5(%)	石屑(%)	黄砂(%)	矿粉(%)	消石灰(%)	合成级配	工程设计级配范围		
									中值	下限	上限
16	100	100	100	100	100	100	100	100.0	100	100	100
13.2	88.6	100	100	100	100	100	100	96.7	95	90	100
9.5	16.6	99.7	100	100	100	100	100	76.6	70	60	80
4.75	0.4	8.7	94.9	100	100	100	100	47.7	41.5	30	53
2.36	0.3	0.7	3.7	97.2	87.9	100	100	30.6	30	20	40
1.18	0.3	0.7	0.5	67.8	62.2	100	100	22.8	22.5	15	30
0.6	0.3	0.7	0.5	40.5	46.4	100	100	17.2	16.5	10	23
0.3	0.3	0.7	0.5	30.2	3.7	99.8	99.2	9.5	12.5	7	18
0.15	0.3	0.7	0.5	20.6	3.1	96.2	97.6	8.1	8.5	5	12
0.075	0.2	0.6	0.3	4.2	1.9	84.7	95.6	5.5	6	4	8
配比	28	26	14	12	15	3.3	1.7	100.0			

对高速公路和一级公路,宜在工程设计级配范围内计算1~3组粗细不同的配比,绘制设

计级配曲线，分别位于工程设计级配范围的上方、中值及下方。设计合成级配不得有太多的锯齿形交错，且在0.3～0.6mm 范围内不出现“驼峰”。当反复调整不能满意时，宜更换材料设计。

根据当地的实践经验选择适宜的沥青用量，分别制作几组级配的马歇尔试件，测定 VMA，初选一组满足或接近设计要求的级配作为设计级配。

(4)马歇尔试验

沥青混合料试件的制作温度应与施工实际温度相一致，可参照表4-32 执行，改性沥青混合料的成型温度在此基础上再提高10～20℃。

热拌普通沥青混合料试件的制作温度(℃) 表4-32

<table>
<tr><td rowspan="2">施工工序</td><td colspan="5">石油沥青的标号</td></tr>
<tr><td>50号</td><td>70号</td><td>90号</td><td>110号</td><td>130号</td></tr>
<tr><td>沥青加热温度</td><td>160～170</td><td>155～165</td><td>150～160</td><td>145～155</td><td>140～150</td></tr>
<tr><td>矿料加热温度</td><td colspan="5">集料加热温度比沥青温度高10～30(填料不加热)</td></tr>
<tr><td>沥青混合料拌和温度</td><td>150～170</td><td>145～165</td><td>140～160</td><td>135～155</td><td>130～150</td></tr>
<tr><td>试件击实成型温度</td><td>140～160</td><td>135～155</td><td>130～150</td><td>125～145</td><td>120～140</td></tr>
</table>

注：表中混合料温度，并非拌和机的油浴温度，应根据沥青的针入度、黏度选择，不宜都取中值。

以预估的油石比为中值，按一定间隔(对密级配沥青混合料通常为0.5%，对沥青碎石混合料可适当缩小间隔为0.3%～0.4%)，取5个或5个以上不同的油石比分别成型马歇尔试件。每一组试件的试样数按现行试验规程的要求确定，对粒径较大的沥青混合料，宜增加试件数量。

进行马歇尔试验，测定和计算沥青混合料试件的各项指标，包括毛体积密度、空隙率(VV)、矿料间隙率(VMA)、有效沥青饱和度(VFA)、稳定度和流值等。

沥青混合料技术要求应符合表4-33 和表4-34 的规定，并有良好的施工性能。二级公路宜参照一级公路的技术标准执行。表中气候分区按《公路沥青路面施工技术规范》(JTG F40—2004)附录A执行。长大坡度的路段按重载交通路段考虑。

密级配沥青混凝土混合料马歇尔试验技术标准 表4-33

(本表适用于公称最大粒径≤26.5mm 的密级配沥青混凝土混合料)

<table>
<tr><td colspan="2" rowspan="3">试验指标</td><td rowspan="3">单位</td><td colspan="4">高速公路、一级公路</td><td rowspan="3">其他等级公路</td><td rowspan="3">行人道路</td></tr>
<tr><td colspan="2">夏炎热区(1-1、1-2、1-3、1-4区)</td><td colspan="2">夏热区及夏凉区(2-1、2-2、2-3、2-4、3-2区)</td></tr>
<tr><td>中轻交通</td><td>重载交通</td><td>中轻交通</td><td>重载交通</td></tr>
<tr><td colspan="2">击实次数(双面)</td><td>次</td><td colspan="4">75</td><td>50</td><td>50</td></tr>
<tr><td colspan="2">试件尺寸</td><td>mm</td><td colspan="6">ϕ101.6mm×63.5mm</td></tr>
<tr><td rowspan="2">空隙率 VV</td><td>深约90mm以内</td><td>%</td><td>3～5</td><td>4～6</td><td>2～4</td><td>3～5</td><td>3～6</td><td>2～4</td></tr>
<tr><td>深约90mm以下</td><td>%</td><td colspan="2">3～6</td><td>2～4</td><td>3～6</td><td>3～6</td><td>—</td></tr>
<tr><td colspan="2">稳定度 MS 不小于</td><td>kN</td><td colspan="4">8</td><td>5</td><td>3</td></tr>
<tr><td colspan="2">流值 FL</td><td>mm</td><td>2～4</td><td>1.5～4</td><td>2～4.5</td><td>2～4</td><td>2～4.5</td><td>2～5</td></tr>
</table>

续上表

<table>
<tr><td colspan="2" rowspan="3">试验指标</td><td rowspan="3">单位</td><td colspan="4">高速公路、一级公路</td><td rowspan="3">其他等级公路</td><td rowspan="3">行人道路</td></tr>
<tr><td colspan="2">夏炎热区(1-1、1-2、1-3、1-4 区)</td><td colspan="2">夏热区及夏凉区(2-1、2-2、2-3、2-4、3-2 区)</td></tr>
<tr><td>中轻交通</td><td>重载交通</td><td>中轻交通</td><td>重载交通</td></tr>
<tr><td rowspan="7">矿料间隙率 VMA(%)不小于</td><td rowspan="2">设计空隙率(%)</td><td colspan="7">相应于以下公称最大粒径(mm)的最小 VMA 及 VFA 技术要求(%)</td></tr>
<tr><td>26.5</td><td>19</td><td>16</td><td>13.2</td><td>9.5</td><td colspan="2">4.75</td></tr>
<tr><td>2</td><td>10</td><td>11</td><td>11.5</td><td>12</td><td>13</td><td colspan="2">15</td></tr>
<tr><td>3</td><td>11</td><td>12</td><td>12.5</td><td>13</td><td>14</td><td colspan="2">16</td></tr>
<tr><td>4</td><td>12</td><td>13</td><td>13.5</td><td>14</td><td>15</td><td colspan="2">17</td></tr>
<tr><td>5</td><td>13</td><td>14</td><td>14.5</td><td>15</td><td>16</td><td colspan="2">18</td></tr>
<tr><td>6</td><td>14</td><td>15</td><td>15.5</td><td>16</td><td>17</td><td colspan="2">19</td></tr>
<tr><td colspan="2">沥青饱和度 VFA(%)</td><td>55 ~ 70</td><td colspan="3">65 ~ 75</td><td colspan="3">70 ~ 85</td></tr>
</table>

注:①对空隙率大于 5% 的夏炎热区重载交通路段,施工时应至少提高压实度 1 个百分点。

②当设计的空隙率不是整数时,由内插确定要求的 VMA 最小值。

③对改性沥青混合料,马歇尔试验的流值可适当放宽。

沥青稳定碎石混合料马歇尔试验配合比设计技术标准 表 4-34

试验指标	单位	密级配基层(ATB)		半开级配面层(AM)	排水式开级配磨耗层(OGFC)	排水式开级配基层(ATPB)
公称最大粒径	mm	26.5mm	等于或大于 31.5mm	等于或小于 26.5mm	等于或小于 26.5mm	所有尺寸
马歇尔试件尺寸	mm	ϕ101.6mm × 63.5mm	ϕ152.4mm × 95.3mm	ϕ101.6mm × 63.5mm	ϕ101.6mm × 63.5mm	ϕ152.4mm × 95.3mm
击实次数(双面)	次	75	112	50	50	75
空隙率 VV①	%	3 ~ 6		6 ~ 10	不小于 18	不小于 18
稳定度,不小于	kN	7.5	15	3.5	3.5	—
流值	mm	1.5 ~ 4	实测	—	—	—
沥青饱和度 VFA	%	55 ~ 70		40 ~ 70	—	—
密级配基层 ATB 的矿料间隙率 VMA 不小于(%)	设计空隙率(%)		ATB − 40	ATB − 30	ATB − 25	
	4		11	11.5	12	
	5		12	12.5	13	
	6		13	13.5	14	

注:①在干旱地区,可将密级配沥青稳定碎石基层的空隙率适当放宽到 8%。

(5)确定最佳沥青用量(或油石比)

按图 4-4 的方法,以油石比或沥青用量为横坐标,以马歇尔试验的各项指标为纵坐标,将试验结果点入图中,连成圆滑的曲线。确定均符合规范规定的沥青混合料技术标准的沥青用量范围 OAC_{min} ~ OAC_{max}。选择的沥青用量范围必须涵盖设计空隙率的全部范围,并尽可能涵盖沥青饱和度的要求范围,并使密度及稳定度曲线出现峰值。如果没有涵盖设计空隙率的全

检测，严格控制进场材料的质量，如遇材料发生变化并经检测沥青混合料的矿料级配、马歇尔技术指标不符要求时，应及时调整配合比，使沥青混合料的质量符合要求并保持相对稳定，必要时重新进行配合比设计。

二、热拌沥青混合料路面质量控制

(一)施工准备阶段

1. 原材料审核

施工前必须检查各种材料的来源和质量，不符合技术要求的材料不得进场。材料试样的取样数量与频度按现行试验规程的规定进行。

使用成品改性沥青的工程，应要求供应商提供所使用的改性剂型号、基质沥青的质量检测报告。使用现场改性沥青的工程，应对试生产的改性沥青进行检测。质量不合格的不可使用。

2. 配合比审批

正式开工前，各种原材料的试验结果，及据此进行的目标配合比设计和生产配合比设计结果，应在规定的期限内向业主及监理提出正式报告，待取得正式认可后，方可使用。

3. 拌和厂的检查

拌和厂的设置必须符合国家有关环境保护、消防、安全等规定。拌和厂与工地现场距离应充分考虑交通堵塞的可能，确保混合料的温度下降不超过要求，且不致因颠簸造成混合料离析。拌和厂应具有完备的排水设施。各种集料必须分隔储存，细集料应设防雨顶棚，料场及场内道路应做硬化处理，严禁泥土污染集料。

4. 施工机械、设备的检查

施工前应对沥青拌和楼、摊铺机、压路机等各种施工机械和设备进行调试，对机械设备的配套情况、技术性能、传感器计量精度等进行认真检查、标定，并得到监理的认可。

5. 施工放样的检查

开工前，承包人应进行平面和高程放样，并提交施工放样报验单，经监理工程师复核、审批后方可进行路面施工。

6. 下承层的检查

施工前应仔细检查下承层，质量不符合要求不得铺筑沥青面层。

下承层表面应清洁、干燥、坚实、平整，无任何松散的石料、尘土与杂质，并且不允许有油污。

当下承层为基层时，应喷洒透层沥青；当下承层为下面层或中面层时，应喷洒黏层沥青。透层和黏层的质量要求见第四节。

7. 铺筑试验路段

高速公路和一级公路的沥青路面在施工前应铺筑试验段。其他等级公路在缺乏施工经验或初次使用重大设备时，也应铺筑试验段。当同一施工单位在材料、机械设备及施工方法与其他工程完全相同时，也可利用其他工程的结果，不再铺筑新的试验路段。

试验段的长度应根据试验目的确定，通常宜为100～200m，宜选在正线上铺筑。

热拌热铺沥青混合料路面试验段铺筑分试拌及试铺两个阶段，应包括下列试验内容：

①检验各种施工机械的类型、数量及组合方式是否匹配。

②通过试拌确定拌和机的操作工艺，考察计算机打印装置的可信度。

③通过试铺确定透层油的喷洒方式和效果、摊铺、压实工艺，确定松铺系数等。

④验证沥青混合料生产配合比设计，提出生产用的标准配合比和最佳沥青用量。

⑤建立用钻孔法与核子密度仪无破损检测路面密度的对比关系。确定压实度的标准检测方法。

⑥检测试验段的渗水系数。

试验段铺筑应由有关各方共同参加，及时商定有关事项，明确试验结论。铺筑结束后，施工单位应就各项试验内容提出完整的试验路施工、检测报告，上报监理和业主批复，取得正式开工认可。

（二）施工阶段

1. 混合料的拌制

（1）沥青混合料必须在沥青拌和厂（场、站）采用间歇式拌和机或连续式拌和机拌制。高速公路和一级公路宜采用间歇式拌和机拌和。连续式拌和机使用的集料必须稳定不变，一个工程从多处进料、料源或质量不稳定时，不得采用连续式拌和机。

（2）高速公路和一级公路施工用的间歇式拌和机必须配备计算机设备，拌和过程中逐盘采集并打印各个传感器测定的材料用量和沥青混合料拌和量、拌和温度等各种参数，每个台班结束时打印出一个台班的统计量，按规定的方法进行沥青混合料生产质量及铺筑厚度的总量检验，总量检验的数据有异常波动时，应立即停止生产，分析原因。

（3）沥青混合料的生产温度应符合表4-35和表4-36的要求。烘干集料的残余含水量不得大于1%。每天开始几盘集料应提高加热温度，并干拌几锅集料废弃，再正式加沥青拌和混合料。

热拌沥青混合料的施工温度（℃） 表4-35

施工工序		石油沥青的标号			
		50号	70号	90号	110号
沥青加热温度		160～170	155～165	150～160	145～155
矿料加热温度	间隙式拌和机	集料加热温度比沥青温度高10～30			
	连续式拌和机	矿料加热温度比沥青温度高5～10			
沥青混合料出料温度		150～170	145～165	140～160	135～155
混合料储料仓储存温度		储料过程中温度降低不超过10			
混合料废弃温度	高于	200	195	190	185
运输到现场温度	不低于	150	145	140	135
混合料摊铺温度 不低于	正常施工	140	135	130	125
	低温施工	160	150	140	135
开始碾压的混合料内部温度 不低于	正常施工	135	130	125	120
	低温施工	150	145	135	130
碾压终了的表面温度 不低于	钢轮压路机	80	70	65	60
	轮胎压路机	85	80	75	70
	振动压路机	75	70	60	55
开放交通的路表温度	不高于	50	50	50	45

注：①沥青混合料的施工温度采用具有金属探测针的插入式数显温度计测量。表面温度可采用表面接触式温度计测定。当采用红外线温度计测量表面温度时，应进行标定。

②表中未列入的130号、160号及30号沥青的施工温度由试验确定。

聚合物改性沥青混合料的正常施工温度范围(℃) 表 4-36

工　序		聚合物改性沥青品种		
		SBS 类	SBR 胶乳类	EVA、PE 类
沥青加热温度		160~165		
改性沥青现场制作温度		165~170	—	165~170
成品改性沥青加热温度	不大于	175	—	175
集料加热温度		190~220	200~210	185~195
改性沥青 SMA 混合料出厂温度		170~185	160~180	165~180
混合料最高温度(废弃温度)		195		
混合料储存温度		拌和出料后降低不超过 10		
摊铺温度	不低于	160		
初压开始温度	不低于	150		
碾压终了的表面温度	不低于	90		
开放交通时的路表温度	不高于	50		

注:①表中未列入的 130 号、160 号及 30 号沥青的施工温度由试验确定。
②当采用表列以外的聚合物或天然沥青改性沥青时,施工温度由试验确定。

(4)沥青混合料拌和时间根据具体情况经试拌确定,以沥青均匀裹覆集料为度。间歇式拌和机每盘的生产周期不宜少于 45s(其中干拌时间不少于 5~10s)。改性沥青混合料的拌和时间应适当延长。

(5)间隙式拌和机宜备有保温性能好的成品储料仓,储存过程中混合料温降不得大于 10℃、且不能有沥青滴漏,普通沥青混合料的储存时间不得超过 72h,改性沥青混合料的储存时间不宜超过 24h。

(6)沥青混合料出厂时应逐车检测沥青混合料的重量和温度,记录出厂时间,签发运料单。

2. 混合料的运输

(1)热拌沥青混合料宜采用较大吨位的运料车运输,但不得超载运输,或急刹车、急弯掉头使透层、封层造成损伤。运料车的运力应稍有富余,施工过程中摊铺机前方应有运料车等候。对高速公路、一级公路,宜待等候的运料车多于 5 辆后开始摊铺。

(2)运料车每次使用前后必须清扫干净,在车厢板上涂一薄层防止沥青黏结的隔离剂或防黏剂,但不得有余液积聚在车厢底部。从拌和机向运料车上装料时,应多次挪动汽车位置,平衡装料,以减少混合料离析。运料车运输混合料宜用苫布覆盖保温、防雨、防污染。

(3)运料车进入摊铺现场时,轮胎上不得黏有泥土等可能污染路面的脏物,否则宜设水池洗净轮胎后进入工程现场。沥青混合料在摊铺地点凭运料单接收,若混合料不符合施工温度要求,或已经结成团块,已遭雨淋的不得铺筑。

(4)运料车每次卸料必须倒净,尤其是对改性沥青混合料,如有剩余,应及时清除,防止硬结。

3. 混合料的摊铺

(1)热拌沥青混合料应采用沥青摊铺机摊铺,在喷洒有黏层油的路面上铺筑改性沥青混合料时,宜使用履带式摊铺机。摊铺机的受料斗应涂刷薄层隔离剂或防黏结剂。

(2)铺筑高速公路、一级公路沥青混合料时,一台摊铺机的铺筑宽度不宜超过 6m(双车道）~7.5m（三车道以上），通常宜采用两台或更多台数的摊铺机前后错开10~20m成梯队方式同步摊铺，两幅之间应有30~60mm左右宽度的搭接，并躲开车道轮迹带，上下层的搭接位置宜错开200mm以上。

（3）摊铺机开工前应提前0.5~1h预热熨平板不低于100℃。铺筑过程中应选择熨平板的振捣或夯锤压实装置具有适宜的振动频率和振幅，以提高路面的初始压实度。

（4）摊铺机必须缓慢、均匀、连续不间断地摊铺，不得随意变换速度或中途停顿，以提高平整度，减少混合料的离析。摊铺速度宜控制在2~6m/min的范围内。对改性沥青混合料宜放慢至1~3m/min。当发现混合料出现明显的离析、波浪、裂缝、拖痕时，应分析原因，予以消除。

（5）摊铺机应采用自动找平方式，下面层或基层宜采用钢丝绳引导的高程控制方式，上面层宜采用平衡梁或雪橇式摊铺厚度控制方式，中面层根据情况选用找平方式。直接接触式平衡梁的轮子不得黏附沥青。铺筑改性沥青路面时宜采用非接触式平衡梁。

（6）沥青路面不得在气温低于10℃（高速公路和一级公路）或5℃（其他等级公路），以及雨天、路面潮湿的情况下施工。寒冷季节遇大风降温，不能保证迅速压实时不得铺筑沥青混合料。热拌沥青混合料的最低摊铺温度根据铺筑层厚度、气温、风速及下卧层表面温度按表4-35和表4-36执行，且不得低于表4-37的要求。每天施工开始阶段宜采用较高温度的混合料。

沥青混合料的最低摊铺温度 表4-37

下卧层的表面温度（℃）	相应于下列不同摊铺层厚度的最低摊铺温度（℃）					
	普通沥青混合料			改性沥青混合料或SMA沥青混合料		
	<50mm	50~80mm	>80mm	<50mm	50~80mm	>80mm
<5	不允许	不允许	140	不允许	不允许	不允许
5~10	不允许	140	135	不允许	不允许	不允许
10~15	145	138	132	165	155	150
15~20	140	135	130	158	150	145
20~25	138	132	128	153	147	143
25~30	132	130	126	147	145	141
>30	130	125	124	145	140	139

（7）沥青混合料的松铺系数应根据混合料类型由试铺试压确定。摊铺过程中应随时检查摊铺层厚度及路拱、横坡，并按规定的方法由使用的混合料总量与面积校验平均厚度。

（8）用机械摊铺的混合料，不宜用人工反复修整。当不得不由人工做局部找补或更换混合料时，需仔细进行，特别严重的缺陷应整层铲除。

（9）在路面狭窄部分、平曲线半径过小的匝道或加宽部分，以及小规模工程不能采用摊铺机铺筑时可用人工摊铺混合料。人工摊铺沥青混合料应符合下列要求：

①半幅施工时，路中一侧宜事先设置挡板。

②沥青混合料宜卸在铁板上，摊铺时应扣锹布料，不得扬锹远甩。铁锹等工具宜沾防黏结剂或加热使用。

③边摊铺边用刮板整平，刮平时应轻重一致，控制次数，严防集料离析。

④摊铺不得中途停顿，并加快碾压。如因故不能及时碾压时，应立即停止摊铺，并对已卸下的沥青混合料覆盖苫布保温。

⑤低温施工时，每次卸下的混合料应覆盖苫布保温。

(10)在雨季铺筑沥青路面时，应加强气象联系，已摊铺的沥青层因遇雨未压实的应予铲除。

4. 沥青路面的压实及成型

(1)压实成型的沥青路面应符合压实度及平整度的要求。

(2)沥青混凝土的压实层最大厚度不宜大于100mm，沥青稳定碎石混合料的压实层厚度不宜大于120mm，但当采用大功率压路机且经试验证明能达到压实度时允许增大到150mm。

(3)沥青路面的压实机械主要包括钢筒式压路机、轮胎压路机和振动压路机。目前一种新型振动压路机正在越来越多地投入使用。振动压路机是通过碾轮在垂直方向振动对铺层进行压实作用，而振荡压路机是由荷载压力和碾轮水平方向的振动组成压揉相结合的连续作用力。振荡压实与振动压实相比，影响深度虽较浅，但碾轮始终不离开地面，碾压表面平整、无裂缝，压实效率高，噪声低，振动危害小，特别适合薄层沥青路面和桥面的施工。

(4)沥青路面施工应配备足够数量的压路机，选择合理的压路机组合方式及初压、复压、终压(包括成型)的碾压步骤，以达到最佳碾压效果。高速公路铺筑双车道沥青路面的压路机数量不宜少于5台。施工气温低、风大、碾压层薄时，压路机数量应适当增加。

(5)压路机应以慢而均匀的速度碾压，并应符合表4-38的规定。压路机的碾压路线及碾压方向不应突然改变而导致混合料推移。碾压区的长度应大体稳定，两端的折返位置应随摊铺机前进而推进，横向不得在相同的断面上。

压路机碾压速度(km/h) 表4-38

压路机类型	初压		复压		终压	
	适宜	最大	适宜	最大	适宜	最大
钢筒式压路机	2~3	4	3~5	6	3~6	6
轮胎压路机	2~3	4	3~5	6	4~6	8
振动压路机	2~3 (静压或振动)	3 (静压或振动)	3~4.5 (振动)	5 (振动)	3~6 (静压)	6 (静压)

(6)压路机的碾压温度应符合表4-35和表4-36的要求，并根据混合料种类、压路机、气温、层厚等情况经试压确定。在不产生严重推移和裂缝的前提下，初压、复压、终压都应在尽可能高的温度下进行。同时不得在低温状况下做反复碾压，使石料棱角磨损、压碎，破坏集料嵌挤。

(7)初压要求

①初压应在紧跟摊铺机后碾压，并保持较短的初压区长度，以尽快使表面压实，减少热量散失。对摊铺后初始压实度较大，经实践证明采用振动压路机或轮胎压路机直接碾压无严重推移而有良好效果时，可免去初压直接进入复压工序。

②通常宜采用钢轮压路机静压1~2遍。碾压时应将压路机的驱动轮面向摊铺机，从外侧向中心碾压，在超高路段则由低向高碾压，在坡道上应将驱动轮从低处向高处碾压。

③初压后应检查平整度、路拱，有严重缺陷时进行修整乃至返工。

(8)复压要求

①复压应紧跟在初压后开始，且不得随意停顿。压路机碾压段的总长度应尽量缩短，通常不超过60~80m。采用不同型号的压路机组合碾压时宜安排每一台压路机做全幅碾压。防止不同部位的压实度不均匀。

②密级配沥青混凝土的复压宜优先采用重型的轮胎压路机进行搓揉碾压，以增加密水性，

其总质量不宜小于 25t，相邻碾压带应重叠 1/3 ~ 1/2 的碾压轮宽度，碾压至要求的压实度为止。

③对粗集料为主的较大粒径的混合料，尤其是大粒径沥青稳定碎石基层，宜优先采用振动压路机复压。振动压路机的振动频率宜为 35 ~ 50Hz，振幅宜为 0.3 ~ 0.8mm。层厚较大时选用高频率大振幅，以产生较大的激振力；厚度较薄时采用高频率低振幅，以防止集料破碎。相邻碾压带重叠宽度为 100 ~ 200mm。振动压路机折返时应先停止振动。

④当采用三轮钢筒式压路机时，总质量不宜小于 12t，相邻碾压带宜重叠后轮的 1/2 宽度，并不应少于 200mm。

⑤对路面边缘、加宽及港湾式停车带等大型压路机难于碾压的部位，宜采用小型振动压路机或振动夯板做补充碾压。

(9)终压应紧接在复压后进行，如经复压后已无明显轮迹时可免去终压。终压可选用双轮钢筒式压路机或关闭振动的振动压路机碾压不宜少于 2 遍，至无明显轮迹为止。

(10)碾压轮在碾压过程中应保持清洁，有混合料沾轮应立即清除。对钢轮可涂刷隔离剂或防黏结剂，但严禁刷柴油。当采用向碾压轮喷水(可添加少量表面活性剂)的方式时，必须严格控制喷水量且成雾状，不得漫流，以防混合料降温过快。轮胎压路机开始碾压阶段，可适当烘烤、涂刷少量隔离剂或防黏结剂，也可少量喷水，并先到高温区碾压使轮胎尽快升温，之后停止洒水。轮胎压路机轮胎外围宜加设围裙保温。

(11)压路机不得在未碾压成型路段上转向、调头、加水或停留。在当天成型的路面上，不得停放各种机械设备或车辆，不得散落矿料、油料等杂物。

5. 接缝处理

沥青路面的施工必须接缝紧密、连接平顺，不得产生明显的接缝离析。上下层的纵缝应错开 150mm(热接缝)或 300 ~ 400mm(冷接缝)以上。相邻两幅及上下层的横向接缝均应错位 1m 以上。接缝施工应用 3m 直尺检查，确保平整度符合要求。

(1)纵向接缝部位的施工要求

①摊铺时采用梯队作业的纵缝应采用热接缝，将已铺部分留下 100 ~ 200mm 宽暂不碾压，作为后续部分的基准面，然后做跨缝碾压以消除缝迹。

②当半幅施工或因特殊原因而产生纵向冷接缝时，宜加设挡板或加设切刀切齐，也可在混合料尚未完全冷却前用镐刨除边缘留下毛茬的方式，但不宜在冷却后采用切割机做纵向切缝。加铺另半幅前应涂洒少量沥青，重叠在已铺层上 50 ~ 100mm，再铲走铺在前半幅上面的混合料，碾压时由边向中碾压留下 100 ~ 150mm，再跨缝挤紧压实。或者先在已压实路面上行走碾压新铺层 150mm 左右，然后压实新铺部分。

(2)横向接缝部位的施工要求

高速公路和一级公路的表面层横向接缝应采用垂直的平接缝，以下各层可采用自然碾压的斜接缝，沥青层较厚时也可做阶梯形接缝(见图 4-5)。其他等级公路的各层均可采用斜接缝。

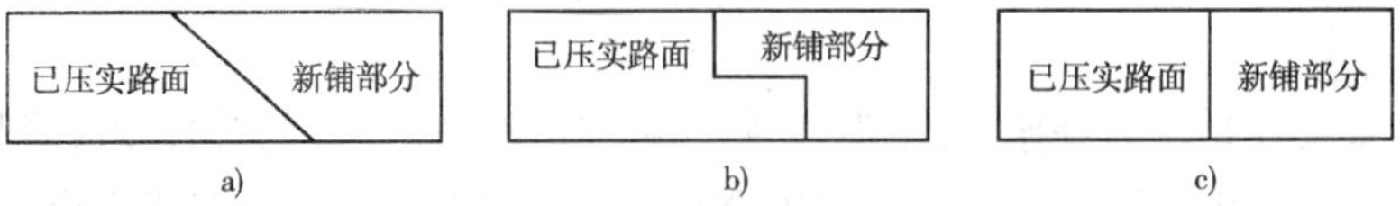

图 4-5　沥青路面横向接缝的几种形式

a)斜接缝；b)阶梯形接缝；c)平接缝

①斜接缝的搭接长度与层厚有关,宜为0.4~0.8m。搭接处应洒少量沥青,混合料中的粗集料颗粒应予剔除,并补上细料,搭接平整,充分压实。阶梯形接缝的台阶经铣刨而成,并洒黏层沥青,搭接长度不宜小于3m。

②平接缝宜趁尚未冷透时用凿岩机或人工垂直刨除端部层厚不足的部分,使工作缝成直角连接。当采用切割机制作平接缝时,宜在铺设当天混合料冷却但尚未结硬时进行。刨除或切割不得损伤下层路面。切割时留下的泥水必须冲洗干净,待干燥后涂刷黏层油。铺筑新混合料接头应使接茬软化,压路机先进行横向碾压,再纵向碾压成为一体,充分压实,连接平顺。

6. *开放交通及其他*

(1)热拌沥青混合料路面应待摊铺层完全自然冷却,混合料表面温度低于50℃后,方可开放交通。需要提早开放交通时,可洒水冷却降低混合料温度。

(2)沥青路面雨季施工应符合下列要求:

①注意气象预报,加强工地现场、沥青拌和厂及气象台站之间的联系,控制施工长度,各项工序紧密衔接。

②运料车和工地应备有防雨设施,并做好基层及路肩排水。

(3)铺筑好的沥青层应严格控制交通,做好保护,保持整洁,不得造成污染,严禁在沥青层上堆放施工产生的土或杂物,严禁在已铺沥青层上制作水泥砂浆。

三、沥青表面处治路面质量控制

沥青表面处治适用于三级及三级以下公路的沥青面层,宜选择在干燥和较热的季节施工,并在最高温度低于15℃到来以前半个月及雨季前结束。

1. *层铺法沥青表面处治施工准备*

(1)沥青表面处治可采用道路石油沥青、乳化沥青、煤沥青铺筑,沥青标号应按规范的相关规定选用。集料最大粒径应与处治层的厚度相等,其规格和用量宜按表4-39选用。

(2)层铺法沥青表面处治路面宜配备沥青洒布车和集料撒布机联合作业。喷洒沥青材料前应对道路人工构造物、路缘石等外露部分做防污染遮盖。

(3)沥青表面处治应做好施工组织设计,确保各工序紧密衔接,每个作业段长度应根据施工能力确定,并在当天完成。人工撒布集料时应等距离划分段落备料。

沥青表面处治材料规格和用量 表4-39

沥青种类	类型	厚度(mm)	集料($m^3/1000m^2$)						沥青或乳液用量(kg/m^2)			
			第一层		第二层		第三层		第一次	第二次	第三次	合计用量
			规格	用量	规格	用量	规格	用量				
石油沥青	单层	1.0	S12	7~9					1.0~1.2			1.0~1.2
		1.5	S10	12~14					1.4~1.6			1.4~1.6
	双层	1.5	S10	12~14	S12	7~8			1.4~1.6	1.0~1.2		2.4~2.8
		2.0	S9	16~18	S12	7~8			1.6~1.8	1.0~1.2		2.6~3.0
		2.5	S8	18~20	S12	7~8			1.8~2.0	1.0~1.2		2.8~3.2
	三层	2.5	S8	18~20	S12	12~14	S12	7~8	1.6~1.8	1.2~1.4	1.0~1.2	3.8~4.4
		3.0	S6	20~22	S12	12~14	S12	7~8	1.8~2.0	1.2~1.4	1.0~1.2	4.0~4.6

续上表

沥青种类	类型	厚度（mm）	集料（$m^3/1000m^2$）						沥青或乳液用量（kg/m^2）			
			第一层		第二层		第三层		第一次	第二次	第三次	合计用量
			规格	用量	规格	用量	规格	用量				
乳化沥青	单层	0.5	S14	7~9					0.9~1.0			0.9~1.0
	双层	1.0	S12	9~11	S14	4~6			1.8~2.0	1.0~1.2		2.8~3.2
	三层	3.0	S6	20~22	S10	9~11	S12 S14	4~6 3.5~4.5	2.0~22	1.8~2.0	1.0~1.2	4.8~5.4

注：①煤沥青表面处治的沥青用量可比石油沥青用量增加15%~20%。

②表中的乳液用量按乳化沥青的蒸发残留物含量60%计算，如沥青含量不同应予折算。

③在高寒地区及干旱风沙大的地区，可超出高限5%~10%。

2. 三层式沥青表面处治的施工

（1）准备下承层

在清扫干净的碎（砾）石路面上铺筑沥青表面处治时，应喷洒透层油。在旧沥青路面、水泥混凝土路面、块石路面上铺筑沥青表面处治路面时，可在第一层沥青用量中增加10%~20%，不再另洒透层油或黏层油。

（2）洒布第一层沥青

沥青洒布车喷洒沥青时应保持稳定速度和喷洒量，并保持整个洒布宽度喷洒均匀。小规模工程可采用机动或手摇的手工沥青洒布机洒布沥青。洒布设备的喷嘴应适用于沥青的稠度，确保能成雾状，与洒油管成15°~25°的夹角，洒油管的高度应使同一地点接受2~3个喷油嘴喷洒的沥青，不得出现花白条。

沥青的洒布温度根据气温及沥青标号选择，石油沥青宜为130~170℃，煤沥青宜为80~120℃，乳化沥青在常温下洒布，加温洒布的乳液温度不得超过60℃。前后两车喷洒的接茬处用铁板或建筑纸铺1~1.5m，使搭接良好。分几幅浇洒时，纵向搭接宽度宜为100~150mm。撒布第二、三层沥青的搭接缝应错开。

（3）撒布第一层主集料

撒布主层沥青后应立即用集料撒布机或人工撒布第一层主集料。撒布集料后应及时扫匀，达到全面覆盖、厚度一致、集料不重叠、也不露出沥青的要求。局部有缺料时适当找补，积料过多的将多余集料扫出。两幅搭接处，第一幅撒布沥青应暂留100~150mm宽度不撒布石料，待第二幅一起撒布。

（4）碾压

撒布主集料后，不必等全段撒布完，立即用6~8t钢筒双轮压路机从路边向路中心碾压3~4遍，每次轮迹重叠约300mm。碾压速度开始不宜超过2km/h，以后可适当增加。

（5）第二、三层的施工

第二、三层的施工方法和要求应与第一层相同，但可以采用8t以上的压路机碾压。

（6）开放交通

除乳化沥青表面处治应待破乳、水分蒸发并基本成型后方可通车外，沥青表面处治在碾压结束后即可开放交通，并通过开放交通补充压实，成型稳定。在通车初期应设专人指挥交通或设置障碍物控制行车，限制行车速度不超过20km/h，严禁畜力车及铁轮车行驶，使路面全部宽度均匀压实。

(7)初期养护

沥青表面处治应注意初期养护。施工后，应在路侧另备S12(5～10mm)碎石或S14(3～5mm)石屑、粗砂或小砾石2～3m^3/1 000m^2 作为初期养护用料。当发现有泛油时，应在泛油处补撒与最后一层石料规格相同的嵌缝料并扫匀，过多的浮料应扫出路外。

双层式或单层式沥青表面处治浇洒沥青及撒布集料的次数相应减少，其施工程序和要求参照三层式沥青表面处治进行。

四、沥青贯入式路面质量控制

沥青贯入式路面适用于三级及三级以下公路，也可作为沥青路面的联结层或基层。沥青贯入式路面的厚度宜为4～8cm，但乳化沥青贯入式路面的厚度不宜超过5cm。当贯入层上部加铺拌和的沥青混合料面层成为上拌下贯式路面时，拌和层的厚度宜不小于1.5cm。沥青贯入式路面的最上层应撒布封层料或加铺拌和层，但作为联结层使用时，可不撒表面封层料。

沥青贯入式路面宜选择在干燥和较热的季节施工，并宜在日最高温度降低至15℃以前半个月结束，使贯入式结构层通过开放交通碾压成型。

1. 施工准备

(1)沥青贯入式路面的集料应选择有棱角、嵌挤性好的坚硬石料，其规格和用量宜根据贯入层厚度按表4-40或表4-41选用。沥青贯入层主层集料中大于粒径范围中值的数量不宜少于50%。主层集料最大粒径宜与贯入层厚度相当。当采用乳化沥青时，主层集料最大粒径可采用厚度的0.8～0.85倍，数量宜按压实系数1.25～1.30计算。

(2)沥青贯入式路面的结合料可采用道路石油沥青、煤沥青或乳化沥青，用量应按表4-40或表4-41选用，沥青标号按规范的相关规定选用。

(3)沥青贯入式路面施工前，基层必须清扫干净。当需要安装路缘石时，应在路缘石安装完成后施工，施工时路缘石应予遮盖。

(4)乳化沥青贯入式路面必须浇洒透层或黏层沥青。沥青贯入式路面厚度小于或等于5cm时，也应浇洒透层或黏层沥青。

沥青贯入式路面材料规格和用量 表4-40

(用量单位：集料，m^3/1 000m^2，沥青及沥青乳液，kg/m^2)

沥青品种	石油沥青					
厚度(cm)	4		5		6	
规格和用量	规格	用量	规格	用量	规格	用量
封层料	S14	3～5	S14	3～5	S13(S14)	4～6
第三遍沥青		1.0～1.2		1.0～1.2		1.0～1.2
第二遍嵌缝料	S12	6～7	S11(S10)	10～12	S11(S10)	10～12
第二遍沥青		1.6～1.8		1.8～2.0		2.0～2.2
第一遍嵌缝料	S10(S9)	12～14	S8	16～18	S8(S6)	16～18
第一遍沥青		1.8～2.1		2.4～2.6		2.8～3.0
主层石料	S5	45～50	S4	55～60	S3(S4)	66～76
沥青总用量	4.4～5.1		5.2～5.8		5.8～6.4	

续上表

沥青品种	石油沥青				乳化沥青			
厚度(cm)	7		8		4		5	
规格和用量	规格	用量	规格	用量	规格	用量	规格	用量
封层料	S13(S14)	4~6	S13(S14)	4~6	S13(S14)	4~6	S14	4~6
第五遍沥青								0.8~1.0
第四遍嵌缝料							S14	5~6
第四遍沥青					S14	0.8~1.0		1.2~1.4
第三遍嵌缝料						5~6	S12	7~9
第三遍沥青		1.0~1.2		1.0~1.2	S12	1.4~1.6		1.5~1.7
第二遍嵌缝料	S10(S11)	11~13	S10(S11)	11~13		7~8	S10	9~11
第二遍沥青		2.4~2.6		2.6~2.8	S9	1.6~1.8		1.6~1.8
第一遍嵌缝料		18~20	S6(S8)	20~22		12~14	S8	10~12
第一遍沥青	S6(S8)	3.3~3.5		4.0~4.2	S5	2.2~2.4		2.6~2.8
主层石料	S3	80~90	S1(S2)	95~100		40~45	S4	50~55
沥青总用量	6.7~7.3		7.6~8.2		6.0~6.8		7.4~8.5	

注:①煤沥青贯入式的沥青用量可较石油沥青用量增加15%~20%。

②表中乳化沥青是指乳液的用量,并适用于乳液浓度约为60%的情况,如果浓度不同,用量应予换算。

③在高寒地区及干旱风砂大的地区,可超出高限,再增加5%~10%。

上拌下贯式路面的材料规格和用量 表4-41

(用量单位:集料:m^3/1 000m^2,沥青及沥青乳液:kg/m^2)

沥青品种	石油沥青					
厚度(cm)	4		5		6	
规格和用量	规格	用量	规格	用量	规格	用量
第二遍嵌缝料	S12	5~6	S12(S11)	7~9	S12(S11)	7~9
第二遍沥青		1.4~1.6		1.6~1.8		1.6~1.8
第一遍嵌缝料	S10(S9)	12~14		16~18		16~18
第一遍沥青		2.0~2.3	S8	2.6~2.8	S8(S7)	3.2~3.4
主层石料	S5	45~50	S4	55~60	S3(S2)	66~76
沥青总用量	3.4~3.9		4.2~4.6		4.8~5.2	
沥青品种	石油沥青		乳化沥青			
厚度(cm)	7		5		6	
规格和用量	规格	用量	规格	用量	规格	用量
第四遍嵌缝料					S14	4~6
第四遍沥青						1.3~1.5
第三遍嵌缝料			S14	4~6	S12	8~10
第三遍沥青				1.4~1.6		1.4~1.6
第二遍嵌缝料	S10(S11)	8~10	S12	9~10	S9	8~12
第二遍沥青		1.7~1.9		1.8~2.0		1.5~1.7
第一遍嵌缝料	S6(S8)	18~20	S8	15~17	S6	24~26
第一遍沥青		4.0~4.2		2.5~2.7		2.4~2.6
主层石料	S2(S3)	80~90	S4	50~55	S3	50~55
沥青总用量	5.7~6.1		5.9~6.2		6.7~7.2	

注:①煤沥青贯入式的沥青用量可较石油沥青用量增加15%~20%。

②表中乳化沥青是指乳液的用量,并适用于乳液浓度约为60%的情况。

③在高寒地区及干旱风沙大的地区,可超出高限,再增加5%~10%。

④表面加铺拌和层部分的材料规格及沥青(或乳化沥青)用量按热拌沥青混合料(或乳化沥青碎石混合料路面)的有关规定执行。

2. 沥青贯入式路面施工

(1)撒料

采用碎石摊铺机、平地机或人工摊铺主层集料,铺筑后严禁车辆通行。

(2)碾压主层集料

撒布后应采用6~8t的轻型钢筒式压路机自路两侧向路中心碾压,碾压速度宜为2km/h,每次轮迹重叠约30cm,碾压一遍后检验路拱和纵向坡度,当不符合要求时,应调整找平后再压。然后用重型的钢轮压路机碾压,每次轮迹重叠1/2左右,宜碾压4~6遍,直至主层集料嵌挤稳定,无显著轮迹为止。

(3)浇撒第一层沥青

浇洒要求与沥青表面处治沥青撒布的要求相同。采用乳化沥青贯入时,为防止乳液下漏过多,可在主层集料碾压稳定后,先撒布一部分上一层嵌缝料,再浇洒主层沥青。

(4)撒布第一层嵌缝料

采用集料撒布机或人工撒布后尽量扫匀,不足处应找补。当使用乳化沥青时,石料撒布必须在乳液破乳前完成。

(5)碾压嵌缝料

嵌缝料扫匀后立即用8~12t钢筒式压路机,轮迹重叠轮宽的1/2左右,宜碾压4~6遍,直至稳定为止。碾压时随压随扫,使嵌缝料均匀嵌入。因气温较高使碾压过程中发生较大推移现象时,应立即停止碾压,待气温稍低时再继续碾压。

(6)按上述方法浇洒第二层沥青、撒布第二层嵌缝料,然后碾压,再浇洒第三层沥青。

(7)按撒布嵌缝料方法撒布封层料。

(8)采用6~8t压路机做最后碾压,宜碾压2~4遍,然后开放交通。

(9)开放交通和初期养护

表面不加铺拌和层的贯入式路面在施工结束后每1 000m^2宜另备2~3m^3与最后一层嵌缝料规格相同的细集料等供初期养护使用。其他要求与沥青表面处治相同。

铺筑上拌下贯式路面时,贯入层不撒布封层料,拌和层应紧跟贯入层施工,使上下成为一整体。贯入部分采用乳化沥青时应待其破乳、水分蒸发且成型稳定后方可铺筑拌和层,当拌和层与贯入部分不能连续施工,且要在短期内通行施工车辆时,贯入层部分的第二遍嵌缝料应增加用量2~3(m^3/1 000m^2),在摊铺拌和层沥青混合料前,应做补充碾压,并浇洒黏层沥青。

五、封层、透层、黏层施工质量控制

(一)封层

封层是指为封闭表面空隙、防止水分侵入而在沥青面层或基层上铺筑的有一定厚度的沥青混合料薄层。封层适用于加铺薄层罩面、磨耗层、水泥混凝土路面上的应力缓冲层、各种防水和密水层、预防性养护罩面层,宜选择在干燥和较热的季节施工,并在最高温度低于15℃到来以前半个月及雨季前结束。

1. 封层的类型

根据封层组成材料和施工方法的不同,封层的类型主要包括沥青表处封层、稀浆封层和微表处。

(1)沥青表处封层即采用层铺法沥青表面处治铺筑的封层,多采用单层式。

(2)稀浆封层是指用适当级配的石屑或砂、填料(水泥、石灰、粉煤灰、石粉等)与乳化沥青、外掺剂和水,按一定比例拌和而成的流动状态的沥青混合料,使用专用的摊铺机将其均匀地摊铺在路面上形成的沥青封层。稀浆封层一般用于二级及二级以下公路的预防性养护,也适用于新建公路的下封层。

(3)微表处与稀浆封层基本相同,主要不同之处是结合料采用聚合物改性乳化沥青。微表处主要用于高速公路及一级公路的预防性养护以及填补轻度车辙,也适用于新建公路的抗滑磨耗层。

2. 封层的设置

封层按其设置位置的不同分为上封层和下封层。上封层铺设于面层的表面,下封层铺设于面层和基层之间。

(1)上封层

根据情况可选择乳化沥青稀浆封层、微表处、改性沥青集料封层、薄层磨耗层或其他适宜的材料。铺设上封层的下卧层必须彻底清扫干净,对车辙、坑槽、裂缝进行处理或挖补。上封层的类型根据使用目的、路面的破损程度选用。

①裂缝较细、较密的可采用涂洒类密封剂、软化再生剂等涂刷罩面;

②对二级及二级以下公路的旧沥青路面可以采用普通的乳化沥青稀浆封层,也可在喷洒道路石油沥青后撒布石屑(砂)后碾压做封层;

③对高速公路、一级公路有轻微损坏的宜铺筑微表处;

④对用于改善抗滑性能的上封层可采用稀浆封层、微表处或改性沥青集料封层。

(2)下封层

①多雨潮湿地区的高速公路、一级公路的沥青面层空隙率较大,有严重渗水可能,或铺筑基层不能及时铺筑沥青面层而需通行车辆时,宜在喷洒透层油后铺筑下封层。

②下封层宜采用层铺法表面处治或稀浆封层法施工。稀浆封层可采用乳化沥青或改性乳化沥青作结合料。下封层的厚度不宜小于6mm,且做到完全密水。

③以层铺法沥青表面处治铺筑下封层时,通常采用单层式,表4-39中的矿料用量宜为5~8($m^3/1\,000m^2$),沥青用量可采用要求范围的中高限。

(二)透层

透层是指为使沥青面层与非沥青材料基层结合良好,在基层上喷洒液体石油沥青、乳化沥青、煤沥青而形成的透入基层表面一定深度的薄层。沥青路面各类基层都必须喷洒透层油,沥青层必须在透层油完全渗透入基层后方可铺筑。基层上设置下封层时,透层油不宜省略。气温低于10℃或大风、即将降雨时不得喷洒透层油。

1. 材料要求

根据基层类型选择渗透性好的液体沥青、乳化沥青、煤沥青作透层油,喷洒后通过钻孔或挖掘确认透层油渗透入基层的深度宜不小于5mm(无机结合料稳定集料基层)~10mm(无结合料基层),并能与基层联结成为一体。透层油的质量应符合相应规范的要求,并通过调节稀释剂的用量或乳化沥青的浓度得到适宜的黏度,基质沥青的针入度通常宜不小于100。透层油的用量通过试洒确定,不宜超出表4-42要求的范围。

2. 施工要求

(1)用于半刚性基层的透层油宜紧接在基层碾压成型后表面稍变干燥、但尚未硬化的情况下喷洒。在无结合料粒料基层上洒布透层油时,宜在铺筑沥青层前1~2天洒布。

沥青路面透层材料的规格和用量表 表4-42

用途	液体沥青		乳化沥青		煤沥青	
	规格	用量(L/m^2)	规格	用量(L/m^2)	规格	用量(L/m^2)
无结合料粒料基层	AL(M)-1、2或3 AL(S)-1、2或3	1.0~2.3	PC-2 PA-2	1.0~2.0	T-1 T-2	1.0~1.5
半刚性基层	AL(M)-1或2 AL(S)-1或2	0.6~1.5	PC-2 PA-2	0.7~1.5	T-1 T-2	0.7~1.0

注:表中用量是指包括稀释剂和水分等在内的液体沥青、乳化沥青的总量。乳化沥青中的残留物含量以50%为基准。

(2)透层油宜采用沥青洒布车一次喷洒均匀,使用的喷嘴宜根据透层油的种类和黏度选择并保证均匀喷洒,沥青洒布车喷洒不均匀时宜改用手工沥青洒布机喷洒。透层油洒布要求与层铺法沥青表面处治相同。

(3)喷洒透层油前应清扫路面,遮挡防护路缘石及人工构造物避免污染。透层油必须洒布均匀,有花白遗漏应人工补洒,喷洒过量的立即洒布石屑或砂吸油,必要时做适当碾压,洒布后不得在表面形成能被运料车和摊铺机粘起的油皮。透层油达不到渗透深度要求时,应更换透层油稠度或品种。

(4)透层油洒布后的养生时间随透层油的品种和气候条件由试验确定,确保液体沥青中的稀释剂全部挥发,乳化沥青渗透且水分蒸发,然后尽早铺筑沥青面层,防止工程车辆损坏透层。

(三)黏层

黏层是指为加强路面沥青层与沥青层之间、沥青层与水泥混凝土路面之间的黏结而洒布的沥青材料薄层。符合下列情况之一时,必须喷洒黏层油。

(1)双层式或三层式热拌热铺沥青混合料路面的沥青层之间;

(2)水泥混凝土路面、沥青稳定碎石基层或旧沥青路面层上加铺沥青层;

(3)路缘石、雨水口、检查井等构造物与新铺沥青混合料接触的侧面。

1. 材料要求

黏层油宜采用快裂或中裂乳化沥青、改性乳化沥青,也可采用快、中凝液体石油沥青,其规格和质量应符合相应规范的要求,所使用的基质沥青标号宜与主层沥青混合料相同。黏层油品种和用量,应根据下卧层的类型通过试洒确定,并符合表4-43的要求。当黏层油上铺筑薄层大空隙排水路面时,黏层油的用量宜增加到0.6~1.0L/m^2。在沥青层之间兼作封层而喷洒的黏层油宜采用改性沥青或改性乳化沥青,其用量宜不少于1.0L/m^2。

沥青路面黏层材料的规格和用量表 表4-43

下卧层类型	液体沥青		乳化沥青	
	规格	用量(L/m^2)	规格	用量(L/m^2)
新建沥青层或旧沥青路面	AL(R)-3~AL(R)-6 AL(M)-3~AL(M)-6	0.3~0.5	PC-3 PA-3	0.3~0.6
水泥混凝土	AL(M)-3~AL(M)-6 AL(S)-3~AL(S)-6	0.2~0.4	PC-3 PA-3	0.3~0.5

注:表中用量是指包括稀释剂和水分等在内的液体沥青、乳化沥青的总量。乳化沥青中的残留物含量以50%为基准。

2. 施工要求

(1)黏层油宜采用沥青洒布车喷洒,并选择适宜的喷嘴,洒布速度和喷洒量保持稳定。当采用机动或手摇的手工沥青洒布机喷洒时，必须由熟练的技术工人操作，均匀洒布。气温低于10℃时不得喷洒黏层油，寒冷季节施工不得不喷洒时可以分成两次喷洒。路面潮湿时不得喷洒黏层油，用水洗刷后需待表面干燥后喷洒。

(2)喷洒的黏层油必须成均匀雾状，在路面全宽度内均匀分布成一薄层，不得有洒花漏空或成条状，也不得有堆积。喷洒不足的要补洒，喷洒过量处应予刮除。喷洒黏层油后，严禁运料车外的其他车辆和行人通过。

(3)黏层油宜在当天洒布，待乳化沥青破乳、水分蒸发完成，或稀释沥青中的稀释剂基本挥发完成后，紧跟着铺筑沥青层，确保黏层不受污染。

第四节　水泥混凝土路面施工质量控制

水泥混凝土路面，包括普通混凝土、钢筋混凝土、连续配筋混凝土、预应力混凝土、装配式混凝土和钢纤维混凝土等面层板和基(垫)层所组成的路面。目前采用最广泛的是就地浇筑的普通混凝土路面，简称混凝土路面。

限于篇幅，本节仅介绍普通混凝土路面的施工质量控制。所谓普通混凝土路面，是指除接缝区和局部范围(边缘和角隅)外不配置钢筋的混凝土路面。与其他类型路面相比，混凝土路面具有以下优点：

(1)强度高，刚度大，混凝土路面具有很高的抗压强度和较高的抗弯拉强度，板体性好，具有较高的承载能力和扩散荷载的能力。

(2)稳定性好，混凝土路面的水稳性和温度稳定性均较好，能适应气候条件的急剧变化，而且它的强度能随时间而增长。

(3)耐久性好，由于混凝土路面的强度高、稳定性好，所以它经久耐用，一般能使用20～40年。

(4)有利于夜间行车，混凝土路面色泽鲜明，能见度好，对夜间行车有利。

但是，混凝土路面也存在一些缺点，主要有以下几方面：

(1)对水泥和水的需要量大，修筑0.2m厚、7m宽的混凝土路面，每1 000m要耗费水泥约400～500t和水约250t，尚不包括养生用的水在内，这给水泥供应不足和缺水地区带来较大困难。

(2)接缝多，接缝是混凝土路面的薄弱处，不但增加施工和养护的复杂性，而且容易引起行车跳动，影响行车的舒适性。若处理不当，将导致唧泥、错台和断裂等病害的出现。

(3)开放交通较迟，一般混凝土路面完工后，要经过14～28天的养生期，以获得足够的强度增长，才能开放交通。如需提早开放交通，则需采取特殊措施。

(4)修复困难，混凝土路面损坏后，开挖很困难，修补工作量也大，且影响交通。

一、水泥混凝土配合比

普通混凝土路面的配合比设计应满足弯拉强度、工作性、耐久性和经济性的要求。

1. 配合比设计方法和步骤

(1)确定配制28d混凝土弯拉强度的均值

$$f_c = \frac{f_r}{1 - 1.04c_v} + ts \tag{4-5}$$

式中：f_c——配制 28d 弯拉强度的均值（MPa）；

f_r——设计弯拉强度标准值（MPa），应按表 4-44 确定；

s——弯拉强度试验样本的标准差（MPa）；

t——保证率系数，应按表 4-45 确定；

c_v——弯拉强度变异系数，应按统计数据在表 4-46 的规定范围内取值。

混凝土路面板设计强度标准值和弹性模量 表 4-44

交通等级	特重	重	中等	轻
混凝土设计弯拉强度标准值 f_r（MPa）	5.0	5.0	4.5	4.0
混凝土弯拉弹性模量 E_c（MPa）	31 000	30 000	29 000	27 000

注：在特重交通的特殊路段，通过论证，可使用设计弯拉强度标准值 5.5MPa，弯拉弹性模量 33 000MPa。

保证率系数 t 表 4-45

公路技术等级	判别概率 p	样本数 n（组）				
		3	6	9	15	20
高速公路	0.05	1.36	0.79	0.61	0.45	0.39
一级公路	0.10	0.95	0.59	0.46	0.35	0.30
二级公路	0.15	0.72	0.46	0.37	0.28	0.24
三、四级公路	0.20	0.56	0.37	0.29	0.22	0.19

各级公路混凝土路面弯拉强度变异系数 表 4-46

公路技术等级	高速公路	一级公路		二级公路	三、四级公路	
混凝土弯拉强度变异水平等级	低	低	中	中	中	高
弯拉强度变异系数允许变化范围	0.05 ~ 0.10	0.05 ~ 0.10	0.10 ~ 0.15	0.10 ~ 0.15	0.10 ~ 0.15	0.15 ~ 0.20

（2）水灰（胶）比的计算和确定

碎石或碎卵石混凝土：

$$\frac{W}{C}=\frac{1.5684}{f_c+1.0097-0.3595f_s} \tag{4-6}$$

卵石混凝土：

$$\frac{W}{C}=\frac{1.2618}{f_c+1.5492-0.4709f_s} \tag{4-7}$$

式中：$\frac{W}{C}$——水灰比；

f_s——水泥实测 28d 抗折强度（MPa）。

掺用粉煤灰时，应计入超量取代法中代替水泥的那一部分粉煤灰用量（代替砂的超量部分不计入），用水胶比 $\frac{W}{C+F}$ 代替 $\frac{W}{C}$。

应在满足弯拉强度计算值和耐久性（表 4-47）两者要求的水灰（胶）比中取小值。

混凝土满足耐久性要求的最大水灰(胶)比 表4-47

公路技术等级	高速公路、一级公路	二级公路	三、四级公路
最大水灰(胶)比	0.44	0.46	0.48
抗冰冻要求最大水灰(胶)比	0.42	0.44	0.46
抗盐冻要求最大水灰(胶)比	0.40	0.42	0.44

注:水灰(胶)比计算以砂石料的自然风干状态计(砂含水量≤1.0%;石子含水量≤0.5%)。

(3)砂率的确定

砂率应根据砂的细度模数和粗集料种类,查表4-48取值。在软做抗滑槽时,砂率在表列基础上可增大1%~2%。

砂的细度模数与最优砂率关系 表4-48

砂细度模数		2.2~2.5	2.5~2.8	2.8~3.1	3.1~3.4	3.4~3.7
砂率 S_P(%)	碎石	30~34	32~36	34~38	36~40	38~42
	卵石	28~32	30~34	32~36	34~38	36~40

注:碎卵石可在碎石和卵石混凝土之间内插取值。

(4)单位用水量的确定

根据粗集料种类和表4-49中适宜的坍落度分别按下列经验公式计算单位用水量(砂石料以自然风干状态计):

$$\text{碎石}:W_o=104.97+0.309S_L+11.27\frac{C}{W}+0.61S_P \tag{4-8}$$

$$\text{卵石}:W_o=86.89+0.370S_L+11.24\frac{C}{W}+1.00S_P \tag{4-9}$$

式中:W_o——不掺外加剂与掺合料混凝土的单位用水量(kg/m^3);

S_L——坍落度(mm);

S_P——砂率(%);

$\frac{C}{W}$——灰水比,水灰比的倒数。

掺外加剂的混凝土单位用水量应按下式计算:

$$W_{ow}=W_o\left(1-\frac{\beta}{100}\right) \tag{4-10}$$

式中:W_{ow}——掺外加剂混凝土的单位用水量(kg/m^3);

β——所用外加剂剂量的实测减水率(%)。

单位用水量应取计算值和表4-49的规定值两者中的小值。

不同路面施工方式混凝土坍落度及最大单位用水量 表4-49

摊铺方式	滑模摊铺机		轨道摊铺机		三辊轴机组		小型机具	
粗集料种类	碎石	卵石	碎石	卵石	碎石	卵石	碎石	卵石
摊铺坍落度(mm)	25~50	20~40	20~40		10~30		0~20	
最大单位用水量(kg/m^3)	160	155	156	153	153	148	150	145

(5)单位水泥用量

单位水泥用量应按下式计算,并取计算值与表4-50规定值两者中的大值。

$$C_o=\left(\frac{C}{W}\right)W_o \tag{4-11}$$

式中：C_o——单位水泥用量(kg/m³)。

混凝土满足耐久性要求的最小单位水泥用量(kg/m³)　　表 4-50

公路技术等级		高速公路、一级公路	二级公路	三、四级公路
最小单位水泥用量	42.5 级	300	300	290
	32.5 级	310	310	305
抗冰(盐)冻时最小单位水泥用量	42.5 级	320	320	315
	32.5 级	330	330	325
掺粉煤灰时最小单位水泥用量	42.5 级	260	260	255
	32.5 级	280	270	265
抗冰(盐)冻掺粉煤灰最小单位水泥用量	42.5 级	280	270	265

注：掺粉煤灰，并有抗冰(盐)冻要求时，不得使用 32.5 级水泥。

(6)砂石料用量

砂石料用量可按密度法或体积法计算。按密度法计算时，混凝土单位质量可取 2 400 ~ 2 450kg/m³；按体积法计算时，应计入设计含气量。采用超量取代法掺用粉煤灰时，超量部分应代替砂，并折减用砂量。

①密度法

由式(4-8)和式(4-9)联立可求得单位粗、细集料用量。

$$C_o + G_o + S_o + W_o = \rho_h \tag{4-12}$$

$$\frac{S_o}{S_o + G_o} \times 100 = S_P \tag{4-13}$$

式中：G_o——单位粗集料用量(kg/m³)；

S_o——单位细集料用量(kg/m³)；

ρ_h——混凝土单位质量(kg/m³)。

②体积法

由式(4-9)和式(4-10)联立可求得单位粗、细集料用量。

$$\frac{C_0}{\rho_C} + \frac{G_0}{\rho_G} + \frac{S_0}{\rho_S} + \frac{W_0}{\rho_W} + 0.01\alpha = 1 \tag{4-14}$$

式中：ρ_C——水泥的密度(kg/m³)；

ρ_W——水的密度(kg/m³)；

ρ_G——粗集料的表观密度(kg/m³)；

ρ_S——细集料的表观密度(kg/m³)；

α——混凝土设计含气量(%)；当不使用含气型外加剂时，α 可取为 1。

2. 配合比确定与调整

由上述各经验公式推算得出的普通混凝土配合比，应在实验室内按下述步骤和《公路工程水泥及水泥混凝土试验规程》(JTG E053—2005)规定方法进行试配检验和调整：

(1)首先检验各种混凝土拌合物是否满足不同摊铺方式的最佳工作性要求。检验项目包括含气量、坍落度及其损失、振动黏度系数、改进 VC 值、外加剂品种及其最佳掺量。在工作性和含气量不满足相应摊铺方式要求时，可在保持水灰(胶)比不变的前提下调整单位用水量、外加剂掺量或砂率，不得减小满足计算弯拉强度及耐久性要求的单位水泥用量。

(2)对于采用密度法计算的配合比，应实测拌合物视密度，并应按视密度调整配合比，调整时水灰比不得增大，单位水泥用量不得减小，调整后的拌合物视密度允许偏差为 ±2.0%。实测拌合物含气量 α(%)及其偏差应满足表4-51的规定，不满足要求时，应调整引气剂掺量直至达到规定含气量。

路面混凝土含气量及允许偏差(%) 表4-51

最大公称粒径(mm)	无抗冻性要求	有抗冻性要求	有抗盐冻要求
19.0	4.0±1.0	5.0±0.5	6.0±0.5
26.5	3.5±1.0	4.5±0.5	5.5±0.5
31.5	3.5±1.0	4.0±0.5	5.0±0.5

(3)以初选水灰(胶)比为中心，按0.02增减幅度选定2～4个水灰(胶)比，制作试件，检验各种混凝土7d和28d配制弯拉强度、抗压强度、耐久性等指标(有抗冻性要求的地区，抗冻性为必测项目，耐磨性及干缩为选测项目)。也可保持计算水灰(胶)比不变，以初选单位水泥用量为中心，按15～20kg/m^{3}增减幅度选定2～4个单位水泥用量，制作试件并做上述各项检验。

(4)施工单位通过上述各项指标检验提出的配合比，在经监理或建设方中心实验室验证合格后，方可确定为实验室基准配合比。

(5)实验室的基准配合比应通过搅拌楼实际拌和检验和不小于200m试验路段的验证，并应根据料场砂石料含水量、拌合物实测视密度、含气量、坍落度及其损失，调整单位用水量、砂率或外加剂掺量。调整时，水灰(胶)比、单位水泥用量不得减小。考虑施工中原材料含泥量、泥块含量、含水量变化和施工变异性等因素，单位水泥用量应适当增加5～10kg。满足试拌试铺的工作性、28d(至少7d)配制弯拉强度、抗压强度和耐久性等要求的配合比，经监理或建设方批准后方可确定为施工配合比。

(6)施工期间配合比的微调与控制应符合下列要求：

①根据施工季节、气温和运距等的变化，可微调缓凝(高效)减水剂、引气剂或保塑剂的掺量，保持摊铺现场的坍落度始终适宜于铺筑，且波动最小。

②降雨后，应根据每天不同时间的气温及砂石料实际含水量变化，微调加水量，同时微调砂石料称量，其他配合比参数不得变更，维持施工配合比基本不变。雨天或砂石料变化时应加强控制，保持现场拌合物工作性始终适宜摊铺和稳定。

二、水泥混凝土路面施工质量控制

(一)施工准备阶段

1. 原材料检查

应根据路面施工进度安排，保证及时地供给符合前述原材料技术指标规定的各种原材料，不合格原材料不得进场。所有原材料进出场应进行称量、登记、保管或签发。

应将相同料源、规格、品种的原材料作为一批，分批量检验和储存。原材料的检验项目和批量应符合规范的规定。

2. 审批混凝土的配合比设计

开工前，工地实验室应对计划使用的原材料进行质量检验和混凝土配合比优选，监理应对原材料抽检和配合比试验验证，报请业主正式审批。

3. 审查施工组织设计

施工单位应根据设计图纸、合同文件、摊铺方式、机械设备、施工条件等确定混凝土路面施工工艺流程、施工方案,进行详细的施工组织设计。

4. 检查搅拌场的设置

搅拌场宜设置在摊铺路段的中间位置。搅拌场内部布置应满足原材料储运、混凝土运输、供水、供电、钢筋加工等使用要求,并尽量紧凑,减少占地。原材料与混凝土运输车辆不应相互干扰。搅拌楼下宜采用厚度不薄于200mm的混凝土铺装层。

砂石料场应建在排水通畅的位置,其底部应做硬化处理。不同规格的砂石料之间应有隔离设施,并设标志牌,严禁混杂。在低温天、雨天、大风天及日照强烈的条件下,应在砂石料堆上部架设顶篷或覆盖,覆盖砂石料数量不宜少于正常施工一周的用量。施工前,宜储备正常施工10～15d的砂石料。

5. 设备检查

施工单位开工前必须对机械设备、测量仪器、基准线或模板、机具工具及各种试验仪器等进行全面地检查、调试、校核、标定、维修和维护。主要施工机械的易损零部件应有适量储备。

6. 检查施工放样

施工单位应根据设计文件,测量校核平面和高程控制桩,复测和恢复路面中心、边缘全部基本标桩,测量精确度应满足相应规范的规定。

7. 检查下承层

垫层、基层应符合相关规范的规定,基层和封层若有局部损坏应采取有效措施进行彻底修复,经质量检验合格,并由监理工程师签认后,方可铺筑水泥混凝土面层。

8. 铺筑试验路段

二级及其以上公路混凝土路面工程,使用滑模、轨道、三辊轴机组机械施工时,在正式摊铺混凝土路面前,必须铺筑试验路段。试验路段长度不应短于200m,高速公路、一级公路宜在主线路面以外进行试铺,路面厚度、摊铺宽度、接缝设置、钢筋设置等均应与实际工程相同。

试验路段分为试拌及试铺两个阶段,通过试验路段应达到下述目的:

(1)通过试拌检验搅拌楼性能及确定合理搅拌工艺,检验适宜摊铺的搅拌楼拌和参数:上料速度,拌和容量,搅拌均匀所需时间,新拌混凝土坍落度、振动黏度系数、含气量、泌水性、VC值和生产使用的混凝土配合比等。

(2)通过试铺检验主要机械的性能和生产能力,检验辅助施工机械组配合理性,检验路面摊铺工艺和质量:模板架设固定方式或基准线设置方式,摊铺机械(具)的适宜工作参数,包括:松铺高度、摊铺速度、振捣时间与频率、滚压遍数、中间和侧向拉杆置入情况等。检验整套施工工艺流程。

(3)使工程技术及工作人员熟悉并掌握各自的操作要领。

(4)按施工工艺要求检验施工组织形式和人员编制。

(5)建立混凝土原材料、拌合物、路面铺筑全套技术性能检验手段,熟悉检验方法。

(6)检验通信联络和生产调度指挥系统。

试铺中,施工人员应认真做好记录,监理工程师或质监部门应监督检查试验段的施工质量,及时与施工单位商定并解决问题。试验段铺筑后,施工单位应提出试验路段总结报告,上报监理和业主批复,取得正式开工认可。

(二)施工阶段的质量控制

1. 混凝土拌合物的搅拌

(1)所有公路水泥混凝土路面施工均应使用强制搅拌楼(站),高速公路和一级、二级公路应采用计算机自动控制强制搅拌楼(站)。搅拌楼的生产能力应根据工程量大小和施工进度要求配置。

(2)拌和技术要求

①每台搅拌楼在投入生产前,必须进行标定和试拌。施工中应每15d校验一次搅拌楼计量精确度。搅拌楼配料计量偏差不得超过表4-52的规定。不满足时,应分析原因,排除故障,确保拌和计量精确度。采用计算机自动控制系统的搅拌楼时,应使用自动配料生产,并按需要打印每天(周、旬、月)对应路面摊铺桩号的混凝土配料统计数据及偏差。

搅拌楼的混凝土拌和计量允许偏差(%) 表4-52

材料名称	水泥	掺合料	砂	粗集料	水	外加剂
高速公路、一级公路	±1	±1	±2	±2	±1	±1
其他公路	±2	±2	±3	±3	±2	±2

②应根据拌合物的黏聚性、均质性及强度稳定性试拌确定最佳拌和时间。一般情况下,单立轴式搅拌机总拌和时间宜为80~120s,全部原材料到齐后的最短纯拌和时间不宜短于40s;行星立轴和双卧轴式搅拌机总拌和时间为60~90s,最短纯拌和时间不宜短于35s;连续双卧轴搅拌楼的最短拌和时间不宜短于40s。最长总拌和时间不应超过高限值的2倍。

③混凝土拌和过程中,不得使用沥水、夹冰雪、表面沾染尘土和局部曝晒过热的砂石料。

④加入搅拌锅的外加剂溶液应充分溶解,并搅拌均匀。有沉淀的外加剂溶液,应每天清除一次稀释池中的沉淀物。

⑤粉煤灰或其他掺合料应采用与水泥相同的输送、计量方式加入。粉煤灰混凝土的纯拌和时间应比不掺的延长10~15s。

(3)拌合物质量检验与控制应符合下列要求:

①搅拌过程中,应按规范规定的检测项目和频率进行拌合物质量检验与控制。低温或高温天气施工时,拌合物出料温度宜控制在10~35℃。并应测定原材料温度、拌合物的温度、坍落度损失率和凝结时间等。

②拌合物应均匀一致,有生料、干料、离析或外加剂、粉煤灰成团现象的非均质拌合物严禁用于路面摊铺。一台搅拌楼的每盘之间,各搅拌楼之间,拌合物的坍落度最大允许偏差为±10mm。拌和坍落度应为最适宜摊铺的坍落度值与当时气温下运输坍落度损失值两者之和。

2. 混凝土拌合物的运输

(1)运输车辆

可选配车况优良、载重量5~20t的自卸车,自卸车后挡板应关闭紧密,运输时不漏浆撒料,车厢板应平整光滑。远距离运输时,宜选配混凝土罐车。

(2)运输技术要求

①应根据施工进度、运量、运距及路况,选配车型和车辆总数,总运力应比总拌和能力略有富余,并确保新拌混凝土在规定时间内运到摊铺现场。

②运输到现场的拌合物必须具有适宜摊铺的工作性。不同摊铺工艺的混凝土拌合物从搅拌机出料到运输、铺筑完毕的允许最长时间应符合表4-53的规定。不满足时应通过试验、加大缓凝剂或保塑剂的剂量。

混凝土拌和物出料到运输、铺筑完毕允许最长时间 表 4-53

施工气温(℃)	到运输完毕允许最长时间(h)		到铺筑完毕允许最长时间(h)	
	滑模、轨道	三轴、小机具	滑模、轨道	三轴、小机具
5~9	2.0	1.5	2.5	2.0
10~19	1.5	1.0	2.0	1.5
20~29	1.0	0.75	1.5	1.25
30~35	0.75	0.50	1.25	1.0

注:施工气温指施工时间的日间平均气温,使用缓凝剂延长凝结时间后,本表数值可增加0.25~0.5h。

③运送混凝土的车辆装料前,应清净厢罐,洒水润壁,排干积水。装料时,自卸车应挪动车位,防止离析。搅拌楼卸料落差不应大于2m。

④混凝土运输过程中应防止漏浆、漏料和污染路面,途中不得随意耽搁。自卸车运输应减小颠簸,防止拌合物离析,车辆起步和停车应平稳。

⑤超过表4-53规定摊铺允许最长时间的混凝土不得用于路面摊铺。混凝土一旦在车内停留超过初凝时间,应采取紧急措施处置,严禁混凝土硬化在车厢(罐)内。

⑥烈日、大风、雨天和低温天远距离运输时,自卸车应遮盖混凝土,罐车宜加保温隔热套。

⑦使用自卸车运输混凝土最远运输半径不宜超过20km。

⑧运输车辆在模板或导线区调头或错车时,严禁碰撞模板或基准线,一旦碰撞,应告知测工重新测量纠偏。

⑨车辆倒车及卸料时,应有专人指挥。卸料应到位,严禁碰撞摊铺机和前场施工设备及测量仪器。卸料完毕,车辆应迅速离开。

3. 混凝土面层铺筑

混凝土面层的铺筑方式包括滑模铺筑、轨道铺筑、三辊轴机组铺筑、小型机具铺筑和碾压混凝土路面铺筑。限于篇幅,此处仅介绍滑模机械铺筑和小型机具铺筑。

(1)滑模机械铺筑

①基准线设置。基准线桩应钉牢固,纵向间距直线段不应大于10m,竖、平曲线路段视曲线半径大小应加密布置,最小2.5m。基准线的设置精确度应符合表4-54规定。单根基准线的最大长度不宜大于450m,拉力不应小于1 000N。基准线设置后,严禁扰动、碰撞和振动。一旦碰撞变位,应立即重新测量纠正。多风季节施工,应缩小基准线桩间距。

基准线设置精确度要求 表 4-54

项目	中线平面偏位(mm)	路面宽度偏差(mm)	面板厚度(mm)		纵断高程偏差(mm)	横坡偏差(%)	连接纵缝高差(mm)
			代表值	极值			
规定值	≤10	≤+15	≥-3	≥-8	±5	±0.10	±1.5

注:在基准线上单车道一个横断面测3点、双车道测5点测定板厚,其平均值为该断面平均板厚。断面平均板厚不应薄于其代表值;极小值不应薄于极值。每200m测10个断面,其均值为该路段平均板厚,路段平均板厚不应小于设计板厚。不满足上述要求,不得摊铺面板。

②摊铺准备。所有施工设备和机具均应处于良好状态,并全部就位。基层、封层表面及履带行走部位应清扫干净。摊铺面板位置应洒水湿润,但不得积水。

横向连接摊铺时,前次摊铺路面纵缝的溜肩胀宽部位应切割顺直。侧边拉杆应校正扳直,缺少的拉杆应钻孔锚固植入。纵向施工缝的上半部缝壁应满涂沥青。

③铺筑作业。操作滑模摊铺机应缓慢、匀速、连续不间断地作业。严禁料多追赶,然后随

意停机等待,间歇摊铺。摊铺速度应根据拌合物稠度、供料多少和设备性能控制在 0.5 ~ 3.0m/min之间,一般宜控制在 1m/min 左右。拌合物稠度发生变化时,应先调振捣频率,后改变摊铺速度。

正常摊铺时,振捣频率可在 6 000r/min ~ 11 000r/min 之间调整,宜采用 9 000r/min 左右。应防止混凝土过振、欠振或漏振。应根据混凝土的稠度大小,随时调整摊铺的振捣频率或速度。

摊铺中的滑模摊铺机停机等料最长时间超过当时气温下混凝土初凝时间的 4/5 时,应将滑模摊铺机迅速开出摊铺工作面,并做施工缝。

滑模摊铺过程中应采用自动抹平板装置进行抹面。对少量局部麻面和明显缺料部位,应在挤压板后或搓平梁前补充适量拌合物,由搓平梁或抹平板机械修整。滑模摊铺的混凝土面板在下列情况下,可用人工进行局部修整:用人工操作抹面抄平器,精整摊铺后表面的小缺陷,但不得在整个表面加薄层修补路面高程;对纵缝边缘出现的倒边、塌边、溜肩现象,应顶侧模或在上部支方铝管进行边缘补料修整;对起步和纵向施工接头处,应采用水准仪抄平并采用大于 3m 的靠尺边测边修整。

(2)小型机具铺筑

①模板技术要求。公路混凝土路面的施工模板应采用刚度足够的槽钢或钢制边侧模板,不应使用木模板、塑料模板等其他易变形的模板。模板的精确度应符合表 4-55 的规定。钢模板的高度应为面板设计厚度,模板长度宜为 3 ~ 5m。需设置拉杆时,模板应设拉杆插入孔。每米模板应设置 1 处支撑固定装置,见图 4-6a)、图 4-6b),模板垂直度用垫木楔方法调整,横向施工缝端模板应按设计规定的传力杆直径和间距设置传力杆插入孔和定位套管。两边缘传力杆到自由边距离不宜小于 150mm。每米设置 1 个垂直固定孔套。工作缝端模侧立面见图 4-7。

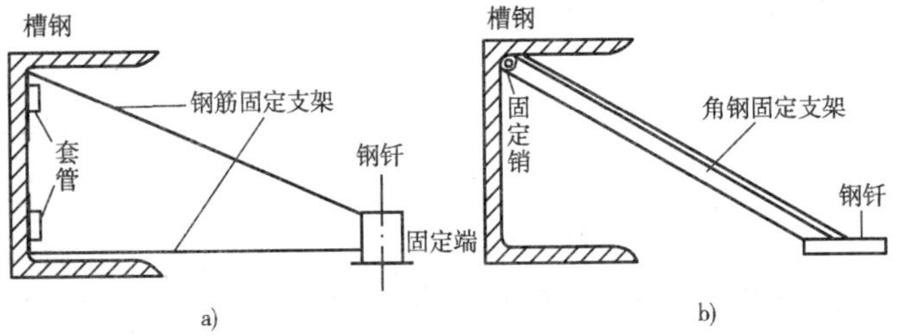

图 4-6　模板支撑固定装置

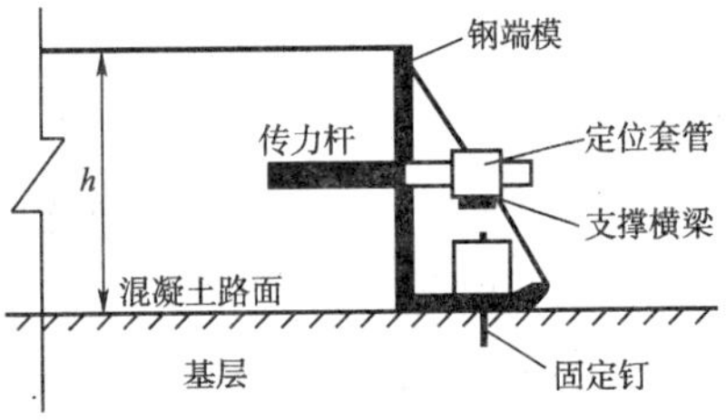

图 4-7　工作缝端模侧立面

模板(加工矫正)允许偏差　　表 4-55

施工方式	高度偏差(mm)	局部变形(mm)	垂直边夹角(°)	顶面平整度(mm)	侧面平整度(mm)	纵向变形(mm)
三辊轴机组	±1	±2	90 ±2	±1	±2	±2
轨道摊铺机	±1	±2	90 ±1	±1	±2	±1
小型机具	±2	±3	90 ±3	±2	±3	±3

②模板安装。支模前在基层上应进行模板安装及摊铺位置的测量放样,核对路面高程、面板分块、胀缝和构造物位置。纵横曲线路段应采用短模板,每块模板中点应安装在曲线切点上。

模板应安装稳固、顺直、平整,无扭曲,相邻模板连接应紧密平顺,不得有底部漏浆、前后错茬、高低错台等现象。模板应能承受摊铺、振实、整平设备的负载行进、冲击和振动时不发生位移。严禁在基层上挖槽，嵌入安装模板。模板安装精确度应符合表4-56的规定。

模板安装检验合格后，与混凝土拌合物接触的表面应涂脱模剂或隔离剂；接头应粘贴胶带或塑料薄膜等密封。

模板安装精确度要求 表4-56

检测项目		施工方式		
		轨道摊铺机	三辊轴机组	小型机具
平面偏位(mm)，≤		5	10	15
摊铺宽度偏差(mm)，≤		5	10	15
面板厚度(mm)，≥	代表值	-3	-3	-4
	极值	-8	-8	-9
纵断高程偏差(mm)		±5	±5	±10
横坡偏差(%)		±0.10	±0.10	±0.20
相邻板高差(mm)，≤		1	1	2
顶面接茬3m尺平整度(mm)，≤		1	1.5	2
模板接缝宽度(mm)，≤		2	3	3
侧向垂直度(mm)，≤		2	3	4
纵向垂直度(mm)，≤		2	3	4

③摊铺。混凝土拌合物摊铺前，应对模板的位置及支撑稳固情况，传力杆、拉杆的安设等进行全面检查，修复破损基层，并洒水润湿，用厚度标尺板全面检测板厚与设计值相符，方可开始摊铺。

应由专人指挥自卸车，尽量准确卸料。人工布料应用铁锹反扣，严禁抛掷和耧耙。人工摊铺混凝土拌合物的坍落度应控制在5~20mm之间，拌合物松铺系数宜控制在1.10~1.25之间，料偏干，取较高值；反之，取较低值。

因故造成1h以上停工或达到2/3初凝时间，致使拌合物无法振实时，应在已铺筑好的面板端头设置施工缝，废弃不能被振实的拌合物。

④插入式振捣棒振实。在待振横断面上，每车道路面应使用2根振捣棒，组成横向振捣棒组，沿横断面连续振捣密实，并应注意路面板底、内部和边角处不得欠振或漏振。

振捣棒在每一处的持续时间，应以拌合物全面振动液化，表面不再冒气泡和泛水泥浆为限，不宜过振，也不宜少于30s。振捣棒的移动间距不宜大于500mm；至模板边缘的距离不宜大于200mm。应避免碰撞模板、钢筋、传力杆和拉杆。振捣棒插入深度宜离基层30~50mm，振捣棒应轻插慢提，不得猛插快拔，严禁在拌合物中推行和拖拉振捣棒振捣。

振捣时，应辅以人工补料，应随时检查振实效果、模板、拉杆、传力杆和钢筋网的移位、变形、松动、漏浆等情况，并及时纠正。

⑤振动板振实。在振捣棒已完成振实的部位，可开始振动板纵横交错两遍全面提浆振实。振动板移位时，应重叠100~200mm，振动板在一个位置的持续振捣时间不应少于15s。振动板须由两人提拉振捣和移位，不得自由放置或长时间持续振动。移位控制以振动板底部和边缘泛浆厚度3±1mm为限。缺料的部位，应辅以人工补料找平。

⑥振动梁振实。振动梁应具有足够的刚度和质量，底部应焊接或安装深度4mm左右的粗

集料压实齿，保证(4±1)mm 的表面砂浆厚度。

振动梁应垂直路面中线沿纵向拖行，往返 2～3 遍，使表面泛浆均匀平整。在振动梁拖振整平过程中，缺料处应使用混凝土拌合物填补，不得用纯砂浆填补；料多的部位应铲除。

⑦整平饰面。振动梁振实后，应拖动滚杠往返 2～3 遍提浆整平。第一遍应短距离缓慢推滚或拖滚，以后应较长距离匀速拖滚，并将水泥浆始终赶在滚杠前方。多余水泥浆应铲除，拖滚后的表面宜采用 3m 刮尺，纵横各 1 遍整平饰面，或采用叶片式或圆盘式抹面机往返 2～3 遍压实整平饰面。

在抹面机完成作业后，应进行清边整缝，清除黏浆，修补缺边、掉角。应使用抹刀将抹面机留下的痕迹抹平，当烈日暴晒或风大时，应加快表面的修整速度，或在防雨篷遮阴下进行。精平饰面后的面板表面应无抹面印痕，致密均匀，无露骨，平整度应达到规定要求。

⑧真空脱水。小型机具施工三、四级公路混凝土路面，应优先采用在拌合物中掺外加剂。无掺外加剂条件时，应使用真空脱水工艺，该工艺适用于厚度不大于 240mm 的混凝土面板施工。使用该工艺时，混凝土拌合物的最大单位用水量可比不采用外加剂时增大 3～12kg/m^3；拌合物适宜坍落度：高温时 30～50mm；低温时 20～30mm。

脱水前，应检查真空泵空载真空度不小于 0.08MPa，并检查吸管、吸垫连接后的密封性，同时应检查随机工具和修补材料是否齐备。吸垫铺放应采取卷放，避免皱折；边缘应重叠已脱水的面板 50～100mm。开机脱水，真空度应逐渐升高，最大真空度不宜超过 0.085MPa。脱水量应经过脱水试验确定，但剩余单位用水量和水灰比不得大于表 4-49 和表 4-47 最大值的规定。最短脱水时间不宜短于表 4-57 的规定。当脱水达到规定时间和脱水量要求后(双控)，应先将吸垫四周微微掀起 10～20mm，继续抽吸 15s，以便吸尽作业表面和吸管中的余水。

最短脱水时间(min) 表 4-57

面板厚度(cm)	昼夜平均气温(℃)					
	3～5	6～10	11～15	16～19	10～25	>25
18	26	24	22	20	18	17
22	30	28	26	24	22	21
25	35	32	30	27	25	24

真空脱水后，应采用振动梁、滚杠或叶片、圆盘式抹面机重新压实精平 1～2 遍。真空脱水整平后的路面，切缝时间可比规定时间适当提前，并应采用硬刻槽方式制作抗滑构造。

⑨模板拆除及矫正。当混凝土抗压强度不小于 8.0MPa 方可拆模。当缺乏强度实测数据时，边侧模板的允许最早拆模时间宜符合表 4-58 的规定。达不到要求，不能拆除端模时，可空出一块面板，重新起头摊铺，空出的面板待两端均可拆模后再补做。

混凝土路面板的允许最早拆模时间(h) 表 4-58

昼夜平均气温(℃)	-5	0	5	10	15	20	25	≥30
硅酸盐水泥、R 型水泥	240	120	60	36	34	28	24	18
道路、普通硅酸盐水泥	360	168	72	48	36	30	24	18
矿渣硅酸盐水泥	—	—	120	60	50	45	36	24

注：允许最早拆模时间从混凝土面板精整成形后开始计算。

拆模不得损坏板边、板角和传力杆、拉杆周围的混凝土，也不得造成传力杆和拉杆松动或变形。模板拆卸宜使用专用拔楔工具，严禁使用大锤强击拆卸模板。拆下的模板应将黏附的砂浆清除干净，并矫正变形或局部损坏，矫正精度应符合表4-55的要求。

4. 接缝施工

(1)纵缝。当一次铺筑宽度小于路面和硬路肩总宽度时，应设纵向施工缝，位置应避开轮迹，并重合或靠近车道线，构造可采用平缝加拉杆型。当所摊铺的面板厚度大于等于260mm时，也可采用插拉杆的企口型纵向施工缝。采用滑模施工时，纵向施工缝的拉杆可用摊铺机的侧向拉杆装置插入。采用固定模板施工方式时，应在振实过程中，从侧模预留孔中手工插入拉杆。

当一次铺筑宽度大于4.5m时，应采用假缝拉杆型纵缝，即锯切纵向缩缝，纵缝位置应按车道宽度设置，并在摊铺过程中用专用的拉杆插入装置插入拉杆。

插入的侧向拉杆应牢固，不得松动、碰撞或拔出。若发现拉杆松脱或漏插，应在横向相邻路面摊铺前，钻孔重新植入。当发现拉杆可能被拔出时，宜按规定的方法进行拉杆拔出力(握裹力)检验。

(2)横向施工缝。每天摊铺结束或摊铺中断时间超过30min时，应设置横向施工缝，其位置宜与胀缝或缩缝重合，确有困难不能重合时，施工缝应采用设螺纹传力杆的企口缝形式。横向施工缝应与路中心线垂直，在缩缝处采用平缝加传力杆型，见图4-8；在胀缝处其构造与胀缝相同，见图4-10。

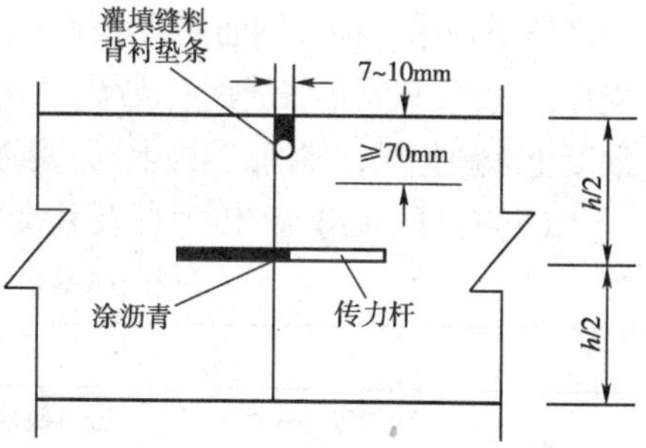

图4-8 横向施工缝构造示意图

(3)横向缩缝。普通混凝土路面横向缩缝宜等间距布置，不宜采用斜缝。不得不调整板长时，最大板长不宜大于6.0m；最小板长不宜小于板宽。

在中、轻交通的混凝土路面上，横向缩缝可采用不设传力杆假缝型，如图4-9a)。在特重和重交通公路、收费广场、邻近胀缝或路面自由端的3条缩缝应采用假缝加传力杆型。缩缝传力杆的施工方法可采用前置钢筋支架法或传力杆插入装置(DBI)法，支架法的构造见图4-9b)。钢筋支架应具有足够的刚度，传力杆应准确定位，摊铺之前应在基层表面放样，并用钢钎锚固，宜使用手持振捣棒振实传力杆高度以下的混凝土，然后机械摊铺。传力杆无防黏涂层一侧应焊接，有涂料一侧应绑扎。用DBI法置入传力杆时，应在路侧缩缝切割位置做标记，保证切缝位于传力杆中部。

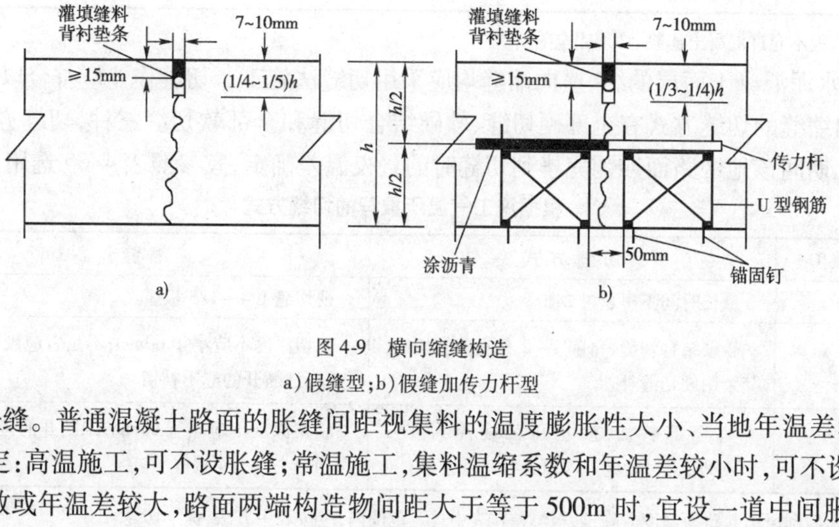

图4-9 横向缩缝构造

a)假缝型；b)假缝加传力杆型

(4)胀缝。普通混凝土路面的胀缝间距视集料的温度膨胀性大小、当地年温差和施工季节综合确定：高温施工，可不设胀缝；常温施工，集料温缩系数和年温差较小时，可不设胀缝；集料温缩系数或年温差较大，路面两端构造物间距大于等于500m时，宜设一道中间胀缝；低温施工，路面两端构造物间距大于等于350m时，宜设一道胀缝。邻近构造物或与其他道路相交处也应设置胀缝，胀缝条数视膨胀量大小而定。

普通混凝土路面的胀缝应设置胀缝补强钢筋支架、胀缝板和传力杆，胀缝构造如图4-10。胀缝宽20～25mm，使用沥青或塑料薄膜滑动封闭层时，胀缝板及填缝宽度宜加宽到25～30mm。传力杆一半以上长度的表面应涂防黏涂层，端部应戴活动套帽，套帽材料与尺寸应符合规范的要求。胀缝板应与路中心线垂直，连续贯通整个路面板宽度。胀缝设置要求缝壁垂直，缝隙宽度一致，并且缝中完全不连浆。

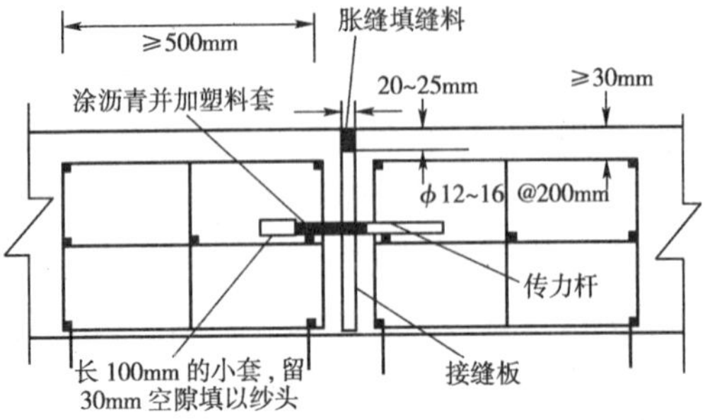

图4-10 胀缝构造示意图

胀缝应采用前置钢筋支架法施工，也可采用预留一块面板，高温时再铺封。前置法施工，应预先加工、安装和固定胀缝钢筋支架，并在使用手持振捣棒振实胀缝板两侧的混凝土后再摊铺。宜在混凝土未硬化时，剔除胀缝板上部的混凝土，嵌入(20～25)mm×20mm的木条，整平表面。

(5)拉杆、胀缝板、传力杆及其套帽、滑移端设置精确度应符合表4-59的要求。

拉杆、胀缝板、传力杆及其套帽、滑移端设置精确度 表4-59

项 目	允许偏差(mm)	测量位置
传力杆端上下左右偏斜偏差	10	在传力杆两端测量
传力杆在板中心上下左右偏差	20	以板面为基准测量
传力杆沿路面纵向前后偏位	30	以缝中心线为准
拉杆深度偏差及上下左右偏斜偏差	10	以板厚和杆端为基准测量
拉杆端及在板中上下左右偏差	20	杆两端和板面测量
拉杆沿路面纵向前后偏位	30	纵向测量
胀缝传力杆套帽长度不小于100mm	10	以封堵帽端起测
缩缝传力杆滑移端长度大于1/2杆长	20	以传力杆长度中间起测
胀缝板倾斜偏差	20	以板底为准
胀缝板的弯曲和位移偏差	10	以缝中心线为准

注：胀缝板不允许混凝土连浆，必须完全隔断。

(6)水泥混凝土面层的纵、横向缩缝均应采用切缝法施工。切缝作业应符合以下规定。

横向缩缝的切缝方式有全部硬切缝、软硬结合切缝和全部软切缝三种，切缝方式的选用，应由施工期间该地区路面摊铺完毕到切缝时的昼夜温差确定，宜参照表4-60选用。

根据施工气温所推荐的切缝方式 表4-60

昼夜温差(℃)	切缝方式	缩缝切深
<10	最长时间不得超过24h	硬切缝1/4～1/5板厚
10～15	软硬结合切缝，每隔1～2条提前软切缝，其余用硬切缝补切	软切深度不应小于60mm；不足者应硬切补深到1/3板厚，已断开的缝不补切
>15	宜全部软切缝，抗压强度约为1～1.5MPa，人可行走。软切缝不宜超过6h	软切深度不应小于60mm，未断开的接缝，应硬切补深到不小于1/4板厚

注：降雨后刮风引起路面温度骤降，面板温差在表中规定范围内，应按表中方法，提早切缝。

对分幅摊铺的路面应在先摊铺的混凝土板横缩缝已断开的部位做标记，在后摊铺的路面上应对齐已断开的横缩缝提前软切缝。

有传力杆缩缝的切缝深度应为 1/3 ~ 1/4 板厚，最浅不得小于 70mm；无传力杆缩缝的切缝深度应为 1/4 ~ 1/5 板厚，最浅不得小于 60mm。

高速公路和一级公路及路基高度大于等于 10m 的高边坡、软基及填挖交界路段混凝土面板的纵向施工缝，应在上半部涂满沥青，然后硬切缝，并填缝。二级及其以下公路一般路段的纵向施工缝在上半部涂满沥青后，可不切缝。

对已插入拉杆的纵向假缩缝，切缝深度不应小于 1/3 ~ 1/4板厚，最浅切缝深度不应小于 70mm，纵、横缩缝宜同时切缝。缩缝切缝宽度宜控制在 4 ~ 6mm，切缝时锯片晃度不应大于 2mm。可先用薄锯片锯切到要求深度，再使用 6 ~ 8mm 厚锯片或叠合锯片扩宽填缝槽，填缝槽深度宜为 25 ~ 30mm，宽度宜为 7 ~ 10mm。见图 4-11。

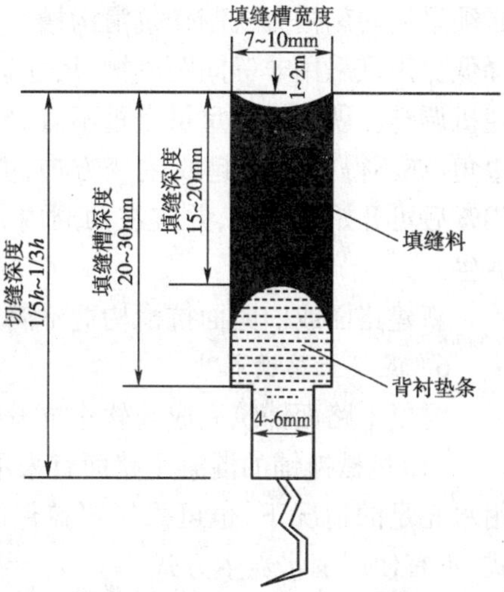

图 4-11　缩缝切缝、填缝(槽)、垫条细部尺寸

在变宽度路面上，宜先切纵向缩缝划分板宽，横向缩缝允许切割成小转角的折线，相邻板的横向缩缝切口必须对齐，允许偏差不得大于 5mm。匝道上的纵缝宜避开轮迹位置。横缝应垂直于每块面板的中心线。

(7)灌缝。混凝土板养生期满后，应及时灌缝。灌缝前应先采用切缝机清除接缝中夹杂的砂石、凝结的泥浆等，再使用压力大于等于 0.5MPa 的压力水和压缩空气彻底清除接缝中的尘土及其他污染物，确保缝壁及内部清洁、干燥；缝壁检验以擦不出灰尘为灌缝标准。使用常温聚氨酯和硅树脂等填缝料时，应按规定比例将两组分材料按 1h 灌缝量混拌均匀后使用。使用加热填缝料时应将填缝料加热至规定温度。加热过程中应将填缝料融化，搅拌均匀，并保温使用。

灌缝的形状系数宜控制在 2 左右，灌缝深度宜为 15 ~ 20mm，最浅不得小于 15mm，见图 4-11。先挤压嵌入直径 9 ~ 12mm 多孔泡沫塑料背衬条，再灌缝。灌缝顶面热天应与板面齐平；冷天应填为凹液面，中心低于板面 1 ~ 2mm。填缝必须饱满、均匀、厚度一致并连续贯通，填缝料不得缺失、开裂和渗水。

灌缝后应进行养生，在灌缝料养生期间应封闭交通。常温施工式填缝料的养生期，低温天宜为 24h，高温天宜为 12h；加热施工式填缝料的养生期，低温天宜为 2h，高温天宜为 6h。

路面胀缝应在填缝前，凿去接缝板顶部嵌入的木条，涂黏结剂后，嵌入胀缝专用多孔橡胶条或灌进适宜的填缝料，当胀缝的宽度不一致或有啃边、掉角等现象时，必须灌缝。

5. 抗滑构造施工

(1)抗滑构造技术要求

①各交通等级混凝土面层竣工时的表面抗滑指标应符合技术要求的规定。

②构造深度应均匀，不损坏构造边棱，耐磨抗冻，不影响路面的平整度。

(2)抗滑构造施工

摊铺完毕或精整平表面后，宜使用钢支架拖挂 1 ~ 3 层叠合麻布、帆布或棉布，洒水湿润后做拉毛处理。布片接触路面的长度以 0.7 ~ 1.5m 为宜，细度模数偏大的粗砂，拖行长度取小值;砂较细,取大值。人工修整表面时,宜使用木抹。用钢抹修整过的光面,必须再拉毛处理,以恢复细观抗滑构造。

当日施工进度超过500m时,抗滑沟槽制作宜选用拉毛机械施工,没有拉毛机时,可采用人工拉槽方式。在混凝土表面泌水完毕20~30min内应及时进行拉槽。拉槽深度应为2~4mm,槽宽3~5mm,槽间距15~25mm。可施工等间距或非等间距抗滑槽,注意衔接间距应保持一致。

特重和重交通混凝土路面宜采用硬刻槽,凡使用圆盘、叶片式抹面机精平后的混凝土路面必须采用硬刻槽方式制作抗滑沟槽。可采用等间距刻槽,其几何尺寸与拉槽施工要求相同;为降低噪声宜采用非等间距刻槽,尺寸宜为:槽深3~5mm,槽宽3mm,槽间距在12~24mm之间随机调整。硬刻槽机重量宜重不宜轻,一次刻槽最小宽度不应小于500mm,硬刻槽时不应掉边角,亦不得中途抬起或改变方向,并保证硬刻槽到面板边缘。混凝土面板抗压强度达到40%后可开始硬刻槽,并宜在两周内完成。硬刻槽后应随即将路面冲洗干净,并恢复路面的养生。

新建路面或旧路面抗滑构造不满足要求时,可采用硬刻槽或喷砂打毛等方法加以恢复。

6. 混凝土路面养生

混凝土路面铺筑完成或软作抗滑构造完毕后应立即开始养生。

(1)机械摊铺的混凝土路面宜采用喷洒养生剂同时保湿覆盖的方式养生。在雨天或养生用水充足的情况下,也可采用覆盖保湿膜、土工毡、土工布、麻袋、草袋、草帘等洒水湿养生方式,不宜使用围水养生方式。

(2)混凝土路面采用喷洒养生剂养生时,喷洒应均匀、成膜厚度应足以形成完全密闭水分的薄膜,喷洒后的表面不得有颜色差异。喷洒时间宜在表面混凝土泌水完毕后进行。喷洒高度宜控制在0.5~lm。使用一级品养生剂时,最小喷洒剂量不得少于0.30kg/m^2;合格品的最小喷洒剂量不得少于0.35kg/m^2。不得使用易被雨水冲刷掉的和对混凝土强度、表面耐磨性有影响的养生剂。当喷洒一种养生剂达不到90%以上有效保水率要求时,可采用两种养生剂各喷洒一层或喷一层养生剂再加覆盖的方法。

(3)覆盖塑料薄膜养生的初始时间,以不压坏细观抗滑构造为准。薄膜厚度(韧度)应合适,宽度应大于覆盖面600mm。两条薄膜对接时,搭接宽度不应小于400mm,养生期间应始终保持薄膜完整盖满。

(4)覆盖养生宜使用保湿膜、土工毡、土工布、麻袋、草袋、草帘等覆盖物保湿养生并及时洒水,保持混凝土表面始终处于潮湿状态,并由此确定每天的洒水遍数。昼夜温差大于10℃以上的地区或日平均温度小于等于5℃施工的混凝土路面应采取保温保湿养生措施。

(5)养生时间应根据混凝土弯拉强度增长情况而定,不宜小于设计弯拉强度的80%,应特别注重前7d的保湿(温)养生。一般养生天数宜为14~21d,高温天不宜少于14d,低温天不宜少于21d。掺粉煤灰的混凝土路面,最短养生时间不宜少于28d,低温天应适当延长。

(6)混凝土板养生初期,严禁人、畜、车辆通行,在达到设计强度40%后,行人方可通行。在路面养生期间,平交道口应搭建临时便桥。面板达到设计弯拉强度后,方可开放交通。

7. 特殊气候条件下的施工

混凝土路面铺筑期间,应收集月、旬、日天气预报资料,遇有影响混凝土路面施工质量的天气时,应暂停施工或采取必要的防范措施,制订特殊气候的施工方案。

混凝土路面施工如遇下述条件之一者,必须停工:风力大于6级,风速在10.8m/s以上的强风天气;现场气温高于40℃或拌合物摊铺温度高于35℃;摊铺现场连续5昼夜平均气温低于5℃,夜间最低气温低于-3℃。

(1)雨季施工

①防雨准备。地势低洼的搅拌场、水泥仓、备件库及砂石料堆场,应按汇水面积修建排水沟或预备抽排水设施。搅拌楼的水泥和粉煤灰罐仓顶部通气口、料斗及不得遇水部位应有防潮、防水覆盖措施,砂石料堆应防雨覆盖。

雨天施工时,在新铺路面上,应备足防雨篷、帆布和塑料布或薄膜。防雨篷支架宜采用可推行的焊接钢结构,并具有人工饰面拉槽的足够高度。

②防雨水冲刷。摊铺中遭遇阵雨时,应立即停止铺筑混凝土路面,并紧急使用防雨篷、塑料布或塑料薄膜等覆盖尚未硬化的混凝土路面。

被阵雨轻微冲刷过的路面,视平整度和抗滑构造破损情况,采用硬刻槽或先磨平再刻槽的方式处理。对被暴雨冲刷后,路面平整度严重劣化或损坏的部位,应尽早铲除重铺。

降雨后开工前,应及时排除车辆内、搅拌场及砂石料堆场内的积水或淤泥。运输便道应排除积水,并进行必要的修整。摊铺前应扫除基层上的积水。

(2)风天施工

风天应采用风速计在现场定量测风速或观测自然现象,确定风级,并按以下规定采取防止塑性收缩开裂的措施。

①1级软风,正常施工,喷洒一遍养生剂,原液剂量0.30kg/m^2。

②2级轻风,应加厚喷洒一遍养生剂,原液剂量0.45kg/m^2。

③3级微风,路面摊铺完成后,立即喷洒第一遍养生剂,拉毛后,再喷洒第二遍养生剂。两遍剂量共0.60kg/m^2。

④4级和风,除拉毛前后喷两遍养生剂外(两遍剂量共0.60kg/m^2),还需覆盖塑料薄膜。

⑤5级清劲风,使用抹面机械抹面,加厚喷一遍剂量0.45kg/m^{2}的养生剂并覆盖塑料薄膜或麻袋草袋,使用钢刷做细观抗滑构造,使用硬刻槽机刻出抗滑沟槽。无机械抹面措施时,应停止施工。

⑥6级强风,必须停止施工。

(3)高温季节施工

施工现场的气温高于30℃,拌合物摊铺温度在30~35℃,同时,空气相对湿度小于80%时,混凝土路面的施工应按高温季节施工的规定进行。

高温天铺筑混凝土路面应采取下列措施:

①当现场气温大于等于30℃时,应避开中午高温时段施工,可选择在早晨、傍晚或夜间施工,夜间施工应有良好的操作照明,并确保施工安全。

②砂石料堆应设遮阳篷;抽用地下冷水或采用冰屑水拌和;拌合物中宜加允许最大掺量的粉煤灰或磨细矿渣,但不宜掺硅灰。拌合物中应掺足够剂量的缓凝剂、高温缓凝剂、保塑剂或缓凝(高效)减水剂等。

③自卸车上的混凝土拌合物应加遮盖。

④应加快施工各环节的衔接,尽量压缩搅拌、运输、摊铺、饰面等各工艺环节所耗费的时间。

⑤可使用防雨篷作防晒遮荫篷。在每日气温最高和日照最强烈时段遮荫。

⑥高温天气施工时,混凝土拌合物的出料温度不宜超过35℃,并应随时监测气温、水泥、

拌和水、拌合物及路面混凝土温度。必要时加测混凝土水化热。

⑦在采用覆盖保湿养生时，应加强洒水，并保持足够的湿度。

⑧切缝应视混凝土强度的增长情况或按250温度小时计，宜比常温施工适当提早切缝，以防止断板。特别是在夜间降温幅度较大或降雨时，应提早切缝。

(4)低温季节施工

当摊铺现场连续5昼夜平均气温高于5℃，夜间最低气温在－3～5℃之间，混凝土路面的施工应按下述低温季节施工规定的措施进行：

①拌合物中应优选和掺加早强剂或促凝剂。

②应选用水化总热量大的R型水泥或单位水泥用量较多的32.5级水泥，不宜掺粉煤灰。

③搅拌机出料温度不得低于10℃，摊铺混凝土温度不得低于5℃。在养生期间，应始终保持混凝土板最低温度不低于5℃。否则，应采用热水或加热砂石料拌和混凝土，热水温度不得高于80℃；砂石料温度不宜高于50℃。

④应随时检测气温、水泥、拌和水、拌合物及路面混凝土的温度，每工班至少测定3次。

⑤混凝土路面弯拉强度未达到1.0MPa或抗压强度未达到5.0MPa时，应严防路面受冻。

⑥应加强保温保湿覆盖养生，可先用塑料薄膜保湿隔离覆盖或喷洒养生剂，再采用草帘、泡沫塑料垫等保温覆盖初凝后的混凝土路面。遇雨雪必须再加盖油布、塑料薄膜等。路面覆盖保温保湿养生天数不得少于28d，拆模时间应符合表4-58的规定。

思考题

1. 对路面的基本要求有哪些？
2. 路面按力学特性的不同可分为哪几类？
3. 对路面基层的基本要求有哪些？
4. 基层混合料配合比设计的目标是什么？
5. 基层铺筑试验路段的目的是什么？
6. 沥青混合料组成设计必须考虑哪些因素？
7. 什么是封层、透层和黏层？它们分别设置在什么部位？有什么作用？
8. 按组成材料和施工方法的不同，水泥混凝土路面分为哪几类？
9. 水泥混凝土路面和沥青路面试验路段的铺筑分别有哪些要求？
10. 热拌沥青混合料路面的碾压一般分为哪三个阶段？分别有哪些规定？
11. 水泥混凝土路面的接缝施工包括哪些内容？分别有哪些规定？
12. 水泥混凝土路面在特殊气候条件下的施工有哪些规定？在什么情况下必须停工？

第五章　桥梁工程质量控制

[重点内容和学习要求]

本章从桥梁的组成和结构出发讲述了桥梁工程质量的控制要点。通过本章学习，要求学生掌握明挖基础、桩基础、沉井基础的质量控制要点，桥梁的下部结构和上部结构质量控制方法和注意事项。

第一节　桥梁工程概述

一、桥梁的基本组成及分类

1. 基本组成

桥梁一般由桥跨结构、桥墩、桥台和基础这几个部分组成。通常称桥跨结构为桥梁的上部结构，称桥墩或桥台为桥梁的下部结构。

(1)桥跨结构：在线路中断时跨越障碍的主要承载结构。

(2)桥墩和桥台：支承桥跨结构并将恒载和车辆等活载传至地基的建筑物。通常设置在桥两端的称为桥台，它除了上述作用外，还与路堤相衔接，以抵御路堤土压力，防止路堤填土的滑坡和坍落。

(3)基础：使桥墩和桥台中全部荷载传至地基底部的结构物。

(4)支座：一座桥梁中在桥跨结构与桥墩或桥台的支承处所设置的传力装置。

在路堤与桥台衔接处，一般还在桥台两侧设置石砌的锥形护坡。

下面介绍一些与桥梁布置和结构有关的主要尺寸和术语名称。

净跨径：梁式桥是设计洪水位上相邻两个桥墩(或桥台)之间的净距，用 l_0 表示。对于拱式桥是每孔拱跨两个拱脚截面最低点之间的水平距离。

总跨径：多孔桥梁中各孔净跨径的总和，也称桥梁孔径($\sum l_0$)，它反映了桥下宣泄洪水的能力。

计算跨径：对于具有支座的桥梁，是指桥跨结构相邻两个支座中心之间的距离，用 l 表示。拱圈(或拱肋)各截面形心点的连线称为拱轴线，对于拱桥计算跨径为拱轴线两端点之间的水平距离。

桥梁全长：简称桥长，是桥梁两端两个桥台的侧墙或八字墙后端点之间的距离，以 L 表示。对于无桥台的桥梁为桥面系行车道的全长。

桥梁高度：简称桥高，是指桥面与低水位之间的高差，或为桥面与桥下线路路面之间的距离。桥高在某种程度上反映桥梁施工的难易性。

桥下净空高度：设计洪水位或计算通航水位至桥跨结构最下缘之间的距离，以 H 表示，它应保证能安全排洪，并不得小于对该河流通航所规定的净空高度。

建筑高度：桥上行车路面（或轨顶）高程至桥跨结构最下缘之间的距离，它不仅与桥梁结构的体系和跨径的大小有关，而且还随行车部分在桥上布置的高度位置而异。公路（或铁路）定线中所确定的桥面（或轨顶）高程，对通航净空顶部高程之差，又称为容许建筑高度。桥梁的建筑高度不得大于其容许建筑高度，否则就不能保证桥下的通航要求。

净矢高：从拱顶截面下缘至相邻两拱脚截面下缘最低点之连线的垂直距离，以 f_0 表示。

计算矢高：从拱顶截面形心至相邻两拱脚截面形心之连线的垂直距离，以 f 表示。

矢跨比：拱桥中拱圈（或拱肋）的计算矢高 f 与计算跨径 l 之比（$\frac{f}{l}$），也称拱矢度，它是反映拱桥受力特性的一个重要指标。

高水位：是指在洪峰季节河流中的最高水位。

低水位：是指在枯水季节的最低水位。

设计洪水位：是指桥梁设计中按规定的设计洪水频率计算所得的高水位。

2. 分类

桥梁工程的受力构件，总离不开拉、压、弯三种基本的受力方式，所以桥梁可以归结为梁式、拱式、悬吊式三种基本体系以及它们之间的各种组合。按基本体系桥梁可分为：

（1）梁式桥。梁式桥是一种在竖向荷载作用下无水平反力的结构。由于外力的作用方向与承重结构的轴线接近垂直，故与同样跨径的其他结构体系相比，梁内产生的弯矩最大，通常需用抗弯能力强的材料来建造。这种桥梁结构简单、施工方便。

（2）拱式桥。拱式桥的主要承重结构是拱圈或拱肋。这种结构在竖向荷载作用下，桥墩或桥台将承受水平推力。同时，这种水平推力将显著抵消荷载所引起在拱圈内的弯矩作用。因此，与同跨径的梁相比，拱的弯矩和变形要小很多。鉴于拱桥的承重结构以受压为主，通常就用圬工材料和钢筋混凝土等抗压能力强的材料来建造。

（3）刚架桥。刚架桥的主要承重结构是梁或板和立柱或竖墙整体结合在一起的刚架结构，梁和柱的连接处具有很大的刚性。在竖向荷载作用下，梁部主要受弯，而在柱脚处也具有水平反力，其受力状态介于梁桥与拱桥之间。因此，对于同样的跨径，在相同的荷载作用下，刚架桥的跨中正弯矩要比一般梁桥的小。根据这一特点，刚架桥跨中的建筑高度就可以做得较小。

（4）吊桥。吊桥用悬挂在两边塔架上的强大缆索作为主要承重结构。在竖向荷载作用下，通过吊杆使缆索承受很大的拉力，通常就需要在两岸桥台的后方修筑非常巨大的锚碇结构。吊桥也是具有水平反力的结构。现代的吊桥，广泛采用高强度钢丝编制的钢缆，以充分发挥其优异的抗拉性能，因此结构自重较轻，就能以较小的建筑高度跨越其他任何桥型无法比的特大跨度。吊桥的另一特点是：成卷的钢缆易于运输，结构组成构件较轻，便于无支架悬吊拼装。

（5）组合体系桥。根据结构的受力特点，由几个不同体系的结构组合而成的桥梁称为组合体系桥。例如：斜拉桥是一种主梁与斜缆相结合的组合体系，悬挂在塔柱上的被张紧的斜缆将主梁吊住，使主梁像多点弹性支承的连续梁一样工作，这样既发挥了高强材料的作用，又显著减少了主梁截面，使结构减轻而能跨越很大的跨径。

另外，桥梁还可按其他方式进行划分。

按用途来划分：有公路桥、铁路桥、公路铁路两用桥、农用桥、人行桥、运水桥及其他专用桥梁(如通过管路、电缆等)。

按多孔跨径总长和跨径的不同分为:特大桥、大桥、中桥和小桥。

按主要承重结构所用的材料划分:有圬工桥(包括砖、石、混凝土桥)、钢筋混凝土桥、预应力混凝土桥、钢桥和木桥等。

按跨越障碍的性质可分为:跨河桥、跨线桥、高架桥和栈桥。

按上部结构行车道位置可分为:上承式桥、下承式桥和中承式桥。

二、桥梁施工一般要求

1. 施工准备

(1)应根据招、投标文件,施工合同,设计文件及有关规范编报施工组织设计。

(2)应做好施工现场准备,修建施工临时设施,安装调试施工机具及标定试验机具,进行施工测量及复核测量资料,做好材料的储存和堆放,做好开工前的试验检测工作。

(3)施工组织设计宜包括以下内容:编制说明,施工组织机构,施工平面布置图,施工方法,施工详图,资源计划,总进度计划和进度图,质量管理,安全生产,环境保护。

(4)施工单位必须建立健全质量保证体系。主要内容为:质量方针、质量目标、质量保证机构、质量保证程序、质量保证措施。

(5)承包人应按规定要求,清理施工场地,做到使监理工程师满意。

2. 复测

承包人应在开工前对桥梁中心位置桩、三角网基点桩、水准基点桩等及其他测量资料进行核对、复测。并将复测结果报监理工程师认可。

3. 线形

竣工后的桥梁应线形平顺,坡度匀称,外形美观。缘石、栏杆、护栏、桥面等的高程、线形、弯度、坡度、超高、加宽要做到流畅舒顺、色泽均匀。监理工程师认为外观有必要进行修整时,其费用由承包人负责。

4. 预制场地

预制场地可以由承包人自行选择。承包人应将一份预制场地的平面位置图及预制场地的平整计划,报监理工程师批准。工程完工后,应进行设施、废弃物清理,恢复原状,并使监理工程师满意。

5. 图纸

承包人必须按照图纸及其有关说明施工。结构物的尺寸、线条、外形应符合图纸规定,其施工偏差应在规范规定的允许值范围内。当图纸内有关施工说明与规范规定有矛盾时,或图纸及规范均缺少有关的要求和规定时,由监理工程师根据实际情况确定或规定。

三、桥梁施工测量技术

1. 桥梁平面控制网的布设

桥梁平面控制以桥轴线控制为主,并保证全桥与线路连接的整体性,同时为墩台定位提供测量控制点。为确保桥轴线长度和墩台定位的精度,对于大桥、特大桥,必须布设专用的施工平面控制网。点位布设应满足以下要求:

(1)所有控制点应便于观测和保存。

(2)图形应尽量简单,估算出来的未知数的矩阵主对角元素应尽量小,并能用这些数据以足够的精度用前方交会法对桥墩进行放样。

(3)控制网一般布设成三角网或边角网,其边长与河宽有关。

(4)为使桥轴线与控制网紧密联系,在布网时应将河流两岸轴线上的两个点作为控制点。

为了施工放样时计算方便,桥梁控制网常采用独立的坐标系统,其坐标轴采用平行或垂直于桥轴线方向,坐标原点选在工地以外的西南角上,这样场地范围内点的坐标都是正值。桥轴线上两点间的长度可以方便地由坐标差求得。

2. 高程控制测量

建立高程控制网的常用方法是水准测量和测距三角高程测量。高程控制测量要满足施工中高程放样和桥梁建成后监测桥梁墩台垂直变形的需要。高程控制网的主要形式是水准网。

(1)当桥长在300m以上时,应采用二等水准测量的精度;

(2)当桥长在1 000m以上时,两岸的水准连测需采用一等水准测量的精度;

(3)当桥长在300m以下时,施工水准测量可采用三等。

桥梁高程控制点由基本水准点组成,应选择在地质条件好、地基稳定处。正桥两岸桥头附近均应设置基本水准点,当引桥长于1 000m时,在引桥的始端或终端应建立基本水准点。为了方便桥墩高程放样测量,在距基本水准点较远处增设施工水准点。

3. 桥涵放样测量及要求

(1)当有良好的丈量条件时可采用直接丈量法进行墩台施工定位,应对尺长、温度、拉力、垂度和倾斜度进行改正计算。

(2)大、中桥的水中墩、台和基础的位置,宜用全站仪测量。

(3)曲线上的桥梁施工测量,应按照设计文件参照公路曲线测定方法处理。

4. 桥梁施工过程中的测量和竣工测量

(1)施工过程中,应测定并经常检查桥涵结构浇砌和安装部分的位置和高程,并作出测量记录和结论,如超过允许偏差时,应分析原因,并予以补救和改正。桥轴线超过1 000m的特大桥梁和结构复杂的桥梁施工过程,应进行主要墩、台(或塔、锚)的沉降变形监测,桥梁控制网应每年复测一次,以确保施工安全和施工质量。

(2)桥梁竣工后应进行竣工测量,测量项目如下:

①测定桥梁中线,丈量跨径;

②丈量墩、台(或塔、锚)各部尺寸;

③检查桥面高程。

四、质量标准

1. 外观要求

(1)任何结构物表面的纹理和颜色必须均匀一致。除非监理工程师另有书面批准,承包人应采用同一类型的模板和修饰方法,包括模板的脱模剂等。任一个结构物所用的水泥应尽可能采用同一厂家产品;

(2)一种结构形式与另一种结构形式连接处应有过渡段,如过渡坡度、半圆型接头等,接头应匀称、协调,并使监理工程师满意;

(3)结构物外露的两侧表面应光滑、平整、外观整齐,没有蜂窝、麻面、露筋及空洞;

(4)桥面铺装防水混凝土表面不得有麻面、蜂窝和裂纹,施工缝处不得有裂缝;

(5)伸缩缝应保持顺直、平整,车辆通过时无颠簸现象;伸缩缝的伸缩性能应有效,无阻塞、渗漏、松脱和开裂现象；

(6)泄水管周围不允许漏水，进水口应略低于桥面面层。

2. 桥梁总体质量

桥梁总体质量应符合表5-1要求。

桥梁总体质量要求 表5-1

检查项目		规定值或允许偏差(mm)
桥面中线偏位		20
桥宽	车行道	±10
	人行道	±10
桥长		−100～300
引道中心线与桥面中心线的衔接		±20
桥头高程衔接		±3

五、桥梁施工监测和控制

1. 施工监测

(1)几何形态监测：几何形态监测的目的主要是获取(识别)已形成的结构的实际几何形态，其内容包括高程、跨长、结构或缆索的线形、结构变形的位移等。它对施工控制、预报十分关键。

(2)结构截面的应力监测：结构监测的应力(包括混凝土应力、钢结构应力等)监测是施工监测的主要内容之一，它是施工过程的安全预警系统。目前应力监测主要是采用电阻应变仪法、钢弦式传感器法等。

(3)索力监测：索力监测效果将直接对结构的施工质量和施工状态产生影响。可供现场索力量测的方法目前主要有三种：压力表量测法、压力传感器量测法、振动频率量测法。

(4)预应力监测：预应力水平是影响预应力桥梁施工控制目标实现的主要因素之一。

(5)温度监测：结构温度的测量方法包括辐射测温法、电阻温度计测温法、热电耦测温法等。

2. 桥梁施工控制

(1)桥梁施工控制

①纠偏终点控制方法，即在施工中，对产生主梁线形偏差的因素跟踪控制，随时纠偏，最终达到理想线形，这种方法常用Kalman滤波法和灰色理论等。

②纠偏终点控制方法，是应用现代控制理论中的纠偏终点控制对施工中的高程和内力的实测值与预计值进行比较，对桥梁结构的主要基本设计参数进行识别，找出产生实测值与预计值(设计值)产生偏差的原因，从而对参数进行修正，达到双控的目的。这种方法的重点在于对影响结构变形和内力的主要设计参数的识别上。

③在设计时给予主梁高程和内力最大的宽容度，即误差的容许值。

(2)斜拉桥的施工控制

斜拉桥主梁施工时必须进行施工控制，即对梁体每一施工阶段的结果进行详细的检测分析和验算，以确定下一施工阶段拉索张拉量值和主梁线形、高程及索塔位移控制量值，周而复始直至合龙成桥。施工监控测试的主要内容：

变形：主梁线形、高程、轴线偏差、索塔的水平位移；

应力：拉索索力、支座力以及梁塔应力在施工过程中的变化；

温度：温度场及指定测量时间塔、梁、索的变化。

(3)连续梁桥和刚构桥施工控制

相对斜拉桥而言，预应力混凝土连续梁或连续刚构桥没有斜拉索，其施工控制与斜拉桥主梁相同。凡是以悬臂浇筑或悬臂拼装施工的桥梁都是逐节段向前推进的，施工控制中采用逐节段跟踪控制的方法。

(4)拱桥施工观测和控制

装配式拱桥施工过程中，应配合施工进度对拱肋、拱圈的挠度和横向位移、混凝土裂缝、墩台变位、安装设施的变形和变位等项目进行观测。

拱肋吊装定位合龙时，应进行接头高程和轴线位置的观测，以控制、调整其拱轴线，使之符合设计要求。拱肋松索成拱以后，从拱顶上施工加载起，一直到拱上建筑完成，应随时对1/4跨、1/8跨及拱顶各点进行挠度和横向位移的观测。多孔拱桥，一孔吊装拱上建筑时，应观测相邻孔拱圈和墩台的影响。当发现挠度和横向偏移值超过允许值时，应及时分析，调整施工程序或采取其他有效措施。

采取少支架安装施工时，应对支架的变形、位移，节点和卸架设备的压缩及支架基础的沉陷等进行观测，如发现超过允许值的变形、变位，应及时采取措施予以调整。采取无支架安装施工时，应随时观测吊装设备的塔架、主索、扣索、索鞍、锚碇等的变形和位移，如发现异常，应及时采取措施。

在安装施工过程中，应经常对构件混凝土进行裂缝观测，若发现裂缝超过规定或有继续发展的趋势时，应及时分析研究，找出原因，采取有效措施。

就地浇筑钢筋混凝土拱圈及卸落拱架的过程中，应设专人用仪器配合施工进度随时观测拱圈、拱架、劲性骨架的挠度和横向位移以及墩台的变化情况，并详细记录，如发现异常，应及时分析，采取措施，必要时可调整加载或卸架程序。

大跨度拱桥施工过程中，应配合施工进度对拱圈(肋)混凝土、拱肋接头、劲性骨架、吊杆、系杆、钢管混凝土、扣索、转盘、锚碇(梁)等关键受力部位进行应力监测，并与控制计算值相比较，一旦偏差超出设计允许范围，应立即进行调整。

大跨度拱桥的施工观测和控制宜在每天气温、日照变化不大的时候进行，尽量减少温度变化等不利因素的影响。

(5)悬索桥施工控制

悬索桥在施工中，除了主索和加劲梁外，对桥塔受力、索鞍偏移、吊杆和主索索股受力均匀性等应严加跟踪控制，保证应力和线形的双控实现。

六、地质钻探及取样试验

桥梁基础在施工过程中，地质情况有变化，因而需要进行补充钻探，以查明桥梁基础的地质情况，经报请监理工程师审查批准，承包人可进行补充地质勘探并取样做必要的试验，据以继续进行基础施工或改变基础设计。改变基础设计时，需经监理工程师审查批准。

七、桥梁荷载试验

大桥完工以后，承包人应按监理工程师要求，对桥梁或桥梁的某一部分进行荷载试验，以证实结构物具有承受设计荷载的能力。荷载试验可由承包人委托经监理工程师同意的有资格的科研或设计机构承担。

承包人应在进行荷载试验以前至少14天向监理工程师提交一份有关测试设备、方法、步骤及测试要求得到的成果的计划，报监理工程师批准。荷载试验完成后，承包人应向监理工程师提供一份完整的试验报告。按试验结果，结构物或结构物的任一部分，如由于施工原因不能满足图纸要求，承包人应报监理工程师批准后进行重建或补强，做到使监理工程师满意。重建或补强结构物的费用由承包人负责。

桥梁荷载测试项目按图纸规定或监理工程师指定。如图纸无规定测试项目时，一般动载试验包括冲击、自振频率、动挠度、脉动、动应变试验；静载试验包括静挠度及静应变试验。上述项目由监理选择部分或全部进行试验或由监理工程师对认为必要试验的其他项目进行试验。

试验应根据桥梁设计荷载标准，按最不利受力状态选取荷载组合进行静载或动载试验。试验效率系数 η_g 一般取 0.8 ~ 1.05；动载效率系数 η_d 一般取 1，按实际情况分 3 ~ 5 级加载，主要测点的布设应能检测结构的最大应力（应变）和最大挠度（或位移），加载过程中应观测裂缝的发展情况，钢筋混凝土结构裂缝不允许超过《公路桥涵设计通用规范》（JTGD60—2004）的规定值；应变和挠度应分别满足不同桥梁结构类型的效验系数。

八、开放交通

水泥混凝土桥面铺装在浇筑混凝土的强度达到设计要求后，需经监理工程师批准，才可开放交通。如果经监理工程师同意采用快硬混凝土铺装，开放交通的时间需根据试验确定，但在任何情况下，至少在浇筑混凝土以后 7 天，才能开放交通。在日平均气温低于 10℃时，上述时间尚应根据监理工程师指示予以推迟。因不遵守上述规定开放交通行驶车辆而造成的不良后果，由承包人负责。

第二节　基础工程的施工质量控制

桥梁基础分类：明挖基础、桩基础、管柱、沉井、地下连续墙等，其中桩基础又包括沉入桩、灌注桩。各种基础适用条件分别如下：

（1）明挖基础：适用于各类土层，根据土质情况分别采用铁镐、十字镐、爆破等设备和方法开挖。明挖基础施工简单，不需大型的机具设备，在中、小型桥梁上使用较为广泛。

（2）桩基础：按施工方法可分为沉桩、钻孔桩、挖孔桩，其中沉桩又分为锤击沉桩法、振动沉桩法、射水沉桩法、静力压桩法。桩基础具体适用条件如下：

①荷载较大，地基上部土层软弱，适宜的地基持力层位置较深，采用浅基础或人工地基在技术上、经济上不合理时。

②河床冲刷较大，河道不稳定或冲刷深度不易计算正确，如采用浅基础施工困难或不能保证基础安全时。

③当地基计算沉降过大或结构物对不均匀沉降敏感时，采用桩基础穿过松软（高压缩）土层，将荷载传到较坚实（低压缩性）土层，减少结构物沉降并使沉降较均匀，另外桩基础还能增强结构物的抗震能力。

④当施工水位或地下水位较高时。锤击沉桩法一般适用于松散、中密砂土、黏性土，桩锤有坠锤、单动汽锤、双动汽锤、柴油机锤、液压锤等，可根据土质情况选用适用的桩锤；振动沉桩法一般适用于砂土，硬塑及软塑的黏性土和中密及较松的碎石土；射水沉桩法适用在密实砂土，碎石土的土层中，用锤击法或振动法沉桩有困难时，可用射水法配合进行；静力压桩法在标准贯入度 $N<20$ 的软黏性土中，可用特制的液压机或机力千斤顶或卷扬机等设备沉入各种类

型的桩；钻孔埋置桩为钻孔后，将预制的钢筋混凝土圆形有底空心桩埋入，并在桩周压注水泥砂浆固结而成，适用于黏性土、砂土、碎石土中埋置大量的大直径圆形空心桩；钻孔灌注桩适用于黏性土、砂土、砾卵石、碎石、岩石等各类土层；挖孔灌注桩适用于无地下水或少量地下水，且较密实的土层或风化岩层，如空气污染物超标，必须采取通风措施。

(3)管柱：可适用于各种土质的基底，尤其在深水、岩面不平、无覆盖层或覆盖层很厚的自然条件下，不宜修建其他类型基础时，均可采用。

(4)沉井：适用于各种土质的基底，在深水、无覆盖层或覆盖层很厚的自然条件下，不宜建其他类型基础时，均可采用。

(5)地下连续墙：适用作为地下挡土墙、挡水围堰、承受竖向和侧向荷载的桥梁基础、平面尺寸大或形状复杂的地下构造物，及适用于除岩溶和地下承压水很高的其他各类土层中施工。

一、明挖基础质量控制

基坑开挖前先要准确放样定出基础轴线、边线位置及高程，并用骑马桩将中心位置固定。在墩台或其他建筑物附近开挖基坑时，应采取适当的防护措施。弃土堆置地点不得妨碍开挖基坑及其他作业，不能影响坑壁稳定，同时应满足水土保持和环境保护的有关要求。明挖基础必须进行基底应力计算、基底合力偏心距及基础稳定性验算、基底强度验算、基底的沉降的几个方面计算。

明挖基础施工一般包括以下几项内容：基坑、围堰、挖基和排水、基底处理和基底检验、回填等。

1. 基坑

(1)基坑大小应满足基础施工的要求，有渗水土质的基坑坑底开挖尺寸，应根据基坑排水设计和基础模板设计所需基坑大小而定，一般基底应比设计平面尺寸各边增宽50～100cm。

(2)基坑坑壁坡度，应按地质条件、基坑深度、施工经验和现场具体情况确定。

①基坑深度在5m以内、施工期较短、基坑底在地下水位以上、土的湿度接近最佳含水量、土层构造均匀时，基坑壁坡度可参考表5-2。

基坑坑壁坡度 表5-2

坑壁土类	坑壁坡度		
	基坑坡顶缘无荷载	基坑坡顶缘有静载	基坑坡顶缘有动载
砂类土	1:1	1:1.25	1:1.5
碎、卵石类土	1:0.75	1:1	1:1.25
亚砂土	1:0.67	1:0.75	1:1
亚黏土、黏土	1:0.33	1:0.5	1:0.75
极软岩	1:0.25	1:0.33	1:0.67
软质岩	1:0	1:0.1	1:0.25
硬质岩	1:0	1:0	1:0

注：挖基经过不同土层时，边坡可分层决定，并酌情设平台；在山坡上开挖基坑，如地质不良时，应注意防止坍塌；坑壁土类按照《公路桥涵地基与基础设计规范》JTJ024—85划分；岩石单轴极限强度(MPa)<5、5～30、>30时分别定为极软、软质、硬质岩.

②基坑深度大于5m时，应将坑壁坡度适当放缓或加设平台。如土的湿度可能引起坑壁坍塌时，坑壁坡度应缓于该湿度下土的天然坡度。

③没有地面水，但地下水位在基坑底以上时，地下水位以上部分可以放坡开挖，地下水位以下部分，若土质易坍塌或水位在基坑底以上较深时，应加固坑壁开挖。

(3)基坑顶面应设置防止地面水流入基坑的措施。基坑顶有动载时，坑顶与动载间至少应留有 lm 宽的护道，如工程地质和水文地质不良或动载过大，宜增宽护道或采取加固措施。

(4)基坑壁坡不易稳定并有地下水影响，或放坡开挖场地受到限制，或放坡开挖工程量大，不符合技术经济要求时，可按具体情况，采取钢板支撑、钢木结合支撑、混凝土护壁等加固措施。

(5)基坑开挖可以采用人工开挖，也可以采用挖掘机、推土机、装载机等机械进行开挖，但无论采用哪一种方法施工，基底均应避免超挖，已经超挖或松动部分应予以清除。若施工工期较长，又可能遇到暴雨天气时，应在基坑外设临时截水沟或排水沟，防止雨水流入基坑内，使坑内土质变化。任何土质基坑挖至高程后，都不能长时间暴露、扰动或浸泡而削弱其承载能力。一般土质基坑挖至基底高程时，应保留 10～20cm 厚一层，在基础施工前人工突击挖除，迅速检验，随即进行基础施工。

2. 围堰

桥涵水中基础施工，首先应采用围堰或临时改河措施排除水流影响，同时在开挖过程中要采取措施排除坑外渗水和地下水，施工难度比旱地作业量增大，施工成本也增加很多。

围堰有土围堰、土袋围堰、钢板桩围堰、钢筋混凝土桩围堰、竹(铅丝)笼围堰，套箱围堰等几种。一般要求堰顶高度，宜高出施工期间可能出现的最高水位(包括浪高)50～70cm。围堰外形，应考虑河流断面被压缩后，流速增大引起水流对围堰、河床的集中冲刷及影响通航、导流等因素。堰内面积应满足基础施工的需要。围堰断面应满足堰身强度和稳定的要求。围堰要求防水严密，应尽量减少渗漏，以减轻排水工作。

(1)土石围堰：适用于水深 l.5m 以内、流速≤0.5m/s、河床渗水性较小的河流。堰顶宽 1～2m，堰外边坡为 1:2～1:3，堰内边坡一般为 1:1～1:1.5，坡脚与基坑边缘距离根据河床土质及基坑深度而定，但不得小于 1m。筑堰宜采用黏性土或砂类土填出水面后应进行夯实。筑堰前应将堰底河床上的树根、石块、杂物等清除。

(2)草(麻)袋围堰：适用于水深 3.0m 以内，流速≤1.5m/s，河床土质渗水较小的情况。堰顶宽一般为 1～2m，有黏土心墙时为 2～2.5m，堰外边坡 1:0.5～1:1，堰内边坡 1:0.2～l:0.5。坡脚至基坑边距离及堰底处理方法、填筑方向与土围堰相同。堆码在水中的土袋上下层和内、外层应相互错缝，尽量堆码密实整齐。

(3)钢板桩围堰：适用于砂类土、黏性土、碎石土及风化岩石等河床的深水基础，钢板桩的机械性能和尺寸应符合要求。经过整修或焊接后钢板桩应采用同类型钢板进行锁口并通过试验检查。钢板桩的接长应以等强度焊缝接长。当设备许可时，宜在打桩前将 2～3 块钢板拼为一组，组拼后用夹具夹牢。钢板桩强度大、防水性好，打入土、砾、卵石层时穿透性能强，适合在水深 10～30m 的桥位围堰。

(4)钢筋混凝土板桩围堰：适用于黏性土、砂类土、碎石土河床，除用于基坑挡土防水以外还可不拔除作为建筑结构物的一部分。通常板宽 50～60cm，厚 10～30cm。

(5)套箱围堰：适用于埋置不深的水中基础，也可用以修建桩基承台。无底套箱用木板、钢板或钢丝水泥制成，内部设钢木支撑。下沉套箱之前清除河床表面障碍物，若套箱设置在岩层上时，应整平岩面，如基岩岩面倾斜，应将套箱底部做成与岩面相同的倾斜度以增加套箱稳定并减少渗漏。

(6)木(竹)笼围堰:按上述围堰近似方法施工。

3. 土石方基础挖基

(1)承包人应在基础开挖开始之前通知监理工程师,以便检查、测量基础平面位置和现有地面高程。在未完成检查测量及监理工程师批准之前不得开挖。为便于开挖后的检查与校核,基础轴线控制桩应延长至基坑外加以固定。

(2)开挖应进行到图纸所示或监理工程师所指定的高程。最终的开挖深度要依据设计期间所进行的钻探和土工试验结果,并结合基础开挖的实际调查资料来确定。低于批准基底高程的超挖或纵横向超过规定界线的部分,应由承包人自费补填,并应使用批准的材料压实到规定的标准。开挖的基坑未经监理工程师批准之前,不得浇筑混凝土或砌筑圬工。

(3)必要时,挖方的各侧面应始终予以可靠的支撑,并使监理工程师满意。

(4)在原有建筑物附近开挖基坑时,应采取有效防护措施,使开挖不致危及附近建筑物的安全,所采用的防护措施须经监理工程师同意。所有从挖方中挖出的材料,如果监理工程师认为适用,可以作回填或修筑路堤,或按监理工程师指示的其他方法处理。

(5)在基桩处的基坑开挖,应在打桩之后完成。

4. 基坑排水

所有基础挖方都应始终保持良好的排水,在挖方的整个施工期间都不致遭受水的危害。凡低于已知地下水位的地方进行开挖并构成基础时,承包人必须提交一份建议用于每个基础的排水方法以及为此而采取的各项措施的报告,并取得监理工程师的批准。在施工期间,承包人应维护天然水道并使地面排水畅通。

违反上述要求而引起的任何损失应由承包人负责。

5. 基底处理

当开挖到设计高程后,要按下列要求进行基底处理。

(1)岩层基底,在未风化的岩层上建筑基础时,应先将岩面上松碎石块、淤泥、苔藓等清除后洗净岩面。若岩层倾斜,应将岩层面凿平或凿成台阶,使承重面与重力线垂直。在风化岩层上建筑基础时,应按基础尺寸凿除已风化的表面岩层,在砌筑基础圬工的同时,将基坑底填满、封闭。

(2)对于碎石类或砂类土层基底,应将其承重面修理平整,当坑底渗水不能彻底排水时,应将水引至基础外排水沟;在水稳性较好的土质中,可在基底上铺一层25~30cm厚的片石或碎石,然后在其上砌筑基础。

(3)黏土层基底,应将其低洼处加以铲平、修整妥善后,于最短时间内砌筑基础,不得暴露或浸水过久。

承包人对基底经过处理后,需报请监理工程师检查验收。违反上述要求而引起的损失由承包人负责。

6. 基底检验

基坑开挖并处理完毕,需首先由施工单位自检并报请检验,确认合格后填写地基检验表。经过检验签字的地基检验表由施工单位保存作为竣工交验资料。未经监理工程师同意,不得砌筑基础。

基坑检验的内容:

(1)检查基底平面位置、尺寸大小、基底高程;基底平面位置和高程允许偏差规定如下:

①平面轴线位置:+200mm。

②基底高程：土质：±50mm；

石质：-200mm，+50mm 。

（2）检查基底地质情况和承载能力是否与设计资料相符；按桥涵大小、地基土质复杂情况及结构对地基有无特殊要求，一般采用以下检查方法：

①小桥涵的地基检验，一般采用直观或触探方法，必要时，可进行土质试验。

②大、中桥和地质复杂、结构对地基有特殊要求的地基检验，一般采用触探和钻探取样做土工试验，或按设计的特殊要求进行荷载试验。

（3）检查基底处理和排水情况是否符合规范要求。

（4）检查施工日志及有关试验资料等。

7. 回填

所有结构物的回填必须采用经监理工程师批准的能够充分压实的材料，不得用草皮土、垃圾和有机土等回填。严禁结构物基础超挖回填虚土。未经监理工程师许可，不得对结构物回填。一般要到结构物拆模期终了3天之后进行回填。如果养生条件反常，应按监理工程师的指示延长时间。桥台、桥墩等周围的回填，应同时在两侧及基本相同的高程上进行，特别要防止对结构物形成单侧受土压。必要时，挖方内的边坡应修成台阶型。

回填材料应分层摊铺，并用符合要求的设备压实。每层都应压实到图纸或监理工程师要求的压实度标准，回填用土的含水量应严格控制。

需回填的基坑应尽可能地及时排水。若无法排除基坑积水时，应采用砂砾材料回填，并在水中分薄层铺筑，直到回填进展到该处的水全部被回填的砂砾材料所吸收并达到能充分压实的程度时，再进行充分夯实。

二、沉桩基础质量控制

1. 沉桩基础的基本要求

（1）为了确定沉桩的施工工艺和检验桩的承载能力，在正式沉入前应先进行沉桩试验。除一般的中、小桥沉桩工程，有可靠的依据和实践经验可不进行试桩外，其他沉桩工程在施工前应先沉试桩，以确定沉桩工艺和检验桩的承载力。特大桥和地质复杂的大、中桥，应采用静载试验方法确定单桩容许承载力，一般的大、中桥的试桩，原则上宜采用静载试验法，在条件适合时，可采用可靠的动力振动波方法。

（2）钢筋混凝土桩或预应力混凝土桩的预制，其材料、工艺要求应符合规范或监理工程师的指示。

（3）桩位应根据已测定基础的纵横中心线量出，并标志、固定。测定基桩轴线应填写记录。在陆地或静水区，基桩轴线定位允许偏差：

①每根基桩的纵横轴线位置允许偏差2cm；

②单排桩的每根基桩轴线位置允许偏差1cm。

在流速较大的深水河流中，基桩轴线定位允许偏差，在设计容许范围内，可适当增大。

（4）桩基轴线的定位点，应设置在不受沉桩影响处。在施工过程中对桩基轴线应做系统的、经常的检查。定位点需移动时，应先检查其正确性，并做好测量记录，各桩位置的正确性，应在沉桩过程中随时检查。

（5）承包人可根据具体情况选择沉桩的方法，其施工组织方案须报请监理工程师审批。选择沉桩方法应依据桩重、桩型、设计荷载、地质情况、设备条件及对附近建筑物产生的影响等条件而定。附近有重要建筑物时,不宜用射水沉桩或振动沉桩。在城市附近采用锤击或振动沉桩方法时,应采取减小噪声和振动影响的措施。

(6)施工中,如监理工程师对基桩桩身质量或承载力发生疑问时,应选用可靠的无破损检验方法进行检验。

2. 锤击沉桩施工质量控制

(1)沉桩前应对桩架、桩锤、动力机械、设水管路、电缆等主要部件进行检查。

(2)用柴油锤沉直桩前,应将桩架导杆调成垂直。

(3)一般开锤后,应控制锤击的动能,应坚持由小到大的原则,视桩的入土情况,逐渐加大冲击动能,直到桩的入土深度和贯入度都符合设计要求为止。

(4)接桩宜在下节桩顶露出地面或者水面以上至少1.0m时进行。

(5)沉桩工作应一次沉到设计高程,中途不得停顿。

(6)蒸汽锤蒸汽压力应不小于0.7MPa。

沉桩施工应随时注意气候变化,如遇暴雨和大风应停止沉桩作业,并对所有的设备进行检查和防护。

3. 振动沉桩质量控制

(1)沉桩开始时可仅由桩的自重和射水下沉。

(2)吊装振动锤和桩帽(机座)与桩顶法兰盘连接牢固。

(3)沉桩至距设计高程适当距离时,提高射水管,使射水嘴缩入桩内,停止射水立即进行干振,将桩沉至设计高程。

(4)一个基础内的桩全部下沉完毕后,应将全部的基桩再复振一次,使达到合格要求。

(5)每根桩的下沉应一次完成,不可中途停顿或较长时间间歇,以免桩周土恢复,继续下沉困难,振动锤与桩头法兰盘连接螺栓必须拧紧,不得有间隙或松动,否则振动力不能充分向下传递,影响管桩下沉,接头也易破坏。

4. 射水沉桩施工质量控制

(1)按照计算长度配好射水管,将各接头连接牢固,装上弯管,并与输水胶管接通,进行通水试验。

(2)射水管装上导向环插入即将起吊的管桩,然后在桩顶接上钢道桩。

(3)吊插管桩,插正立稳后,压上桩帽及桩锤,吊装钢丝绳暂不解下,即开启水阀,开始射水冲刷桩尖下的土层,使桩靠自重下沉。

(4)初期应控制桩身不使下沉过快,以免阻塞水嘴,并随时控制和校正桩的方向。下沉渐趋缓慢时,可开锤轻击,下沉转快,停止锤击。桩下沉一定深度(8~10m)桩身稳定后,可解下吊桩钢丝绳,并逐步加大水压和锤的冲击功能,加大进桩速度。

(5)接管接桩停水时,应防止停水导致泥砂涌入桩内堵塞或卡住射水嘴。

(6)桩下沉至设计高程约1m时,即停止射水,拔出射水管,用锤击或振动沉桩法使桩下沉到设计要求为止。

(7)一般在砂类卵石层或坚硬土层中以射水为主,锤击振动为辅,在亚黏土中或黏土中射水沉桩时,以锤击或振动为主,射水为辅。

5. 静力压桩质量控制

(1)用桩架吊装时因压桩架底盘较宽,必须将桩运至底盘前然后起吊。

(2)吊桩竖直后用撬棍将桩稳住并推至底盘插桩口缓缓落下,离地面10cm左右,再用几根撬棍协助拨位，对准桩位插桩。用两台卷扬机同时起动，放下压梁、桩帽套住桩顶顺势下压。多节桩施工时，接桩面应距地面1m以上，便于操作。

(3)压桩沉入深度是以高程或静压力值控制，因此装在压梁柱上的压力表应经常检查。

(4)压桩时应避免中途停歇。

(5)施工过程中，应密切注意压桩力是否与桩轴线符合，压梁导轮和龙口的接触是否正常，有无卡管现象。

三、钻孔灌注桩的基本要求

灌注桩施工前应具备工程地质资料和水文地质资料，水、水泥、砂、石、钢筋等原材料及制品的质量检验报告。灌注桩施工时，应按有关规定制定安全生产、保护环境等措施。灌注桩施工过程中应有完善的施工记录。

1. 钻孔

(1)承包人可选择任何一种钻孔方法，但完成的钻孔，应符合规定的允许偏差。

(2)钻孔时，应采用长度适应钻孔地基条件的护筒，保证孔口不坍塌及不使地表水进入钻孔，并保持钻孔内泥浆表面高程。护筒应符合以下要求：

①护筒内径宜比桩径大200~400mm。

②护筒中心竖直线应与桩中心线重台，除设计另有规定外，平面允许误差为50mm，竖直线倾斜不大于1%，干处可实测定位，水域可依靠导向架定位。

③旱地、筑岛处护筒可采用挖坑埋设法，护筒底部和四周所填黏质土必须分层夯实。

④水域护筒设置，应严格注意平面位置、竖向倾斜和两节护筒的连接质量均需符合上述要求。沉入时可采用压重、振动、锤击并辅以筒内除土的方法。

⑤护筒顶端应高出地下水位或孔外水位1.5 ~ 2.0m。当护筒处于旱地时，其顶端应高出地下水位1.5 ~ 2.0m，还应高出地面0.3m。

⑥护筒底端埋置深度，在旱地或浅水处，对于黏性土应为1.0~1.5m；对于砂土应将护筒周围0.5~1.0m范围内的土挖除，夯填黏性土至护筒底0.5m以下，其埋置深度不得小于1.5m。在深水河床为软土、淤泥、砂土处，护筒底埋置深度应不小于3.0m；当软土、淤泥层较厚时，应尽可能深入到不透水层黏性土内1.0~1.5m，或卵石层内0.5~1.0m。护筒底端应埋入冰冻线以下至少0.5m及冲刷线以下1.5m。

⑦桩孔钻进过程，如发生故障，应及时查明原因予以处理。

2. 固孔

(1)应采用钻孔泥浆始终支持孔壁，但采用全长护筒除外。

(2)承包人可用膨润土悬浮泥浆或合格的黏土悬浮泥浆作为钻孔泥浆，钻孔泥浆不得污染地下水。根据钻孔方法的适用性的论证，不加掺加物的清水仅在监理工程师书面同意时才可采用。

(3)钻孔泥浆应始终高出孔外水位或地下水位1.0~1.5m。

(4)胶泥应用清水彻底拌和成悬浮体，使在灌注混凝土直至施工完成保持钻孔的稳定。泥浆的性能指标如表5-3所示，施工时除相对密度和黏度应进行试验外，如果监理工程师要求，其他指标也应予以抽检。

(5)地面或最低冲刷线以下部分，护筒宜在灌注混凝土时拔除。图纸另有规定者除外。

(6)桩的钻孔和开挖，应在中距5m内的任何桩的混凝土灌注完成后24h，才能开始，以避免干扰邻桩混凝土的凝固；钻孔应连续进行，不得中断，如用抓斗开挖，应注意提升抓斗时，下面不致产生真空。软土地段排架桩桥台处的钻孔，应先挖去软土，并回填适当新土，经夯实后再行钻孔。钻孔时须及时填写钻孔记录，在土层变化处捞取渣样，判明土层，以便与地质剖面图相核对。

泥浆性能指标要求 表 5-3

钻孔方法	地层情况	泥浆的性能指标						
		相对密度	黏度（s）	静切力（Pa）	含砂率（%）	胶体率（%）	失水率（ml/min）	酸碱度 pH
正循环回转、冲击	黏性土	1.05～1.20	16～22	1.0～2.5	<8～4	>90～95	<25	8～10
	砂土 碎石土 卵石 漂石	1.2～1.45	19～28	3～5	<8～4	>90～95	<15	8～10
锥钻、冲抓	黏性土	1.10～1.20	18～24	1～2.5	<4	>95	<30	8～11
	砂土 碎石土	1.2～1.4	22～30	3～5	<4	>95	<20	8～11
反循环回转	黏性土	1.02～1.06	16～20	1～2.5	<4	>95	<20	8～10
	砂土	1.06～1.10	19～28	1～2.5	<4	>95	<20	8～10
	碎石土	1.10～1.15	20～35	1～2.5	<4	>95	<20	8～10

3. 清孔

(1)钻孔达到图纸规定的深度后，且成孔质量符合要求或监理工程师要求，应立即进行清孔。清孔时，孔内水位应保持在地下水位或河流水位以上 1.5～2m，以防止钻孔的任何塌陷。

(2)钻孔底沉淀物厚度：对于摩擦桩，应不大于 $0.4d$（d 为设计桩径）；对于柱桩，应不大于图纸规定值，如图纸无规定，不得大于 5cm。

(3)清孔的次数应符合图纸规定，大型基础钻孔后一般要进行两次清孔。

(4)用换浆法清孔后的泥浆指标：相对密度 1.05～1.20（t/m^3）；黏度 17～20s；含砂率 <4%。

(5)嵌岩桩的沉积厚度应事先满足图纸要求，并不得大于 50mm，不得加深孔底深度代替清孔。

4. 钻孔检查及允许缩差

(1)钻孔过程中，宜用孔规和其他仪器，对钻孔直径进行检查。孔规外径应不小于桩的设计直径，孔规的长度宜为直径的 2～4 倍。当钻孔深度达到设计要求，在清孔完毕，放置钢筋骨架之前，应对全长进行检查，并报请监理工程师复查。

(2)钻孔经检查发现有缺陷，例如中心线不符、超出垂直线、直径减小、椭圆截面、孔内有漂石等，承包人应就这些缺陷报告送监理工程师，并采取适当措施，予以改正。修补措施和费用，由承包人负担。

(3)钻孔应符合下列允许偏差：

①平面位置：群桩不大于 10cm，单排桩不大于 5cm。

②钻孔直径：不小于桩图示直径。

③倾斜率：直桩不大于1%；斜桩不超过图示斜率的±2.5%。

④深度：对于摩擦桩，不小于图示；对于柱桩，应比图示超深不小于5cm。

5. 钢筋笼

钢筋笼的制作必须按照设计图纸，配筋、骨架的绑扎、焊接应符合对于钢筋性能要求中的规定。钢筋笼分节吊装，就地焊接时，上下节主筋位置必须对准，轴线应一致，其焊接也必须保证符合焊接质量标准。

桩的钢筋骨架，应在混凝土灌注前，整体放入孔内。如果混凝土灌注不能紧接在钢筋骨架放入之后施工，则钢筋骨架应从孔内移去。在钢筋骨架重放前，应对开挖的完整性，包括孔底松散物，进行检查。

灌注混凝土时，钢筋骨架在顶面应有地面框架、吊车或其他有效方法进行固定，防止混凝土灌注过程中钢筋骨架上升。支承系统应对准中线防止钢筋骨架倾斜和移动。钢筋骨架上应事先安设控制钢筋骨架与孔壁净距的混凝土间隔块，或用适当弯折和系结的钢筋，这些间隔块应可靠地以等距离绑在钢筋骨架周径上，其沿桩长的间距不超过4m，或其他有效方法以保证图纸要求的保护层得到满足。钢筋骨架底面高程允许偏差为±50mm。

6. 灌注混凝土

(1)水下灌注混凝土(导管灌注混凝土)应符合下列要求：

①水泥等级不低于32.5级，灌注时间不得长于首批混凝土初凝时间；

②粗集料应为卵石，或级配良好的碎石；

③粗集料最大粒径为40mm，且不得大于导管直径的1/8及钢筋最小净距的1/4；

④混凝土的含砂率宜为40%～50%；

⑤缓冲外掺剂，只有得到监理工程师的批准，才能采用；

⑥抗硫水泥应按图纸说明，或按监理工程师的要求采用；

⑦坍落度宜为180～220mm；

⑧除非监理工程师另有许可，水泥用量应不少于350kg/m^3；

⑨水灰比宜为0.5～0.6。

(2)水下混凝土浇注

灌注混凝土前，应检测桩底泥浆沉淀厚度，如大于规定的清孔要求，应再次清孔。混凝土拌合物运至灌注地点时，应检查其均匀性和坍落度，如不符合规定的要求，应进行第二次拌和，二次拌和仍达不到要求，不得使用。

孔身底面得到监理工程师认可和钢筋骨架安放后，应立即开始灌注混凝土，并应连续进行、不得中断。当气温低于0℃时，灌注混凝土应采取保温措施。强度未达到设计等级的50%的桩顶混凝土不得受冻。

混凝土应用适宜的钢导管灌注。导管由管径不小于250mm的管子组成，用装有垫圈的法兰盘连接的管节制成。导管应进行水密、承压和接头抗拉试验。灌注混凝土时，导管应充满混凝土且缓慢下降塞球。在灌注混凝土开始时，导管底部至孔底应有25～40cm的空间。首批灌注混凝土的数量应能满足导管初次埋置深度(≥1.0m)和填充导管底部间隙的需要。在整个灌注时间内，导管漏斗下应保持足够的混凝土，排泄端应充分伸入先前灌注的混凝土内至少2m，且不得大于6m，以防止水冲入管内。应经常量测孔内混凝土面层的高程，及时调整导管排泄端与混凝土表面的相应位置，并始终予以严密监视，导管应在无空气和水进入的状态下填充。如为泵送混凝土，泵管应设底阀或其他的装置，以防水和管中混凝土混合。泵管应在桩内混凝土升高时，慢慢提起。管底在任何时候，应在混凝土顶面以下 2m。输送到桩中的混凝土，应一次连续操作。初凝前，任何受污染的混凝土应从桩顶清除。

处于地面或桩顶以下的井口整体式刚性护筒，应在灌注混凝土后立即拔出。处于地面以上能拆除的护筒部分，须待混凝土抗压强度达到 5MPa 后拆除。当使用全护筒灌注混凝土时，应逐步提升护筒，护筒底面应保持在混凝土顶面以下 1～2m。

混凝土应连续灌注，直至灌注的混凝土顶面，高出理论截断面不小于 80cm 或监理工程师确定的高度，以保证截断面以下的全部混凝土具有满意的质量。

灌注混凝土时，溢出的泥浆应引流至适当地点处理，以防止污染环境或堵塞河道。混凝土灌注过程中，如发生故障应及时查明原因，并提出补救措施，报监理工程师后进行处理。

(3)混凝土的质量检查和验收

监理工程师应按照规定对混凝土质量进行检查和验收。

①承包人应在监理工程师在场情况下，采用无破损检验方法，对特大桥和大桥应每一钻孔桩以及对有代表性的桩，对质量有怀疑的桩和因灌注故障处理过的桩作整体性检验。无破损检验所需预埋件，应按图纸所示或由承包人自行设置。

②承包人应在工地配备能对全桩长钻取 70mm 直径或较大的芯样的设备和经过训练的工作人员，也可以分包给经监理工程师认可的钻探队来承担钻取芯样的工作。

③如果监理工程师认为混凝土整体性检验不满意，或在施工中遇到的任何异常情况，说明桩的质量可能低于要求标准时，可要求对桩顶部分或桩全长钻取芯样，以检验桩的混凝土灌注质量。

④监理工程师除对成桩平面位置用经纬仪复查外，其余根据灌注混凝土前的施工记录，进行复查，当对全部检查及试验结果认为满意时，即对每桩作出书面批准。

(4)缺陷桩

如果桩不符合规定要求，或在施工中遇到异常情况，使监理工程师有理由认为桩的质量低劣，应采取经监理工程师认可的补救措施或予以废弃。

废弃的桩，应由一根或多根另增加的桩代替，增加桩的数量、位置以及因增加桩而引起的基础尺寸改变，应由承包人提出，经监理工程师批准。这些增加的工程，其费用由承包人承担。由于施工过错而引起的桩长增加，其费用也由承包人承担。

7. 桩的垂直静荷载试验

对于采用就地灌注钻孔桩结构物，监理工程师可选择工程用桩做检验荷载试验以检验桩的承载力，承包人应在工地先施工这些供试验的工程用桩。检验荷载的试验桩与要施工的主要基桩，所使用的施工设备及施工方法应相同，试验桩的深度要达到设计图纸的要求。其他桩，在试桩完成且监理工程师认为满意以后，才能施工。

监理工程师也可要求在工地附近的其他指定地点进行破坏荷载试验。破坏荷载试验的目的是确定桩设计的合理性，这些试验应在任何工程用桩开始以前完成，且做到使监理工程师满意。破坏静载试验用桩，不得在以后作为工程用桩。

对就地灌注钻孔桩是否做检验荷载和破坏荷载试验，由监理工程师根据具体情况考虑确定。

(1)试验要求

要做荷载试验的工程用桩，按图示或由监理工程师指定，监理工程师至少在基桩施工开始前 7 天选定试桩。试验应在桩的混凝土强度达到设计等级后进行。按规定的程序，承包人应向监理工程师提交拟采用的荷载装置详图请求批准。荷载装置应考虑逐渐施加荷载增量而不致使试桩震动。如批准的方法需要拉桩(锚桩),若可行的话,这些拉桩应与永久性桩同一形式和同一直径,且设在永久性的桩位上。

试桩桩顶高程在混凝土结硬以后应立即确定,且在荷载试验前再加复核,以检验有无隆起现象。所有隆起的桩在试验前应用千斤顶压至原来的高程上。

(2)桩的破坏荷载及检验荷载的试验标准

桩的检验荷载为两倍设计荷载。如果加载达到两倍设计荷载后总沉降量不超过40mm,且后一级加载引起的沉降不超过前一级加载引起的沉降的5倍,沉降在24h内稳定,则该桩可予以验收。

如最后一级加载以后,桩的总沉降量等于或超过40mm,且本级荷载加载引起的沉降等于或大于前一级加载引起沉降的5倍,或桩的总沉降量等于或大于40mm且本级荷载加载后,沉降经24h仍不稳定,则最后一级加载时总荷载为破坏荷载。

(3)桩的荷载试验步骤

①每级荷载增量约为预定的最大试验荷载的10%。

②每级加载阶段,荷载应持续到沉降稳定。沉降观测在开始的第1h内应每15min记录一次;第2h内每30min记录一次;以后每小时观测一次。

③每级加载的沉降量,桩尖下为大块碎石类土、砂类土、坚硬黏性土,最后30min不大于0.1mm,即可视为稳定。桩尖下为半坚硬和软塑黏性土,最后一小时沉降量不大于0.1mm,即可视为稳定。

④分阶段卸载,其值相当于分阶段加载的两倍,如加载级为奇数,则第一级卸载量为分阶段加载级的3倍。卸载到零后,至少在2h内,每30min观测一次回弹量。如果桩尖下为砂类土,则开始30min内,每15min观测一次;如果桩尖下为黏性土,则开始一小时内,每15min观测一次。

(4)试桩成果及试桩的挖移或截断

承包人应按规范及监理工程师要求,在试桩试验完成后24h内,向监理工程师提交每根试桩完备的记录及数据分析。不用于结构上的破坏荷载试验的试桩,在试验完成以后应挖移,或截断至完工后的地面、河床或最低冲刷线以下30cm。

四、沉井基础质量控制

1. 施工前准备

(1)详细调查了解水文地质情况,对沉井下沉所通过的地层地质构造,土层深度,特性,地勘孔位(每个沉井应至少有两个钻孔),以及河道通航,流水,高水位等各项水文资料。

(2)清理场地

①筑岛沉井在修围堰和筑岛前,应对墩位场地的孤石、杂草、树根等杂物予以清除,并平整场地,对软硬不均的地表应换土或加固。

②浮式沉井在浮运前,对河床高程,冲刷情况进行测定,对倾斜较大的河床面应整平。

2. 沉井制作(混凝土及钢筋混凝土沉井制作)

(1)筑岛:依据设计图纸和桥位测量基线桩定出筑岛中心桩,整平,填实,筑岛顶面应高出施工水位0.5m上。

(2)铺设垫木:刃脚下应满铺垫木,一般使用长、短两种垫木相间布置。

(3)沉井模板安装:首先精确放出沉井平面大样(弹线)。外侧要刨光,拼接平顺。模板安装顺序为:刃脚斜面及隔墙面模板→井孔模板→绑扎钢筋→主外模→调整各部尺寸→全面紧固拉杆、拉箍、支撑等。

沉井模板支好后,须复核尺寸,位置,刃脚高程,井壁垂直度,检查模板支撑。支立第二节以上各节模板时,应用圆钢拉杆,环箍加劲牢固,不易支撑于地面上,以防沉井浇筑中下沉造成跑模。

(4)沉井混凝土灌筑,养护及拆模:沉井混凝土灌注应沿四壁对称均匀进行,避免因高差产生不均匀下沉,每节沉井混凝土应一次浇完。

养护:正常洒水,覆盖。沉井顶面混凝土凿毛可在混凝土强度大于25MPa时提早进行。

拆模:混凝土达到规定强度后即可拆模,拆模顺序为:井壁外侧模板及井孔内侧模板→斗隔墙下支撑及隔墙底模→刃脚斜面下支撑及刃脚斜面模板。

拆模时注意隔墙及刃脚下支撑应对称依次拆模,由中向边进行;拆模后,下沉抽垫前应将刃脚回填密实,防止不均匀下沉。

(5)沉井接高时底节顶面应高出地面0.5~1.0m,应在下沉偏差允许范围内接高。当沉井底节在偏斜状态时,严禁竖直向上接高,接高时各节的竖向中轴线应与下面的一节重合,外壁应竖直。

3. 沉井下沉

(1)沉井下沉主要是通过从井孔内挖土,清除刃脚下阻力,依靠自重克服井壁摩擦力下沉。

(2)排水开挖下沉:在稳定的土层中,渗水量小于$1m^3/(m^2 \cdot h)$,可采用排水开挖下沉。

①挖土时先将刃脚内侧的回填土分层挖去,定位承垫处的土最后挖除,一层挖完再挖第二层。

②土质松软时,在分层挖回填土的过程中,沉井即逐渐下沉,当刃脚下沉至沉井中部,土面大体齐平时,即可在中部先向下挖深40~50cm,再向四周均匀扩挖,再分层挖除刃脚内侧的土台。

③在坚硬的土层中,可先分段掏空刃脚,随即回填砂砾,最后挖定位承垫下的土(岩)层。

④遇有岩层时,顺序开挖刃脚内侧和外侧,风化岩(或软岩)可用风镐,风铲挖除,硬岩层可以打眼爆破。

(3)不排水开挖下沉具体要求:

①井内挖土深度,一般根据土质而定,最深不应低于刃脚下2m。

②通过粉砂,细砂等松软地层时,不宜以降低井内水位而减少浮力的办法,促使沉井下沉。应保持井内水位比井外高1~2m以防止流砂涌向井内,引起沉井倾斜。

③除了纠偏外,井内的土应由各井孔均匀清除,各孔内高差不超过50cm。

(4)抓土下沉施工:抓土一般锅底比刃脚低1~1.5m,刃脚周边不易坍落时,应采用高压水枪冲刃脚部位辅助下沉,多孔井,每个井孔需配备一套抓土设备。出土方式可采用特制的挂钩甩土或利用井顶运输轨道(抓斗工作范围内)。

(5)吸泥下沉:吸泥机可使用水力吸泥机、水力吸石筒及空气吸泥机。通常采用吊架或吊机维持其悬吊状态,吸泥管应垂直,并能在井内移动位置。吸泥时,其吸泥管口离泥面高度一般为0.15~0.5m。吸泥时应经常变换位置,提高吸泥效果,使井底泥面均匀下降,靠近刃脚及隔墙下的土层如不能向中间锅底自行坍落时,可用高压水枪射水冲击。吸泥操作水深不宜小于5m,因此筑岛一段开始下沉时,可采用排水开挖或抓斗下沉方法,或向井内注水,增大吸泥深度。吸泥机工作时应经常调整吸管口距泥面的高度,以能经常吸出最稠的泥浆为准。工作时注意泥面变化,防止周边坍方埋住吸泥机,停吸时,应先将吸泥机提升一定高度后再关闭风阀。

4. 沉井的施工测量

(1)沉井顶面中心测量:在岸上导线点利用红外线测距仪,直接测出沉井中心位置或利用预先设置的基线三角网进行交汇法测出沉井中心位置,根据中心位置检查沉井各点下沉中的偏差,在施工中予以纠正。

(2)刃脚高程测量

①沉井下沉前求出刃脚假定高程,下沉接高时,将刃脚底面高程返至沉井顶面。

②高程测量:沉井接高时,其基准面也要逐节向顶面返,保持上、下基准面平行,竖向轴线垂直。

③下沉深度测量:按实测顶面高程和量得的沉井高度,计算下沉深度高程。

④当最后一节沉井,下沉至顶面露出水面0.5m时,应设置防水挡土墙围堰,再继续下沉至设计高程。

5. 沉井基底清理

沉井下到设计高程后,应进行基底清理以便封底。当沉井刃脚下岩面较平整,刃脚与岩面间空隙不大时(20cm以内),可用1:1水泥砂浆封堵间隙后排水清基。

岩石风化层较多,清基时应将风化层全部凿除,然后由潜水工将刃脚与岩石间空隙部分泥砂软层清理干净,在刃脚内侧堆码一圈砂袋,作为封堵砂浆的内模,用塑料袋或桶盛1:1水泥砂浆(必要时可掺2%氟化钠)缓缓吊送给潜水工,由潜水工将砂浆倒入砂袋与刃脚的空间内进行封堵,施工应连续进行。待砂浆达到一定强度后抽水进行井内清基工作。

基底设置在非岩石类土层上的沉井、井孔内、刃脚及隔墙下的土层均应进行清理,以形成封底锅底坑。清基时可采用射水、吸泥交替进行。清基时应注意控制泥面高度以及不要过分扰动刃脚下土层,以免引起翻砂或下沉,基底范围内的浮泥松土不易超过10cm,封底混凝土高度内的井壁及隔墙底的黏泥应尽可能洗净。由潜水员和测量人员共同测定井孔底面高程。

6. 沉井封底

沉井封底可分为排水封底和不排水封底两种,依据井底渗水情况选用。不排水封底有三种方法:垂直导管法灌注水下混凝土,堆土灌浆法和装袋法灌注水下混凝土。

导管法灌注水下混凝土施工方法与钻孔桩水下混凝土基本要求相同,一般采用一根或多根导管灌注混凝土(或依次灌注)。

①导管平面布置应使各导管的有效灌注半径互相搭接,并覆盖满基底全范围。

②在井顶搭设灌注支架,悬挂储料斗、漏斗、导管,在灌注混凝土全部过程中,导管埋入混凝土的深度至少应保持1.0~1.8m以上(导管作用半径大,埋深亦大)。

③主要设备:储料槽、串筒、漏斗、导管、振动器、导管提升设备、隔水球、检查锤、测深锤、抽水设备、射水设备、清孔设备、混凝土拌台、运输设备等。

沉井封底质量检查可采用钻芯取样方法。

第三节 桥梁下部构造的质量控制

桥梁墩、台主要作用是承受上部结构传来的荷载,并通过基础又将此荷载及本身自重传递到地基上。桥墩一般系指多跨桥梁的中间支承结构物，它除承受上部结构的荷重外，还要承受流水压力、水面以上的风力以及可能出现的冰荷载、船只、排筏或漂浮物的撞击力。桥台除了是支承桥跨结构的结构物之外，它又是衔接两岸接线路堤的构筑物，既要能挡土护岸，又要能承受台背填土及填土上车辆荷载所产生的附加侧压力。

公路桥梁上常用的墩、台形式大体上可以归纳为两大类：

(1)重力式墩台。这类墩台的主要特点是靠自身重力来平衡外力而保持其稳定。因此，墩、台身比较厚实，可以不用钢筋，而用天然石材、片石或混凝土砌筑。

(2)轻型墩台。这类墩台的刚度小，受力后允许在一定的范围内发生弹性变形。所用的建筑材料大都以钢筋混凝土和少量配筋的混凝土为主，但也有一些轻型墩台，通过验算后，可以用石料砌筑。

一、圬工质量控制

1. *施工要求*

(1)在砌筑前每一石块均应用干净水洗净并彻底饱和之，其垫层亦应干净并湿润。所有石块均应坐于新拌砂浆之上，在砂浆凝固前，所有缝应满浆，石块固定就位。垂直缝的满浆系先将已砌好的石块的侧面抹浆，然后用侧压砌置下一相邻石块；或石块就位后灌入砂浆。当用小石子混凝土填满垂直缝时，应用扁钢捣实。

(2)所有石料均应按层砌筑。当砌体相当长时，应分为几段。砌筑时相邻段高差不大于1.2m，段与段间设伸缩缝或沉降缝，各段水平砌缝应一致。

(3)先铺砌角隅石及镶面石，然后铺砌帮衬石，最后铺砌腹石。角隅石或镶面石应与帮衬石互相锁合，帮衬石与腹石应互相锁合。

(4)如果石块松动或砌缝开裂，应将石块提起，将垫层砂浆与砌缝砂浆清扫干净，然后将石块重新铺砌在新砂浆上。

(5)在砂浆凝固前应将外露缝勾好，勾缝深度不小于2cm。如若不能按这样将外露缝勾缝，应在砂浆未凝固前，将砌缝砂浆刮深不小于2cm，为以后勾缝作准备。

(6)勾好缝或灌好浆的砌体在完工后，视水泥种类及气候情况，在7~14天内应加强养生。所有灰缝应填满砂浆。

2. *砂浆*

砌体所用砂浆配合比，应经试拌试验决定。水灰比不应大于0.65。砂浆应有适当的和易性和稠度，其值当用标准圆锥体沉入度表示时为5~7cm。

砌石和勾缝所用的砂浆等级应符合图纸规定。砂浆可用人工或机械拌和。人工拌和砂浆时，应将砂和水泥在干净、不漏水的槽内彻底拌和，直至拌和物有均匀颜色，然后加干净水，其数量应能形成结实的可塑体。机械拌和砂浆应在监理工程师认可的拌和机内进行，其拌和时间不少于1.5min。砂浆拌和后2~3h内应使用完毕，不允许加水重塑。

在铺筑砂浆时，应遵守有关气候和温度的规定。

3. *小石子混凝土*

(1)经监理工程师批准，在片石砌体和块石砌体中，可使用小石子混凝土作为砂浆砌筑。

(2)小石子混凝土的粗集料可采用碎石或砾石，粒径不大于20mm。

(3)小石子混凝土应具有适当的和易性和保水性。

(4)小石子混凝土拌合超过45min，未使用完应废弃。

4. 片石砌体

片石应分层砌筑，一般2～3层组成一个工作层，每一工作层应大致找平。应选用具有比较整齐表面的大尺寸石块作为角隅石及镶面石。相对长和短的石块应交错铺在同一层并和帮衬石或腹行交错锁结。竖缝应与邻层的竖缝错位。一般平缝与竖缝宽度，当用水泥砂浆砌筑时不大于4cm，当用小石子混凝土砌筑时为3～7cm。可以用石片填塞宽的竖缝，但不允许用比缝宽度大的石片。

5. 块石砌体

(1)块石砌体应成行铺砌，并砌成大致水平层次。镶面石应按一丁一顺或一丁二顺砌筑。任何层次石块应与邻层石块搭接至少8cm。砂浆砌筑缝宽应不大于3cm。

(2)帮衬石及腹石的竖缝应相互错开。砂浆砌筑平缝宽度不应大于3cm，竖缝宽度不应大于4cm；当用小石子混凝土砌筑时，砌缝不大于5cm。

6. 粗料石及混凝土预制块砌体

粗料石砌体应成行铺砌并砌成水平层次。在铺砌前，应选择石料，使各层在厚度、外观及类别上相匹配。任何镶面石应是一丁一顺砌筑。缝为竖缝及平缝，粗料石缝宽不大于2cm，混凝土预制块缝宽不大于1cm。任何镶面石块应与邻层石块搭接，其搭接长度不小于10cm，同时在丁石的上层或下层不宜有竖缝。帮衬石及腹石用满足规定的块石。

二、钢筋混凝土下部结构质量控制

1. 承台施工

(1)围堰及开挖方式的选择

当承台位置处于干处时，一般直接采用明挖基坑，并根据基坑状况采取一定措施后，在其上安装模板，浇筑承台混凝土。

当承台位置位于水中时，一般先设围堰(钢板桩围堰或吊箱围堰)将群桩围在堰内，然后在堰内河底灌注水下混凝土封底，凝结后，将水抽干，使各桩处于干地，再安装承台模板，在干处灌筑承台混凝土。对于承台底高程位于河床以上的水中，采用有底吊箱或其他方法在水中将承台模板支撑和固定。如利用桩基，或临时支撑直接设置，承台模板安装完毕后抽水，堵漏，即可在干处灌筑承台混凝土。

承台模板支撑方式的选择应根据水深、承台的类型、现有的条件等因素综合考虑。

(2)开挖基坑

基坑开挖与明挖基础相同，基坑的开挖坡度以保证边坡的稳定为原则，根据地质条件，开挖深度，现场的具体情况确定，当基坑壁坡不易稳定或放坡开挖受场地限制，或放坡开挖工作量大，不经济时，可按具体情况采取加固坑壁措施，如挡板支撑、混凝土护壁、钢板桩、锚杆支护、地下连续壁等。基坑顶面应设置防止地面水流入基坑的措施，如截水沟等。当基坑地下水采用普遍排水方法难以解决，可采用井点法降水，井点类型根据其土层的渗透系数，降水的深度及工程的特点进行确定。

(3)模板及钢筋

在设置模板前应做好承台底的处理，破除桩头，调整桩顶钢筋，做好喇叭口。模板一般采用组合钢模，纵、横楞木采用型钢，在施工前必须进行详细的模板设计，以保证使模板有足够的强度、刚度和稳定性，能可靠地承受施工过程中可能产生的各项荷载，保证结构各部形状、尺寸的准确。模板要求平整，接缝严密，拆装容易，操作方便。一般先拼成若干大块，再由吊车或浮吊(水中)安装就位,支撑牢固。

钢筋的制作严格按技术规范及设计图纸的要求进行,墩身的预埋钢筋位置要准确、坚固。

(4)混凝土的浇筑

混凝土的配制要满足技术规范及设计图纸的要求外,还要满足施工的要求。如泵送对坍落度的要求。为改善混凝土的性能,根据具体情况掺加合适的混凝土外加剂。如减水剂、缓凝剂、防冻剂等。

混凝土的拌和采用拌和站集中拌和,混凝土罐车通过便桥或船只运输到浇筑位置。采用流槽、漏斗或泵车浇筑。也可由混凝土地泵直接在岸上泵入。混凝土浇筑时要分层,分层厚度要根据振动器的功率确定,要满足技术规范的要求。

大体积混凝土的浇筑:随着桥梁跨度越来越大,承台的体积变得很大,越来越多的承台混凝土的施工必须按照大体积混凝土的方法进行。大体积混凝土的施工除遵照一般混凝土的要求外,施工时还应注意以下几点:

①水泥:选用水化热低,初凝时间长的矿山水泥,并控制水泥用量,一般控制在300 kg/m^3以下。

②砂、石:砂选用中、粗砂,石子选用0.5~3.2cm的砂石和卵石。夏季砂、石料堆可设简易遮阳棚,必要时可向骨料喷水降温。

③外加剂:可选用复合型外加剂和粉煤灰以减少绝对用水量和水泥用量,延缓凝结时间。按设计要求敷设冷却水管,冷却水管应固定好。

如承台厚度较厚,一次浇注混凝土方量过大时,在设计单位和监理同意后要分层浇筑,以通过增加表面系数,利于混凝土的内部散热。分层厚度以1.5m左右为宜,层间间隔时间5~14天之间,上层浇筑前,应清除下层水泥薄膜和松动石以及软弱混凝土面层,并进行湿润、清洗。

(5)混凝土养生和拆膜

混凝土浇筑后要适时进行养生,尤其是体积较大,气温较高时要特别注意,防止混凝土开裂。混凝土强度达到拆模要求后进行拆模。

2. 墩、台身施工

施工前28天,承包人应将施工计划报监理工程师审批。

在承台顶面准确放出墩台中线和边线,考虑混凝土保护层后,标出主钢筋就位位置,经监理工程师同意后进行施工。

工程使用的钢筋应具有制造商的质量证书。将加工好的钢筋运至工地现场绑扎,在配置第一层垂直筋时,应使其有不同的长度,以符合同一断面筋接头的有关规定。随着绑扎高度的增加,用圆钢管搭设绑扎脚手架,做好钢筋网片的支撑并系好保护层垫块。条件许可时,可事先加工成钢筋网片或骨架,整体吊装焊接就位。将标准钢模组合成分块模板片,板片高度及宽度视墩台身尺寸和吊装能力确定。用夹具将工字钢立柱的板片竖向连接,横向用销钉和槽钢横肋,将整个模板连成整体,安装就位,用临时支撑支牢,待另一面模板吊装就位后,用圆钢拉杆外套塑料管并加设锥形垫,外加垫块帽,内加横内撑,将两面模板横向连成整体,校正定位。

安装直坡式墩台模板,为便于提升,宜有0.5%~0.1%模板高度的锥度。在制作模板时可根据锥度要求加工一定数量的梯形模板,为适应于空心墩台,还须制作收坡式模板。使用拼装式模板修筑圆形、方形墩时,可视吊装能力,分节组拼成整体模板,以加快进度,保证质量及安全。拼装式模板用于高墩台时,应分层支撑、分层浇筑,在浇筑第一层混凝土时,于墩台身内预埋支承螺栓，以支承第二层模板的安装和混凝土的浇筑。为保证模板的使用性能和吊装时不变形，模板必须有足够的强度、刚度和稳定性，事先进行认真的设计。端头模板要和墙面模板牢固连接，认真采取支撑、加固措施，防止跑模、漏浆。

施工脚手架用螺栓连接在立柱上，立柱下部设置可调斜撑，以确保模板位置的正确。浇筑墩台混凝土通常搭设普通外脚手架，浇筑高墩台混凝土时，须采用简易活动脚手或滑动脚手。浇筑空心高墩台宜搭设内脚手，并兼作提升吊架。

统筹安排混凝土拌和站的位置，拌和站的拌和能力必须满足施工需要。原材料质量、混凝土施工配合比、坍落度等必须符合设计要求。

混凝土浇筑前应将模板内杂物、已浇混凝土面上泥土清理干净，待模板、钢筋检查合格后，方可进行混凝土的浇筑。

混凝土的水平运输，视运距远近和方量大小可分别选用手推车、轻便轨道活底斗车、自卸汽车或混凝土拌和车。混凝土垂直运输常用各种吊机、扒杆、吊架、混凝土泵、混凝土泵车及皮带输送机等进行高墩台的混凝土浇筑。

墩台身高度不大时，可搭设木板坡道，中间钉设防滑木条，用手推车运输混凝土浇筑。当墩台身高度较大，混凝土下落高度超过 2m 时，要使用漏斗、串筒。

混凝土应分层、整体、连续浇筑，逐层振动密实，轻型墩台需设置沉降缝时，缝内要填塞沥青麻絮或其他弹性防水材料，并和基础沉降缝保持顺直贯通。混凝土浇筑时要随时检查模板、支撑是否松动变形，预留孔、预埋支座钢板是否移位，发现问题要及时采取补救措施。混凝土浇筑完成应适时覆盖洒水养生，预松模板拉杆透水养生，拆模后也可采用喷洒养生剂、圈套塑料养生。

浇筑轻型薄壁墩台，为防止出现混凝土裂缝，施工时应认真进行混凝土配合比设计，严格计量投料，精心施工，重视养生。为保持其墙体的稳定，混凝土浇筑后，要抓紧安排支撑梁混凝土的施工，以及上部构件的吊装，使整个构造物早日形成受力框架。

高大的后仰桥台，为平衡偏心，应在浇筑台身混凝土之后，及时填筑台后路堤土方，防止桥台后倾或前滑。未经填土的台身露出地面的高度不得超过 4m，以防因偏心造成基底的不均匀沉陷。

第四节　桥梁上部构造的施工质量控制

一、模板、拱架和支架

1. 一般规定

模板、支架和拱架宜优先使用胶合板和钢模板；在计算荷载作用下，对模板、支架及拱架结构应按受力程序分别验算其强度、刚度及稳定性；模板板面之间应平整，接缝严密，不漏浆，保证结构物外露面美观，线条流畅，可设倒角；结构应简单，并方便制作、装拆。浇筑混凝土之前，模板应涂刷脱模剂，外露面混凝土模板的脱模剂应采用同一品种，不得使用废机油等油料，且不得污染钢筋及混凝土的施工缝处。重复使用的模板、支架和拱架应经常检查、维修。

2. 模板、拱架和支架的设计

(1)承包人在制作模板、拱架和支架前 14 天，向监理工程师提交模板、拱架和支架的施工图、内力及预计挠度计算书，经监理工程师批准后才能制作和架设。虽有监理工程师批准及制作、架设过程中的检查,并不免除承包人对此应负的责任。

(2)模板、支架和拱架的设计原则

①计算模板、支架和拱架时,应考虑下列荷载并按表5-4进行荷载组合。

模板、支架和拱架设计计算的荷载组合 表5-4

模板结构名称	荷载组合	
	计算强度用	验算刚度用
梁、板和拱的底模板以及支承板、支架及拱等	(a)+(b)+(c)+(d)+(g)	(a)+(b)+(g)
缘石、人行道、栏杆、柱、梁、板、拱等的侧模板	(d)+(e)	(e)
基础、礅台等厚大建筑物的侧模板	(e)+(f)	(f)

注:(a)模板、支架和拱架自重。

(b)新浇筑混凝土、钢筋混凝土或其他圬工结构物的重力。

(c)施工人员和施工材料、机具等行走运输或堆放的荷载。

(d)振捣混凝土时产生的荷载。

(e)新浇筑混凝土对侧面模板的压力。

(f)倾倒混凝土时产生的水平荷载。

(g)其他可能产生的荷载,如雪荷载、冬季保温设施荷载等。

②计算模板、支架和拱架的强度和稳定性时,应考虑作用在模板、支架和拱架的风力。设于水中的支架,尚应考虑水流压力、流冰压力和船只漂流物等冲击力荷载。

(3)支架的立柱应保持稳定,并用撑拉杆固定。当验算模板及其支架在自重和风荷载等作用下的抗倾倒稳定时,验算倾覆的稳定系数不得小于1.3。

(4)验算模板、支架及拱架的刚度时,其变形值不得超过下列数值:

①结构表面外露的模板,挠度为模板构件跨度的1/400;结构表面隐蔽的模板,挠度为模板构件跨度的1/250;

②支架、拱架受载后挠曲的杆件(盖梁,纵梁),其弹性挠度为相应结构跨度的1/400;

③钢模板的面板变形为l. 5mm;钢模板的钢棱和柱箍变形为$L/500$和$B/500$(其中L为计算跨径,B为柱宽)。

(5)施工预拱度的计算

支架(拱架)应预留施工拱度,在确定施工拱度值时,应考虑下列因素:

①支架(拱架)承受施工荷载而引起的弹性变形;

②超静定结构由于混凝土收缩、徐变及温度变化引起的挠度;

③承受推力的墩台,由于墩台水平位移所引起的拱圈挠度;

④由结构重力引起梁或拱圈的弹性挠度,以及1/2汽车荷载(不计冲击力)引起的梁或拱圈的弹性挠度;

⑤受载后由于杆件接头的挤压和卸落设备压缩而产生的非弹性变形。

3. 模板、拱架和支架的制作和架设

(1)支架

桥梁上部结构有支架施工,通常使用的支架分为满布式木支架、钢木混合支架、万能杆件拼装支架、装配式公路钢桥桁架节拼装支架、轻型钢支架、CKC门式脚手架钢支架、WDJ碗口式多功能脚手架钢支架、墩台自承式支架、模板车式支架。施工时应根据拥有的器材、地质条件合理选用。支架的布置根据梁截面并通过计算确定以确保强度、刚度、稳定度满足要求,计算时除考虑梁体混凝土重量外,还需考虑模板及支架重量,施工荷载(人、料、机等),作用在模板、支架上的风力，及其他可能产生的荷载（如雪荷载，保证设施荷载）等。

（2）模板

施工所用模板，有组合钢模板、木模板、木胶合板、竹胶合板、硬铝模板、塑料模板、各类纤维材料板。施工时应根据结构物的外观要求选用。混凝土外露面的模板可采用至少一个侧面及两个边刨光的胶合板，或者是锯材，金属、玻璃纤维、粗面木材衬以胶合板、金属板等。

在模板内的金属连接件或锚固件，应至少在距混凝土表面25mm深处将其拆卸或截断，且不损伤混凝土。混凝土表面处所留空洞应用水泥砂浆填塞；表面应坚固、光滑、平顺，颜色均匀。模板内应无污物、砂浆及其他杂物。以后要拆除的模板，应在使用前彻底涂以脱模剂。脱模剂或其他相当的代用品，应使能易于脱模，使混凝土不变色。梁及墩台帽的突出部分，应做成倒角或削边，以便脱模，并按图纸所示或监理工程师指示，在结构物的某些部位设置凸条或凹槽的装饰线。

当所有和模板有关的工作做完，待浇混凝土构件中所有预埋件亦安装完毕，应经监理工程师检查认可后，才能浇筑混凝土。这些工作应包括清除模板中所有污物、碎屑物、木屑以及其他杂物。

（3）地基处理

地基处理的方式根据支架的形式对地基的要求而决定，支架的跨径大，对地基的要求就高，地基的处理形式就得加强，反之就可相对减弱。地基处理形式有：地基换填压实、混凝土条形基础；桩基础加混凝土横梁等。地基处理时要做好地基的排水，防止雨水或混凝土浇筑和养生过程中滴水对地基的影响。

除非监理工程师批准，拱架和支架不得支承于除基础以外的结构物的任何部分。

（4）支架、模板制作与安装注意事项

①构件的连接应尽量紧密，以减小支架变形，使沉降量符合预计数值。

②为保证支架稳定，应防止支架与脚手架和便桥接触。

③模板的接缝必须密合，如有缝隙须塞堵严实，以防跑浆。

④建筑物外露面的模板应涂石灰乳浆、肥皂水或无色润滑油等润滑剂。

⑤模板应用内撑支撑，用对拉螺栓销紧。

⑥支架应根据技术规范进行预压，以收集支架、地基的变形数据，作为设置预拱度的依据，预拱度设置时要考虑张拉上拱的影响。预拱度一般按二次抛物线设置。

（5）充气胶囊作空心构件内芯模时应遵守的规定

①胶囊在使用前应经检查，不得漏气。绑扎钢筋的铁丝头应弯向内侧，以免扎破胶囊，每次使用后，应将其表面的水泥浆清洁干净，防止日晒及油、酸、碱等有害物质侵蚀。

②从开始浇筑混凝土到胶囊放气时止，充气压力保持稳定。

③为了防止胶囊上浮和偏位，应用定位箍筋与外模联系，加以固定。

④混凝土应对称平衡地浇筑。

⑤胶囊放气时间应经过试验确定，以混凝土强度达到胶囊放气后构件不致引起变形为宜。

在拱架和支架中应设有合适的千斤顶或楔块，以便用于调整在浇筑混凝土以前或浇筑混凝土时支架的沉降。拱架建造应使落架缓慢且均匀。梁桥中支撑桥面板及悬出部分脚手架的设计，应使在浇筑桥面混凝土时，梁和桥面板模板间无明显不均匀沉降。在浇筑混凝土及砌筑拱圈过程中，承包人应随时测量和记录拱架和支架的沉降量。在监理工程师同意下，必要时可将发生过度沉降的拱架和支架的底脚顶起。

4. 模板、拱架和支架的拆卸

(1)承包人应在拟定拆模时间的24h以前,向监理工程师报告,并应取得监理工程师同意。

(2)不承重的侧模,应在混凝土强度能保证混凝土表面及棱角不损坏的情况下方可拆除,一般在混凝土抗压强度达到2.5MPa时方可拆除侧模。

(3)由于拆模不当而引起混凝土损坏,其修补费用应由承包人承担。

(4)承重模板、拱架和支架,应在混凝土强度能承受自重时才可拆除,一般跨径不超过3m的梁和板应达到混凝土设计等级的50%,跨径超过3m的为70%。

(5)石或混凝土预制块拱桥,须待砂浆强度达到图纸要求才可卸架,如图纸无规定,一般须达到砂浆设计等级的70%。跨径小于10m的拱桥,在拱上建筑完成后卸架。中等跨径实腹式拱,在护拱完成后卸架。空腹式拱,在拱上建筑立墙完成后卸架。裸拱卸架需事先进行验算。

(6)支架和拱架的卸落应分几个循环卸完,卸落量开始宜小,以后逐渐增大。卸落时纵向应对称均衡,横向应同时一起卸落。卸落拱架时,应用仪器观测拱圈挠度和墩台变位情况,并做好记录供监理工程师核查。

5. 钢筋布置的检查

(1)钢筋安装应按预定的顺序与支模工作互相配合,安装钢筋时,应严格按照设计规定的位置进行排列,经检查无误后,方可扎结或焊接。

(2)在安装并调好底模及侧模后,开始底、腹板普通钢筋绑扎及预应力管道的预设,混凝土一次浇筑时,在底、腹板钢筋及预应力管道完成后,安装内模,再绑扎顶板钢筋及预应力管道。混凝土二次浇筑时,底、腹板钢筋及预应力管道完成后,第一次浇筑混凝土终凝后,再支内模顶板,绑扎顶板钢筋及预应力管道,进行混凝土的第二次浇筑。

(3)为了保证混凝土保护层的厚度,应在钢筋与模板间放置水泥砂浆垫块,混凝土垫块应错开位置,不应贯穿断面全长。

(4)安装好的钢筋架应有足够的刚度和稳定性,使钢筋位置在灌注混凝土时不致变动,如刚度不够时,则应采取加固措施。

(5)普通钢筋、预应力筋按规范的要求做好各种试验,并报请工程师批准。

二、混凝土、钢筋混凝土现浇施工

1. 一般质量要求

混凝土及混凝土材料的试验,均须按规定的试验标准进行;所有取样及试验,应在监理工程师在场的情况下由承包人进行;试验由监理工程师批准的试验室进行,必要时可送到独立的试验室进行试验;混凝土及原材料的取样及试验按规范进行。

混凝土表面应平整、密实、施工缝整齐。梁、主拱圈的混凝土蜂窝、麻面面积不超过被检面积的0.5%,深度不超过10mm。小型构件的蜂窝、麻面面积不超过被检面积的1%,深度不超过10mm。所有蜂窝、麻面,不整齐的施工缝及缝宽大于0.15mm的裂缝,应接规定要求进行修整,并符合有关要求。

2. 钢筋混凝土梁在支架上浇筑的要求

承包人应向监理工程师送交拟采用的方法的详细内容和说明,包括静力计算和图纸,得到监理工程师批准之后方可开始工作。浇筑梁体混凝土时,一般宜按梁的全部横断面斜向分段、水平分层地连续浇筑。上层与下层前后浇筑距离应不小于1.5 m,每层浇筑厚度当用插入式或附着式振捣器振捣时,不宜超过30cm。

若箱梁体不能一次浇筑完成,需分二次浇筑时,第一次浇筑到梁的底板的承托顶部以上30cm。第一次和第二次浇筑的时间应间隔至少24h。在第二次浇筑前,应检查脚手架有无收缩和下沉.并打紧各楔块,以保证最小的压缩和沉降。悬出的承托及悬出板的底面,一般应在离外缘不大于15cm处设一10mm深的V形滴水槽以阻止水流污染混凝土表面,除非监理工程师另有指示。

简支梁桥上部构造的混凝土浇筑,一般应由墩、台两端开始向跨中方面同时进行。如果采用分层浇筑,也可从一端开始。无论采用何种方式,均应一次浇筑完成。

一般跨径的悬臂梁桥混凝土浇筑,应从跨中向两端墩台进行,其邻跨悬臂应从悬臂向墩台进行。悬臂梁桥吊梁的混凝土,应在悬臂梁混凝土强度达到设计等级的70%后再行浇筑。

跨径较大的简支梁以及在基底刚性不同的支架上浇筑连续梁或悬臂梁,为防止支架不均匀沉降引起混凝土开裂,可按下列方法之一进行:

(1)加快浇筑作业,使全梁混凝土在最初浇筑的混凝土初凝前浇筑完毕。

(2)在支架预加等于架身重力的荷载,使支架充分变形。预加荷载于混凝土浇筑过程中逐步撤除,预压后的支架高程与设计不符时,应进行调整。

(3)将梁分成数段,按适当顺序分段浇筑,以消除支架沉降不均匀的影响。

3. 混凝土、钢筋混凝土拱在支架上浇筑

(1)跨度小于16m的拱圈或拱肋,应全宽度自两端拱脚向拱顶对称地连续浇筑,并在混凝土凝结前全部完成。如果不在限定时间内完成,则应在拱脚预留一个隔缝并在最后浇筑混凝土。

(2)跨度等于或大于16m的拱圈或拱肋,应沿拱跨方向分段浇筑。分段接缝位置:拱式拱架设置在拱架受力反弯点、拱架节点、拱顶及拱脚处;满布式拱架设置在拱顶、1/4跨径、拱脚及拱架节点处。各段接缝面应与拱轴线垂直,各分段处应预留间隔槽,其宽度为50 ~ 100cm,且应满足钢筋接头要求。

(3)分段浇筑时,各段混凝土应一次连续浇筑完成,如因故中断,应做垂直于拱轴线的施工缝。间隔槽混凝土,应在分段混凝土强度达到设计等级的70%后浇筑,接合面应按施工缝处理。拱顶及两拱脚的间隔槽混凝土在最后封拱时浇筑。

(4)大跨度拱圈混凝土采用分环分段浇筑时,混凝土浇筑程序应通过计算确定,并得到监理工程师的批准。

(5)拱上建筑混凝土应在封拱间隔槽混凝土强度达到设计等级的30%方可浇筑,浇筑应按施工设计程序进行,一般由拱脚至拱顶,对称、均衡地进行。

(6)立柱底座位与拱圈或拱肋同时浇筑。立柱应从底到顶一次浇筑完成,再浇横梁。两伸缩缝间的桥面板应一次浇筑完成。

三、混凝土、钢筋混凝土预制构件

1. 预制构件

(1)预制场地应平整、坚实、清洁,应采取排水措施,防止场地沉降。每个预制块件应一次浇筑完成,不得间断。预制构件宜采用钢模板。

(2)采用平卧重叠法浇筑混凝土时,下层构件顶面应设隔离层;上层构件须待下层混凝土强度达到设计等级的30%以上后，方可浇筑。

(3)在空心板的筒模周围浇筑混凝土时，应采取措施使筒模不致移位，混凝土应分两层浇筑，底层浇至筒模的圆心处，并振捣使之沉积，然后在下层混凝土仍有足够塑性时尽快浇筑上层混凝土，用振捣器使上下层混凝土结合。

(4)腹板底部为扩大断面的T型梁或I形梁，应先浇筑其扩大部分并振实，再浇筑其上部腹板及翼缘板。

(5)连续箱梁梁段的浇筑，应先浇筑底板，振捣密实后，再行浇筑腹板。腹板浇筑可分段分层进行，亦可由一端向另一端逐步推进，并及时振捣。腹板浇筑完毕即可浇筑顶板，顶板亦可在腹板浇筑到一定长度后与腹板交叉进行。

(6)预制构件的底模板应按照图纸的要求设置预拱度。

(7)为加速模板周转，小型构件可采用干硬性混凝土，以下述方法进行预制。

①构件浇筑并振实后，连同模板反转，然后脱去模板，立即进行混凝土表面修抹。

②在移动式底模上或平整的地面上浇筑混凝土，振动时应于表面加压，增加振动时间，然后短时间内拆模，修整混凝土边角。

2. 预制构件的安装

(1)一般要求

①预制构件从预制场的底座上移出称为"出坑"。预制构件的起吊、运输、装卸和安装时的混凝土强度，应符合图纸规定。一般不低于预制构件混凝土设计等级的70%才可出坑。

②对于预应力混凝土梁，应通过检测与梁相同的混凝土制成的、且与梁同一条件下养护的混凝土立方体试件，证明梁的抗压强度达到图纸规定的抗压强度，且至少达到14d龄期，才能装运。

③预应力混凝土预制构件孔道内的水泥浆强度，应符合图纸规定，如图纸无规定时，应不低于预制构件混凝土设计等级的55%，且不低于20MPa。

④装卸、运输及储存预制构件时，其位置应正立，顶面朝上。支承点应设置于构件最后放置的位置。用于制作预制构件的吊环钢筋，只允许采用未经冷拉的I级热轧钢筋。

⑤预制构件的起吊、运输、装卸和安装过程中的应力应始终小于设计应力。在起吊、运输、装卸和安装过程中由承包人损坏的任何预制构件均应由承包人自费修复或更换，直至监理工程师满意为止。

⑥在桥墩、支柱或桥台混凝土未达到图纸规定强度或设计等级的80%(当图纸未规定时)，以及其他方面未经监理工程师许可时，不得架设预制构件。

⑦分段拼装的预制构件，除图纸有规定外，其接合用的混凝土的等级应不低于预制构件的设计等级。

⑧预制构件安装就位，并经监理工程师检查认可后，才允许浇筑接合用的混凝土或焊接。

⑨构件应在正式起吊安装前，进行满载或超载的起吊试验，以检验起吊设备的可靠性，以便进一步完善操作方法。

(2)简支梁、板的安装

安装前应对墩、台支座垫层表面及梁底面清理干净，支座垫石应用水灰比不大于0.5，不低于M20的水泥砂浆抹平，使其顶面高程符合图纸规定，水泥砂浆在预制构件安装前，必须进行养护，并保持清洁。

板式橡胶支座上的构件安装温度，应符合图纸规定。活动支座上的构件安装温度及相应的支座上、下部分的纵向错位(如有必要),应符合图纸规定。对于非桥面连续简支梁,当图纸未规定安装温度时,一般在5~20℃的温度范围内安装。

在同行河道上安装,可采用浮吊安装预制梁。当预制梁分片预制安装时,浮船宜逆流而上,先远后近安装。

预制梁就位后,应妥善支承和支撑,直到就地浇筑或焊接的横隔梁强度足以承受荷载。支承系统图纸应在架梁开始之前报请监理工程师批准。

简支架、板的桥面连续设置,应符合图纸要求;预制板的安装直至形成结构整体,各个阶段都不允许板式支座出现脱空现象,并应逐个进行检查。

(3)箱形连续梁的安装

移运箱梁梁段、搭设临时支架、安装顺序、浇筑梁段接头混凝土等施工细节,承包人应至少在安装施工前28天报监理工程师批准。

箱形梁段移运时的吊点位置应按图纸规定,如图纸无规定时,一般采用两点吊运。对于上下面有相同配筋的等截面直杆构件,吊点位置可设在距端头0.21L处(L为构件长),或根据配筋情况经计算确定;为浇筑梁段接头混凝土搭设的临时支架,应进行认真检查,确保牢固可靠。支架高程应予严格控制。施工过程中,应防止支架下沉,如有发生,应立即采取措施,及时调整。两相邻梁段的接头钢筋,焊接后应经监理工程师检查,确认符合焊接要求后,方可浇筑梁段接头混凝土;接头混凝土的等级不得低于梁段的混凝土等级,一般宜较梁段混凝土提高一级,接头混凝土强度达到图纸规定要求后,方可拆除临时支架。

(4)拱肋及拱上建筑的安装

拱肋移运、装卸、安装等的施工细节,承包人应至少在施工前28天报送监理工程师批准。拱肋的移运应按图纸要求或监理工程师指示,同时应遵守下列各点:

①拱肋采用两点吊运,吊点位置应使吊点高于构件重心,可设在距拱肋端头0.22~0.24L处。(L为吊运的拱肋长度);

②当拱肋较长或曲率较大,可采用3点或4点吊运,各吊点受力应均匀,吊点位置应按图纸规定。若图纸无规定时,当采用3点吊时,除跨中一点外,其余两吊点可设在距端头0.1L处。当采用4点吊时,第一吊点可设在距拱肋端头0.17L处,第二吊点设在距端头0.37L处,4个吊点左右对称。(L为吊运的拱肋长度)。

当采用支架施工时,拱肋接头混凝土、拱板混凝土及拱肋横向联结构件混凝土的强度达到设计等级的70%或满足图纸规定后,方可开始卸架;为避免一次卸架突然发生较大变形,可在主拱安装完成(包括拱板浇筑完成时)分两次或多次卸架,使拱圈及台、墩逐次成拱受力;卸架前,承包人应对主拱圈混凝土质量、拱轴线的坐标尺寸、卸架设备、气温引起的拱圈变化、台后填土等,进行全面检查。卸架时应观测拱圈挠度和墩台变位情况;承包人须在卸架前取得监理工程师的书面批准后,方可进行卸架。

当采用无支架施工时,拱肋吊装除拱顶段外,每段拱肋应各采取一组扣索悬挂。扣索固在扣架上,扣架设在墩台顶上。扣架底部应固定,其顶部应设置风缆。各段拱肋应也设置风缆,其布置与安装应符合:

①每对风缆与拱肋轴线水平投影的夹角,一般不宜小于50°;

②拱肋分3段或5段拼装时,至少应保持2根基肋设置固定风缆,拱肋接头处应加横向联结;

③固定风缆应待全孔合龙、横向联结构件混凝土强度满足图纸要求后或经监理工程师同意后,才可拆除;

④在河流中设置风缆时，必须采取可靠的防护措施，防止风缆受到碰撞。

多孔拱桥施工时，应按图纸所示的程序自桥台或制动墩起逐孔吊装。施工时桥墩承受的单向推力，应尽量减少到图纸规定的允许范围内。

拱肋及拱板的合龙温度应符合图纸规定，如图纸无规定，宜在气温接近年平均温度（一般 5～15℃）时进行。

拱上建筑的施工时，拱上构造的立柱或横墙的基座，承包人在施工前应对其位置和高程进行复测检查。基座与拱的联结应牢固。大跨径拱桥拱上构造的吊装安砌应根据施工验算并结合施工观测进行，使施工过程中的拱轴线与设计拱轴线尽量接近。中、小跨径拱桥拱上构造，一般可由拱脚至拱顶对称吊装、安砌。

拱上腹拱圈施工时，应注意腹拱圈所产生的推力对立柱或横墙的影响；相邻腹拱的施工进度应大致平衡。

（5）预应力混凝土连续梁的顶推安装

顶推施工是沿桥纵轴向桥台后面设置预制场，梁分节预制，通过纵向预应力筋把预制节段与施工完的梁体连接成整体，再用水平千斤顶施力，将梁体顶出预制场，继续下一节段预制，直至施工完成。

顶推施工前应根据主梁长度、设计顶推跨度、桥跨能承受的水平推力、顶推设备和滑动装置等条件，选择适宜的顶推方式单点顶推法或多点顶推法。采用多点顶推必须确保同步。顶推施工方案及细节，承包人应在顶推施工前至少 28 天报监理工程师批准。

水平千斤顶的实际总顶推力，不应小于计算顶推力的 2 倍，墩台顶上水平千斤顶的台背必须坚固，应能抵抗顶推时的总反力。在顶推过程中，各桥墩的纵向位移值不得超过图纸规定。当水平千斤顶顶推一个行程，用竖向千斤顶将梁顶高，以便拉回滑块时，其最大顶升高度不得超过图纸规定。如图纸无规定时，不得超过 10mm。

主梁被顶推前进时，如梁的中线偏离较大，应用导梁装置纠偏。顶推时至少应在两个墩上设置保险千斤顶，如遇到滑移故障用千斤顶处理时，起顶的反力值不得大于计算反力的 1.1 倍，起顶高度不得大于 10mm。若导梁杆件有变形或螺钉松动，导梁与主梁联结处有变形或混凝土开裂等，应立即停止顶推，进行处理。梁段中未压浆的预应力筋的锚具如有松动，亦应停止顶推，并将松动的锚具重新张拉、锚固。全梁顶推到图纸规定位置后，首先应按图纸规定的张拉顺序，对补充的预应力筋进行张拉、锚固、压浆。将供顶推用的临时预应力筋按图纸规定的顺序予以拆除。张拉、拆除作业时应注意安全，防止损坏混凝土和相邻锚具。

落梁前应拆除墩、台上的滑动装置和导梁。拆除时各支点宜均匀顶起，其顶力应按图纸支点反力控制，相邻墩各顶点的高差不得大于 5mm，同墩两侧梁底顶起高差不得大于 1mm。落梁时，应根据图纸规定的顺序和每次下落量进行，同一墩、台的千斤顶应同步运行。在整个顶推施工过程中，应注意观测墩台和临时墩在承受荷载时产生的竖直、水平位移、主梁和导梁控制截面的挠度及其变化、滑动装置的静摩擦系数和动摩擦系数，并随时做好记录，整理后报告监理工程师。如发现超过规定限值，应分析原因，采取措施纠正。

四、预应力混凝土

（一）后张法预应力

1. *一般要求*

（1）承包人在张拉开始前，应向监理工程师提交详细说明、图纸、张拉应力和延伸量的静力计算，请求审核。

（2）承包人应选派富有经验的技术人员指导预应力张拉作业。所有操作预应力设备的人员，应通过设备使用的正式训练。

（3）所有设备最少每间隔两个月进行一次检查和维护。预应力张拉中，如发现预应力钢丝经常出现断丝、千斤顶漏油严重、油压表指针不回零或调换千斤顶油压表时，应对设备重新进行校验。

2. *施工要求*

（1）除非另有书面允许，张拉工作应有监理工程师在场时进行。

（2）张拉预应力钢材的温度不宜低于 -15℃。

（3）预应力钢筋在张拉前应作检查，保证它们在管道内移动自由。同时构件能自由地适应预应力产生的水平和垂直移动。

（4）最少应有一组浇筑梁体的混凝土的试块达到图纸规定的传递预应力的混凝土强度，才允许进行张拉，图纸无规定时，混凝土强度应不低于设计等级的70%。张拉力应按图纸规定。

（5）预应力张拉应从两端同时进行，除非监理工程师同意另外的方式。

（6）当仅从一端张拉时，应精确量测另一端的内缩量，并从千斤顶量测的伸长值中适当给予扣除。

（7）图纸所示的控制张拉力为锚固前锚具内侧的拉力。在确定千斤顶的拉力时，应考虑锚具摩阻及千斤顶内摩阻损失。这些增加的损失根据采用的预应力系统及通过现场测验而定。但一般对钢绞线为3%的千斤顶控制张拉力，对钢丝为5%千斤顶控制张拉力。

3. *张拉步骤*

（1）除非图内有规定或监理工程师另有指示外，张拉程序可按表5-5进行。

后张法预应力筋张拉程序 表5-5

预应力筋		张拉程序
钢筋、钢筋束		0→初应力→1.05σ_{con}（持荷2min）→σ_{con}（锚固）
钢绞线束	对于夹片式等具有自锚性能的锚具	普通松弛力筋 0→初应力→1.03σ_{con}（锚固） 低松弛力筋 0→初应力→σ_{con}（持荷2min锚固）
	其他锚具	0→初应力→1.05σ_{con}（持荷2min）→σ_{con}（锚固）
钢丝束	对于夹片式等具有自锚性能的锚具	普通松弛力筋 0→初应力→1.03σ_{con}（锚固） 低松弛力筋 0→初应力→σ_{con}（持荷2min锚固）
	其他锚具	0→初应力→1.05σ_{con}（持荷2min）→0→σ_{con}（锚固）
精轧螺纹钢筋	直线配筋时	0→初应力→σ_{con}（持荷2min锚固）
	曲线配筋时	0→σ_{con}（持荷2min）→0（上述程序可反复几次） →初应力→σ_{con}（持荷2min锚固）

注：①表中σ_{con}为张拉时的控制应力，包括预应力损失值。

②两端同时张拉时，两端千斤顶升降压、画线、测伸长、插垫等工作应基本一致。

③梁的竖向预应力筋可一次张拉到控制应力，然后于持荷5min后测伸长和锚固。

（2）预应力钢筋张拉后，应测定预应力钢筋的回缩与锚具变形，对于锥形锚具，其值不得大于6mm，对于夹片式锚具，不得大于5mm。如果大于上述允许值，应重新张拉，或更换锚具后重新张拉。

(3)预应力钢筋的断丝、滑丝不得超过表5-6的规定，如超过限制数，应进行更换，如不能更换，可提高其他束的控制张拉力作为补偿，但最大张拉力不得超过千斤顶额定能力，也不得超过钢绞线或钢丝的标准强度的80%。对于工地冷拉钢筋，不超过其屈服强度的95%。

后张预应力筋断丝、滑移限制 表5-6

类　别	检 查 项 目	控 制 数
钢丝束和钢绞线束	每束钢丝断丝或滑丝	1根
	每束钢绞线断丝或滑丝	1丝
	每个断面断丝之和不超过该断面钢丝总数的	1%
单根钢筋	断筋或滑移	不容许

注：①钢绞线断丝系指单根钢绞线内钢丝的断丝。

②超过表列控制数时，原则上应更换，当不能更换时，在许可的条件下，可采取补救措施，如提高其他束预应力值，但须满足设计上各阶段极限状态的要求。

(4)当计算延伸量时，应根据试样或试验证书确定的弹性模量。

(5)在张拉完成以后，测得的延伸量与预计延伸量之差应在6%以内，否则，监理工程师可指示采取以下的若干步骤或全部步骤：

①重新校准设备。

②对预应力材料作弹性模量检验。

③放松预应力钢筋重新张拉。

④预应力钢筋用润滑剂以减少摩擦损失。仅水溶性油剂可用于管系统，且在压浆前清洗掉。

⑤原先如仅一台千斤顶张拉，可改为两端用两台千斤顶张拉。

⑥监理工程师指示的其他方法。

⑦监理工程师可要求按照《公路桥涵施工技术规范》(JTJ 041—2000)附录G9进行摩擦损失试验。

(6)当监理工程师对预应力张拉认为满意后，预应力钢筋应予锚固。放松千斤顶压力时应避免震动锚具和钢筋。

(7)预应力钢筋在监理工程师认可后方可截割露头。锚具的凹座应按图纸要求用水泥砂浆封闭。

4. 记录及报告

每次预应力张拉以后，监理工程师可要求承包人将下列数据呈报：

①每个测力计、压力表、油泵及千斤顶的鉴定号；

②测量预应力钢筋延伸量时的初始拉力；

③在张拉完成时的最后拉力及测得的延伸量；

④千斤顶放松以后的回缩量；

⑤在张拉中间阶段测量的延伸量及相应的拉力。

(二)先张法预应力

(1)任何先张法工作开始前，承包人应向监理工程师提交他的先张法的建议，包括他拟采用的预应力张拉台、横梁及各项张拉设备。预应力张拉台须有足够强度和刚度，抗倾覆系数不小于1.5，抗滑系数不小于1.3。横梁须有足够的刚度，受力后挠度不应大于2mm。

(2)先张法预应力张拉,除图示或监理另有指示外,张拉程序可按表5-7进行。

(3)当用先张法张拉钢筋的温度低于10℃时,钢筋延伸量计算应考虑从张拉时到混凝土初凝时钢筋温度增加的因素。当测得环境温度低于-15℃时,未得监理工程师许可,不得施加预应力。

先张法预应力钢筋张拉程序 表5-7

预应力钢筋种类	张拉程序
钢筋	0→初应力→$1.05\sigma_k$(持荷2 min)→$0.9\sigma_k$→σ_{con}(锚固)
钢丝、钢绞线	0→初应力→$1.05\sigma_k$(持荷2 min)→0→σ_{con}(锚固)
	对于夹片式等具有自锚性能的锚具: 普通松弛力筋0→初应力→$1.3\sigma_{con}$(锚固) 低松弛力筋0→初应力→σ_{con}(持荷2 min)

(4)同时张拉多根钢筋时,应抽查钢筋的预应力值,其偏差的绝对值不得超出按一个构件全部钢筋预应力总值的5%。

(5)当混凝土达到图示规定强度时,荷载应逐渐传递给混凝土,而且要求混凝土与钢筋不互相隔离。预应力筋的放张顺序应符合图纸或规范要求,然后预应力钢筋端部应截断到与混凝土表面平齐,并涂一层监理认可的防腐蚀剂。图纸未作规定时应分阶段、对称、交错放张。预应力钢筋放松时混凝土的强度应不低于设计等级的70%。

(6)所有构件应标以不易擦掉的记号,记录制造的生产线、浇筑混凝土的日期及张拉日期,标记的位置应在工程完工及构件置于最终位置以后,不致暴露于外。

(三)孔道压浆

1. 压浆设备要求

水泥浆拌和机应能制备具有胶稠状的水泥浆。水泥浆泵应可连续操作,对于纵向预应力管道,能以0.5~0.7MPa的恒压作业,对于竖向预应力钢筋管道,能以0.3~0.4MPa的恒压作业。

水泥浆泵应是活塞式的或排液式的,泵及其吸入循环应是完全密封的。以避免气泡进入水泥浆内,它应能在压浆完成的管道上保持压力,且装有一个喷嘴,该喷嘴关闭时,导管中无压力损失。

压力表在第一次使用前及此后监理工程师需要时应加以校准。所有设备在压浆操作中至少每3h用清洁水彻底清洗一次,每天使用结束时,也应清洗一次。

2. 水泥浆要求

宜采用硅酸盐水泥或普通水泥。采用矿渣水泥时,应加强检验,防止材性不稳定。水泥的强度等级不宜低于42.5。水泥不得含有任何团块。水中不含有对预应力筋或水泥有害的成分,每升水不得含500mg以上的氯化物离子或任何一种其他有机物,可采用清洁的饮用水。外加剂宜采用具有低含水量、流动性好、最小渗出及膨胀性等特性的外加剂,它们应不得含有对预应力筋或水泥有害的化学物质。外加剂的用量应通过试验确定。水泥浆的强度应符合设计规定,设计无具体规定时,应不低于30MPa。对截面较大的孔道,水泥浆中可掺入适量的细砂。其他掺入料仅在监理工程师的书面许可下才可使用。水泥浆的技术条件应符合下列规定:

(1)水灰比宜为0.40~0.45,掺入适量减水剂时,水灰比可减小到0.35。

(2)水泥浆的泌水率最大不得超过3%,拌和后3h泌水率宜控制在2%,泌水应在24h内重新全部被浆吸回。

(3)通过试验后,水泥浆中可掺入适量膨胀剂,但其自由膨胀率应小于10%。

(4)水泥浆稠度宜控制在14~18s之间。

3. 压浆施工要求

当监理工程师认为必要时,应进行压浆试验。当气温或构件温度低于5℃时,不得进行压浆。水泥浆温度不得超过32℃。在压浆前,应吹入无油分的压缩空气清洗管道。接着用含有0.01kg/L生石灰或氢氧化钙的清水冲洗管道,直到松散颗粒除去及清水排出。管道再以无油的压缩空气吹干。压浆时,每一工作班应留取不少于3组试样,标准养生28天,检查其抗压强度作为水泥浆质量评定依据。

管道压浆应尽可能在预应力钢筋张拉完成和监理工程师同意压浆后尽早进行,一般不得超过14天。在一个连续的操作中,水泥浆应自管道的最低点注入,并且使水泥浆自出气孔流出。直到流出的稠度达到注入的稠度。当有几个低点时,监理工程师可指示在各低点注入,使水泥浆不致发生向下流的问题。管道应充满水泥浆。简支梁的管道压浆,应自梁一端注入,而在另一端流出,流出的稠度须达到规定的稠度。出气孔应在水泥浆的流动方向一个接一个地封闭,注入管在压力下封闭直至水泥浆凝固。压注满浆的管道应进行保护,使在一天内不受震动。做到使监理工程师满意,且管道内水泥浆在注入后48h内,混凝土温度不低于5℃。当白天气温高于35℃,压浆宜在夜间进行,在压浆后两天,应检查注入端及出气孔的水泥浆密实情况,需要时进行处理。

在施工中承包人应具有完备的压浆记录,包括每个管道的压浆日期、水灰比及掺加料、压浆的压力、试块强度、障碍事故细节及需要补做的工作。这些记录的抄件应在压浆后三天内送交监理工程师。

(四)预应力混凝土的浇筑

1. 一般要求

模板、钢筋、管道、锚具和预应力钢材经监理工程师检查并批准后,方可使用。预应力结构混凝土的浇筑及养生应符合下列要求:

(1)浇筑混凝土时,应保持锚塞、锚圈和垫板位置的稳固。

(2)在混凝土浇筑和预应力钢筋张拉前,锚具的所有支承表面(例如垫板)应加以清洗。简支梁梁体混凝土应水平分层,一次浇筑完成。箱形梁梁体混凝土,应尽可能一次浇筑完成;梁体较高时,若分两次或三次浇筑完成,第一次浇筑应浇至底板承托顶部以上30cm,而后按腹板、顶板、翼板的次序浇筑。为避免孔道变形,不允许振捣器触及套管。

(3)梁式空心板端部锚固区及预制构件,为了保证混凝土密实,应当使用外部振捣器加强振捣,且集料尺寸不要超过两根钢筋或预埋件间距的一半。

(4)混凝土的水泥用量不宜超过500kg/m^3,特殊情况不超过550 kg/m^3。混凝土拌和后超过45min不得使用。

(5)混凝土立方体强度尚未达到15~20MPa时,不得拆除模板。

(6)混凝土养生时,对为预应力钢束所留的孔道应加以保护,严禁将水和其他物质灌入孔道,并防止金属管生锈。

2. 预应力混凝土梁的悬臂浇筑

悬臂浇筑适用于大跨径的预应力混凝土悬臂梁桥、连续梁桥、T型刚构桥、连续刚构桥。其特点是无需建立落地支架,无需大型起重与运输机具,主要设备是一对能行走的挂篮。挂篮是悬浇箱梁的主要设备，它是沿着轨道行走的活动脚手架及模板支架，应根据梁段分段情况根据对挂篮重量的要求，承受荷载及施工经验对挂篮进行认真详细的设计。挂篮是利用已浇筑的箱梁段，作为支撑点，通过桁架等主梁系统、底模系统，人为创造一个工作平台。在施工前56天，承包人应将施工组织设计报请监理工程师审查批准，未获批准前不得施工。

对于连续箱梁，梁与墩未固结在一起，施工时，两侧悬臂浇筑施工难以保持绝对平衡，必须在施工中采取临时固结措施，使梁具有抗弯能力。临时固结一般采用在支座两侧临时加预应力筋，梁和墩顶之间浇筑临时混凝土垫块。将梁固结在桥墩上，使梁具有一定的抗弯能力。在条件成熟时，再采用静态破碎方法，解除固结。

悬臂浇筑时桥墩两侧的浇筑进度应尽量做到对称、均衡。桥墩两侧的梁体和施工设备的重力差，及相应的在桥墩两侧产生的弯矩差，应不超过图纸规定。承包人应向监理工程师送一份有关拟采用的施工方法的说明书、图纸、静力及变形计算的资料。

悬臂浇筑用挂篮，在已完成的梁段上前移时，后端应有压重稳定或采用其他可靠的稳定措施。浇筑混凝土时，挂篮后端应锚固于已完成的梁段上。挂篮前移及在其上浇筑混凝土时，抗倾覆稳定系数应不小于1.5。挂篮拼装完毕后，为验证的挂篮可靠性和消除其非弹性变形及测出在挂篮不同荷载下的实际变形量，以便在挠度控制中修正立模高程，并对悬臂浇筑的预拱度提供数据。在第一次使用前应对挂篮进行试压。试压的方式常用的有：水箱加载法、千斤顶高强钢筋加力法等。

悬臂浇筑前，待浇筑段的前端底板高程和桥面板高程，应根据挂篮前端垂直挠度，各施工阶段的弹、塑性挠度（包括待浇及后浇各梁段的重力、预应力、混凝土的收缩与徐变、施工设备荷载、桥面系恒载、体系转换等引起的挠度）及1/2静活载挠度，设置预拱度。

浇筑梁段混凝土自前端开始向后浇筑，在浇筑的梁段根部与前一浇筑段接合。前后两段的模板的接缝应紧密接合。连续梁各跨合龙段的合龙，一般自两边跨向中跨进行，自桥端至合龙跨的所有支座均为活动支座。在合龙段合龙时，合龙段的两端应予临时固定并施加必要的预应力，临时固定装置应能承受上述活动支座的摩阻力。连续刚构合龙段两端的临时固定装置及墩身，应能承受合龙段浇筑时段内的温度变化影响力及截面温差影响力。合龙段合龙前应在合龙段两端的悬臂上加压重，并于浇筑混凝土过程中逐步撤除，使悬臂挠度保持稳定。合龙段的施工，在两端临时固定完成后应尽快在短时间内完成，混凝土浇筑应在一天中最低温度进行。合龙段混凝土可掺加必要的早强剂和减水剂，混凝土在浇筑完成后应加强养生，在达到图纸要求张拉强度后，尽早张拉预应力筋。

3. 预应力混凝土梁在支架上浇筑

（1）移动模架长度必须满足施工要求。移动模架应利用专用设备组拼。

（2）在支架上浇筑混凝土时，应根据混凝土的弹性和非弹性变形及支架的弹性和非弹性变形设置施工预拱度。

（3）全部混凝土宜在最初浇筑的混凝土初凝前浇筑完。若跨径较大，混凝土数量较多，不能在最初浇筑的混凝土初凝前浇筑完，应考虑新浇混凝土对已初凝混凝土的影响，或设置工作缝，或按适当顺序分段浇筑。

（4）箱形梁段混凝土若分次浇筑，应先浇底板至承托顶部以上30cm，其次腹板，最后浇筑顶板及翼板，混凝土浇筑完成并初凝后，应立即开始养生。

（5）除非监理工程师批准，混凝土的强度未达到图纸规定值之前，不得张拉预应力钢筋及拆除支架。

4. 顶推预应力混凝土连续梁的预制

承包人应于预应力混凝土连续梁预制、顶推作业开始之前 28 天，将全部施工程序和细节报监理工程师审查批准。预制场地应设在桥台后面桥轴线上的引道或引桥上，其长度应考虑梁段悬出时反压的长度、梁段预制长度、导梁拼装长度和机具设备材料进入预制作业线长度，宽度应考虑梁段两侧施工面的需要。预制场地上空，宜搭设作业棚，其长度宜大于 2 倍预制梁的长度。作业棚应注意防火。

预制台座的地基或引桥的强度、刚度和稳定性应符合图纸要求，并做好台座地基的防水、排水设施以防沉降。在荷载作用下，台座顶面最大变形不应大于 2mm。台座轴线应与桥梁轴线的延长线重合，台座的纵坡应与桥梁的纵坡一致。台座的施工允许偏差如下：中线偏差不大于 5mm；相邻两支承点上台座中滑移装置的纵向顶面高程差 ±2mm；同一个支承点上滑移装置的横向顶面高程差 ±1mm；台座（包括滑移装置）和梁段底模板顶面高程差 ±1mm。

梁段预制时，应严格控制截面尺寸、底面平整度和梁端部的垂直度，严格控制钢筋、预应力筋的孔道位置及预埋件位置和混凝土浇筑质量，采取措施提高混凝土的早期强度，缩短顶推周期。有关梁段预应力筋的布置及张拉、梁段间预应力筋的连接、临时预应力筋的拆卸等，均应严格按图纸规定、预应力筋及混凝土的施工作业技术要求和规定办理。

五、拱圈施工质量控制

1. 浆砌石块及混凝土预制块砌拱圈

拱圈和拱上结构所用砌块的规格应符合设计规定或监理工程师指定，施工时应按设计留置施工预拱度。在监理工程师校核拱架和模板并批准后，才能砌筑拱石。

砌筑拱圈前，应根据拱圈跨径、矢高、厚度及拱架的情况，设计拱圈砌筑程序。砌筑时，需设置变形观测缝，随时注意观测拱架的变形情况，必要时对砌筑程序进行调整，控制拱圈的变形。

跨径≤10m 的拱圈，当用满布式拱架砌筑时，可从两端拱脚起顺序向拱顶方向对称、均衡地砌筑，最后砌拱顶石。当用拱式拱架砌筑时，宜分段、对称地先砌拱脚段和拱顶段，后砌 1/4 跨径段。跨径 13 ~ 20m 的拱圈，不论用何种拱架，每半跨均应分成三段砌筑，先砌拱脚段和拱顶段，后砌 1/4 跨径段，两半跨应同时对称地进行。隔开砌的拱段，其倾斜角大于砌块与模板间的摩擦角时，应在拱段下侧临时设置支撑。跨径≥25m 的拱圈，砌筑程序应符合设计规定，一般采用分段砌筑或分环分段相结合的方法砌筑，必要时应对拱架预加一定的压力。分环砌筑时，应待下环砌筑合龙、砌缝砂浆强度达到设计强度的 75% 以上后，再砌筑上环。多孔连续拱桥拱圈的砌筑，应考虑连拱的影响，制定相应的砌筑程序。

砌筑拱圈时，应在拱脚、拱顶石两侧、分段点等部位临时设置空缝；小跨径拱圈不分段砌筑时，应在拱脚附近临时设置空缝。设置和填塞空缝时，应注意下列事项：

（1）空缝的宽度，在拱圈外露面应与相应类别砌块的一般砌缝相同。当拱圈为粗料石时，为便于砂浆的填塞，可将空缝内腔宽度加大至 30 ~ 40mm。为保证空缝的宽度，当拱圈跨径≥16m时，拱脚部位附近的空缝宜用铸铁垫隔，其他部位的空缝可用 M2.5 水泥砂浆块垫隔。

（2）用于空缝两侧的拱石，靠空缝一面应加工凿平。

（3）空缝的填塞，应在砌缝砂浆强度达到设计强度的 70% 后进行，填塞时应分层捣实。

（4）填塞空缝可使用 M2.5 以上或体积比为 1:1的半干硬水泥砂浆，砂子宜用细砂或筛除较大颗粒的中砂。

(5)空缝的填塞顺序视具体情况确定,可由拱脚逐次向拱顶对称填塞,或先填塞拱脚处,其次填塞拱顶处,然后自拱顶向两端对称逐条填塞。所有空缝也可同时填塞。

拱圈封拱合龙时的温度、砂浆强度和封拱方法应符合设计规定,设计无规定时,应符合下列规定:

①封拱合龙宜在接近当地年平均温度或5~15℃时进行。

②分段砌筑的拱圈应待填塞空缝的砂浆强度达到设计强度的50%后进行,采用刹尖封顶的拱圈应待砂浆强度达到设计强度70%后进行。

③封拱合龙前用千斤顶施加压力的方法调整拱圈应力时,砂浆强度应达到设计强度。

拱上结构的砌筑应符合下列规定:

①拱上结构在拱架卸架前砌筑时,应待拱圈合龙砂浆强度达到设计强度的30%以上后进行。

②当先卸架后砌拱上结构时,应待拱圈合龙砂浆强度达到设计强度的70%以上后进行。

③采用分环砌筑的拱圈,应待上环合龙砂浆强度达到设计强度的70%以上后进行。

④采用施加压力调整拱圈应力时,应待封拱砂浆强度达到设计的规定后砌筑拱上结构。

⑤拱上结构一般应由拱脚至拱顶对称、均衡地砌筑。

2. 小石子混凝土砌筑拱圈

(1)靠拱模一面,应选用底面较大且较平整的石块,必要时稍加修整,拱背面则应大致平顺。

(2)砌缝中的小石子混凝土,应先铺放一部分再填塞,以达到饱满、密实。较宽的竖缝,可在填塞小石子混凝土的同时,填塞一部分小石块,将砌缝挤满。

(3)砌筑中设置空缝时,在空缝两侧应选用较大和较平整的石块。

(4)用小石子混凝土砌块石拱圈时,块石靠拱模一面应稍加修整,砌缝宽度不应大于50mm,砌筑注意事项可参照用小石子混凝土砌片石拱圈的有关规定。

六、索结构施工质量控制

(1)拉索和锚具的制作。拉索及其锚具应委托专业单位制作,严格执行国家或部颁的行业标准和规定生产,并应进行检测和验收。拉索的运输和堆放应无破损、无变形、无腐蚀。拉索成品、锚具交货时应提供下列资料:

①产品质量保证书、产品批号、设计索号及型号、生产日期、数量、长度、重量等;

②产品出厂检验报告及有关数据。

(2)锚锭大体积混凝土施工需采取下列措施进行温度控制,防止混凝土开裂。

①采用低水化热的水泥。对于普通硅酸盐水泥应经过水化热试验比较后方可使用。

②降低水泥用量、减少水化热,掺入质量符合要求的粉煤灰和缓凝型外掺剂。粉煤灰用量一般为水泥用量的30%~40%;混凝土可按60d的设计强度进行配比设计。

③降低混凝土入仓温度。可对砂石料加遮盖,防止日照,采用冷却水作为混凝土的拌和水等。

④大体积混凝土应采用分层施工,每层厚度可为1~1.5m。在混凝土结构中布置冷却水管,混凝土终凝后开始通水冷却降温。

(3)中跨、边跨猫道面的架设进度,要以塔的两侧水平力差异不超过设计要求为准。在架设过程中需监测塔的偏移量和承重索的垂度。

(4)索力的调整以设计提供的数据为依据,其调整量应根据调整装置中测力计的读数和锚头移动量双控确定。

(5)试拼装:加劲梁应按拼装图进行厂内试拼装,试拼不少于3个节段,按架梁顺序试拼装。

(6)吊装

①吊装过程应观察索塔变位情况,应根据设计要求和实测塔顶位移量分阶段调整索鞍偏移量,以保证工程质量和施工安全。

②安装前应确定安装顺序,一般可以从中跨跨中对称地向两边进行,安装完一段跨中梁段后,再从两边跨对称地向索塔方向进行。

③钢箱梁水上运输必须由有经验的人员担任。架设前,宜进行现场驳船定位试验,以保证定位精度。

④各工作面上,吊装第二节段起应与相邻节段间预偏一定间隙(0.5~0.8m),至高程后,牵拉连接,避免吊装过程与相邻节段发生碰伤,影响吊装工作顺利进行。

⑤安装合龙段前,必须根据实际的合龙长度,对合龙段长度进行修正。

第五节　桥面系及附属工程质量控制

钢筋混凝土和预应力混凝土桥的桥面部分,通常包括桥面铺装、防水和排水设备、伸缩缝、人行道、缘石、栏杆和灯柱等构造。桥面部分直接与车辆、行人接触,它对桥梁的主要结构起保护作用,使桥梁能正常使用。同时,由于桥面部分天然敞露而受天气的影响十分敏感,车辆行人来往对美观也至为重要。由于桥面构造工程量小,项目繁杂,在施工中又多在主体工程结束之后进行,往往在施工中得不到应有的重视,从而造成桥梁使用中的弊病或过早地进行维修、养护,甚至会中断交通。因此,如何控制桥面系及附属工程的质量已愈来愈引起人们的重视。

一、桥面铺装质量控制

桥面铺装即行车道铺装,它是车轮直接作用的部分。桥面铺装的作用在于防止车辆轮胎或履带直接磨耗行车道板,保护主梁免受雨水侵蚀,并对车辆轮重的集中荷载起分布作用。因此,桥面铺装要求有一定的强度,防止开裂并保证耐磨。桥面铺装有多种形式,最常用的是水泥混凝土和沥青混凝土。

预制板或现浇桥面板与桥面铺装混凝土的混凝土龄期相差应尽量缩短,以避免两者之间产生过大的收缩差。为使桥面铺装与下面的混凝土构件紧密结合,应对桥面铺装下面的混凝土凿毛,并用高压水冲洗干净。当进行水泥混凝土桥面铺装时,应按设计要求预留好伸缩缝工作槽。当进行沥青混凝土铺装时,不必为伸缩缝预留工作槽,而在安装伸缩缝前先行切割沥青混凝土铺装所占的伸缩缝的位置。桥面铺装宜采取全桥宽同时进行,或者分车道进行。

1. 水泥混凝土桥面的铺装

水泥混凝土桥面的铺装必须在横向联结钢板焊接工作完成后方可进行,以免后焊的钢板胀缩引起桥面混凝土在接缝处发生裂缝。浇筑混凝土前使预制桥面板表面粗糙,清洗干净,按设计要求铺设纵向接缝钢筋网或桥面钢筋网并复测梁板面高程。

(1)浇筑铺装层时,必须严格要求,不得使钢筋变位,禁止在钢筋上搁置重物或运料小车在钢筋网上推行及人行践踏,必须搭设走道支架架空,并在浇筑过程中随时注意纠正钢筋位置。

(2)浇筑混凝土时,宜从下坡向上坡进行。要求路拱符合设计规定,面层必须平整、粗糙,由于桥面纵坡较大,必须进行压纹处理。

(3)当在水泥混凝土面层上,再须铺装沥青混凝土时,则水泥混凝土面层上必须采用特制工具加以重点扫毛,并要求其表面呈深度为2~3mm的均匀凹槽,用以增加与沥青混凝土面层的黏结,沥青混凝土面层的铺筑必须在水泥混凝土强度达到设计强度的70%以上,且沥青混凝土面层宜采用粗糙度较大的防滑结构。

2. 沥青混凝土桥面铺装

(1)沥青混凝土铺装前应对桥面进行检查,桥面必须平整、粗糙、干燥、整洁。桥面横坡应符合要求,不符合时应予处理。铺筑前应洒布黏层沥青,石油沥青洒布量为0.3~0.5L/m^2。

(2)沥青混凝土的配合比设计、铺筑、碾压等施工程序应符合现行《公路沥青路面施工技术规范》的有关规定。

二、桥梁接缝和伸缩缝质量控制

(一)桥梁接缝

预制安装的板梁、T梁及箱梁在梁位和高程安装最后固定后,可进行梁与梁之间的接缝工作,梁间接缝必须符合设计图纸及有关要求。板梁接缝的宽度一般为10mm,在接缝处安装底模板,充分浇水湿润后进行灌缝工作,缝间可灌水泥砂浆,上灌细石混凝土,并以钢钎捣插密实;接缝钢筋的接头应按设计要求进行焊接或绑接,当相接的横隔梁错位较大时,应采取措施调整相接钢筋的位置,不得用重锤敲击的办法强行调整钢筋位置,以免损伤横隔梁;接缝砂浆、细石混凝土硬化后,所有底模均应拆除,如发现有接缝不密实时,应采用同标号砂浆填嵌修补(松散或接缝不实处应先凿去后填嵌);对于梁板的接缝应用水泥砂浆进行勾缝,并保持线条顺直,外观整洁。

(二)伸缩缝

桥梁在气温变化时,桥面有膨胀或收缩的纵向变形,在车辆荷载作用下,将引起纵向位移。因此,为满足桥面变形的要求,通常在两梁端之间,梁端与桥台之间或桥梁的铰接位置上设置伸缩缝。目前常用的伸缩装置有:梳形钢板伸缩装置、橡胶伸缩装置、模数式伸缩装置、弹缩体材料填充式伸缩装置和复合改性沥青填充式伸缩装置等各种形式。在设置伸缩缝处,栏杆与桥面铺装都要断开。伸缩缝必须与桥面牢固连接,如结构埋置太浅,在车辆不断冲击下会使伸缩缝附近的桥面铺装崩碎破坏。伸缩缝是桥梁的薄弱位置,因为很微小的不平整就会使它承受很大的冲击作用,常常遭到损坏而需要养护、更换,因此对其的质量控制尤为重要。

所有伸缩装置产品在任何时候都应严格按照生产厂家推荐的方法装卸、放置、装配和安装,当气温和相邻的温度低于10℃时,不应浇筑热浇封缝料。伸缩缝的牌号、型号应符合设计要求,安装伸缩缝时的上部构造的端部间隙宽度及伸缩缝的安装预定宽度,均应与安装温度相适应,并应遵照设计规定。

伸缩缝的安装,应在伸缩缝制造商提供的夹具控制下进行。当伸缩缝的安装温度不同于设计规定时,各项安装参数应予调整。伸缩缝的安装须由专业施工单位施工,并须满足制造商的有关要求。伸缩缝下面或背面的混凝土应密实,不留气泡,预埋件位置应准确。安装完成后的伸缩缝应与桥面铺装接合平整。伸缩缝内的一切杂物必须清除干净,保证梁体在温度变化时能自由伸缩。安装伸缩装置时,应同时先将梁面扫净,使伸缩装置与梁面得以有效结合。

1. 梳形钢板伸缩装置

伸缩缝应根据设计提出的型号、长度及安装时宽度制造和装配。设计中应注明相应安装温度或温度范围。

预埋槽钢或角钢的锚筋应与梁体的预留钢筋焊接牢固,预埋槽钢或角钢的顶面高程需符合桥的纵横坡度,不应有局部变形,以保证预埋件质量。两齿板宜由同一块钢板用仿形切割而成,安装时配对就位,锯齿的表面要有一定的光洁度,防止误差造成齿、槽相顶。

梳形钢板伸缩装置安装时的间隙,应按安装时的梁体温度决定,一般可按下式计算:

$$\triangle L = L - L_1 + L_2$$

式中:$\triangle L$——安装时的梳形钢板间隙;

L——梁的总伸缩量;

L_1——施工时梁的伸长量(应考虑混凝土干燥收缩引起的收缩量,预应力混凝土梁还应考虑混凝土徐变引起的收缩量);

L_2——富余量。

为减少现场焊接的变形,可在厂内加工制作成一定长度的单元段,在施工现场进行安装焊接。接缝四周的混凝土宜在接缝伸缩开放状态下浇筑。

2. 橡胶伸缩装置

采用橡胶伸缩装置时,材料的规格、性能应符合设计要求。根据桥梁跨径大小或连续梁(包括桥面连续的简支梁)的每联长度,可分别选用纯橡胶式、板式、组合式伸缩装置。对于板式橡胶伸缩装置,应有成品解剖检验证明。安装时,应根据气温高低,对橡胶伸缩体进行必要的预压缩。气温在5℃以下时,不得进行橡胶伸缩装置施工。采用后嵌式橡胶伸缩体时,应在桥面混凝土干燥收缩完成且徐变也大部完成后再进行安装。

橡胶伸缩装置安装时应注意下列事项:

(1)检查桥面板端部预留空间尺寸、钢筋,注意不受损伤,若为沥青混凝土桥面铺装,宜采用后开槽工艺安装伸缩缝,以提高与桥面的顺适度。

(2)根据安装时的环境温度计算橡胶板伸缩装置的模板宽度与螺栓间距。将准备好的加强钢筋与螺栓焊接就位,然后浇筑混凝土并养生。

(3)将混凝土表面清洁后,涂防水胶黏材料。利用调正压缩的工具,将伸缩装置安装就位。向伸缩装置螺栓孔内灌注防蚀剂后,注意及时盖好盖帽。

3. 模数式伸缩装置

伸缩装置由异形钢梁与单元橡胶密封带组合而成的称为模数式伸缩装置。它适用于伸缩量为 80 ~ 1 200mm 的桥梁工程。伸缩装置中所用异形钢梁沿长度方向的直线度应满足1.5mm/m,全长应满足 10mm/10m 的要求。伸缩装置钢构件外观应光洁、平整、不允许变形扭曲。

伸缩装置必须在工厂进行组装。组装钢构件应进行有效的防护处理。吊装位置应用明显颜色标明。伸缩装置在运输中应避免阳光直接曝晒,雨淋雪浸,并应保持清洁,防止变形,且不能与其他物质相接触,注意防火。

模数式伸缩装置施工安装时注意事项:

(1)要按照设计核对预留槽尺寸,预埋锚固筋若不符合设计要求,必须首先处理,满足设计要求后方可安装伸缩装置。

(2)伸缩装置安装之前,应按照安装时的气温调整安装时的定位值,用专用卡具将其固定。

(3)安装时,伸缩装置的中心线与桥梁中心线重合,并使其顶面高程与设计高程相吻合,按桥面横坡定位、焊接。

(4)浇筑混凝土时将间隙填塞,防止浇筑混凝土把间隙堵死,影响伸缩,并防止混凝土渗入模数伸缩装置位移控制箱内,也不允许将混凝土溅填在密封橡胶缝中及表面上,如果发生此现象,应立即清除,然后进行正常养护。

(5)待伸缩装置两侧混凝土强度满足设计要求后,方可开放交通。

4. 弹塑体材料填充式伸缩装置

伸缩体由高黏弹塑性材料和碎石结合而成的称为填充式伸缩装置。它适用于伸缩量小于50mm 的中、小跨径桥梁工程。适应温度为 -25 ~60℃。

弹塑体材料物理性能应符合有关规定。主层石料压碎值不大于30%,扁平及细长石料含量少于15% ~20%,石料使用前应清洗干净。其加热温度控制在100 ~150℃。风力大于3级,气温低于10℃及有雨时不宜施工,施工可采用分段分层浇灌铺筑法,亦可采用分段分层拌和铺筑法。

5. 复合改性沥青填充式伸缩装置

伸缩体由复合改性沥青及碎石混合而成。适用于伸缩量小于50mm 的中、小跨径桥梁工程,适用温度 -30 ~70℃。复合改性沥青应符合产品有关规定,其加热熔化温度要控制在170℃以内。嵌入桥梁伸缩缝空隙中的T形钢板厚度3 ~5mm,长度约为1m左右。

粗石料(14 ~19mm)和细石料(6 ~10mm)应满足表5-8 的要求:

粗细石料技术要求　　表5-8

强　度	相对密对	磨耗值(L. A)	磨光值(P. S. V)	压碎值(A. C. V)	扁平细长颗粒含量
>100MPa	2.6 ~3.2	<30	>42	<20	<15%

三、防水及排水处理

1. 防水处理

路堤材料及与路面接触的所有公路通道结构物的外表面,均应按要求做防水处理,一般情况下采用沥青涂刷层和沥青油毛毡两种处理方法。

(1)沥青涂刷层

混凝土按规定养生之后,需做防水处理的表面应至少晾干10天,然后用刷子或喷枪给表面彻底刷上或喷上一道底油及三道石油沥青或煤沥青,每层均应在完全吸收后才喷刷下一层,在封层硬结前不应与水或土接触。当混凝土或前一层未干或气候条件不适宜时不应涂防水层。

(2)沥青油毛毡防水层

混凝土养生后晾干10天,需用预制沥青油毛毡做防水层的混凝土表面应用一层底油彻底封闭。当底油的溶剂完全挥发后,连续洒布一层沥青混合物,然后在热沥青层上铺油毡。油毡应铺得紧密,使油毡与混凝土表面之间,或各层油毡之间不存空气。油毡之间应搭接,端头至少应搭接150mm,侧向至少应搭接100mm。接头应安排得在任何一点都不超过三层油毡厚度,而且接头距离应尽可能远一些,以便把水从外露边缘排走。

当使用含挥发溶剂的沥青材料时,应待所有溶剂挥发后再铺筑下层。如果使用乳化沥青,则应待全部水分蒸发。除非设计中另有要求,所有暴露于外面的、无覆盖的防水层都应用最小厚度为10mm的沥青砂层进行保护。

2. 防水层

铺设防水层的桥面板表面应平整、干燥、干净,防水层应根据不同材料按制造商推荐的铺设要求进行。防水层沿缘石或中间分隔带的边缘应封闭,以免桥面水渗入主体结构内。

3. 泄水管

在浇筑桥面板时应预留泄水管安装孔,桥面铺装时应避免泄水管预留孔堵塞。泄水管下端应伸出结构物底面10~15cm,或按设计将其引入地下排水设施。

四、栏杆及护栏

一般情况下,混凝土栏杆及护栏(防撞墙)应在该跨拱架或脚手架放松后才能浇筑。模板必须光顺并紧密装配,以能保持其线条及外形,且在拆模时不致损坏混凝土。应按施工详图制作所有模板以及斜角条,并具有简洁斜角接头。在完成工程中,所有角隅应准确、线条分明、加工光洁,且无裂缝、破裂或其他缺陷。

预制栏杆构件应在不漏浆的模板上浇筑。当混凝土足够硬化时,即自模板中取出预制构件并进行养生。存放并装卸预制构件时,应保持边缘及角隅完整和平整,在安放前或安放时任何碎裂、损坏、开裂的构件应废弃。

思考题

1. 简述桥梁的基本组成有哪些。
2. 简述明挖基础质量控制的要点。
3. 简述沉桩施工工序。
4. 钻孔灌注桩的施工工序按什么过程来完成?
5. 计算模板、支架和拱架应考虑哪些荷载组合?
6. 预应力混凝土梁的悬臂浇筑程序是什么?
7. 叙述后张法预应力和先张法预应力的施工控制要点。

第六章　隧道工程质量控制

[重点内容和学习要求]

本章讲述隧道工程质量控制的特点与控制基本要求，按施工程序阐述隧道施工质量控制。

通过本章学习，要求能够正确描述隧道工程控制测量、洞口工程、洞身工程、防水与排水工程质量控制的方法和要点。

在公路建设中为了克服地形和高程上的障碍，改善公路的平面线形、提高车速、减少对植被的破坏、保护生态环境，避免山区公路的各种病害（如落石、塌方、雪崩、泥石流等），常常需要修建隧道。修建隧道既能保证路线平顺，行车安全，提高舒适性和节省运费，又能增加隐蔽性，提高防护能力和不受气候影响。

第一节　隧道工程概述

隧道通常指用做地下通道的工程建筑物。一般可分为两大类：一类是修建在岩层中的，称为岩石隧道；一类是修建在土层中的，称为软土隧道。岩石隧道修建在山体中的较多，故又称山岭隧道；软土隧道常常修建在水底和城市立交，故称为水底隧道和城市隧道。埋置较浅的隧道，一般采用明挖法施工，埋置较深的隧道则用暗挖法施工。

一、隧道质量控制的特点

公路隧道质量控制与一般工程相比具有以下特点：

1. 地质条件复杂

隧道工程的施工为地下作业，地质条件的变化对隧道施工影响很大，施工前往往不能对地质情况进行准确了解。对围岩变化、断层、地下水、溶洞及瓦斯地层等预先勘测不准，开挖施工时容易遇到坍方、涌水、滑坡等意外情况。

2. 空间小、工序复杂

隧道施工的施工空间小，工序繁杂。有开挖、支护、衬砌、排水、路面及内壁装饰等多道工序。并且隧道内的设施较多，防排水材料、供电供水管线、通信管线以及设备安装基座等均需预埋。

3. 安全隐患多

隧道施工中安全隐患很多，坍方、危石坠落的危险性很大；爆破材料、施工供电供水设施、通风机具、运输车辆等均在狭小的施工空间内。

二、隧道内的主要设施

1. 防水与排水系统

隧道内要设置防水和排水系统，以妥善处理隧道内的地表水和地下水，保证使用期内行车安全和设备正常使用。公路隧道的质量要达到不渗水、不滴水,路面不冒水、不积水。

2. 照明系统

公路隧道一般都设置电光照明系统。隧道照明分白天照明和夜间照明两种情况。长度超过100m的二级以上公路隧道,均设置白天照明设施和夜间照明设施。较短隧道可只设夜间照明设施。

3. 通风系统

隧道要具有良好的通风条件。隧道内空气中影响行车安全和维修管理人员身体的有害物浓度要低于允许标准值。隧道内空气中一氧化碳浓度一般要控制在24mg/m^{3}以下。隧道内发生交通事故时产生的有害气体要尽快排出。因此,除交通量小的短隧道采用自然通风以外,其他隧道一般都采用机械通风,长隧道还在隧道中部设置通风竖井或斜井。

4. 供电系统

供电系统为隧道内的照明、通风以及监控等机电设备供应电力。高等级公路隧道内均设置独立的供电系统。

5. 消防系统

隧道营运期间,对交通事故或其他原因引起的火灾要及时报警并尽快处理。长隧道内均设置火灾报警器及消防器材。消防器材存放在专用洞室内,配备储水设施及专用供水管道,以提供消防用水。

6. 通信系统

高等级公路上的长隧道,均设置紧急电话,在出现交通事故或其他紧急情况时,便于滞留在隧道内的人员及时与有关部门联系,使事故得到及时的处理。

7. 监控系统

在特长隧道内,一般均设置监控系统,即每隔一定距离安放一架摄像机,将图像传送到控制室内,由隧道管理人员进行全天候的监控,出现紧急情况能及时封闭交通并疏散人员和车辆。监控系统一般不应出现任何监控盲点为宜。

三、隧道施工前质量控制要点

首先应深入工地现场做好调查工作。预测隧道施工对地表和地下已设结构物的影响,施工现场布置与洞口相邻工程、弃渣利用、农田水利、征地等的关系;调查建筑物、道路工程、水利工程和电信、电力线等设施的拆迁情况和数量;调查和测试水源、水质并拟定供水方案;对天然筑路材料(黏土、砂砾、石料)的产地、数量、质量进行鉴定并核查供应方案;调查当地气象、水文资料及居民点的社会状况以及隧道施工中和运营后对自然环境、生活环境的影响、需要采取的保护措施。

全面熟悉设计文件,掌握工程的难点和重点,了解隧道方案的选定及设计经过;重点复查对隧道施工和环境保护影响较大的地形、地貌、工程地质及水文地质条件是否符合实际,保护措施是否恰当;核对隧道平面、纵断面设计,了解隧道与所在区段的总平面、纵断面设计的关系;核对洞门位置、式样、衬砌类型是否与洞口周围环境相适应;核对设计文件中确定的施工方法、技术措施与施工实际条件是否相符合;核对洞外排水系统和设施的布置是否与地形、地貌、水文、气象等条件相适应;监理单位应会同设计单位现场交接和复查测量用的基准点及水准点,并定期进行复核。

施工场地总布置图,应符合下列要求:

(1)以洞口为中心布置施工场地。施工场地应事先规划,分期安排,并减少与现有道路的交叉和干扰。

(2)轨道运输的弃渣线、编组线和联络线,应形成有效的循环系统。

(3)长隧道洞外应有大型机械设备安装、维修和存放的场地。

(4)合理布置大堆材料(砂石料)施工备用及回收材料堆放场地的位置。

(5)运输便道场区道路和临时排水设施等应统一规划,做到合理布局、形成网络。

核查施工方案中所安排的工程进度计划的可行性和可靠性。隧道各分项工程所采用的施工方案是否合理可行,并且能满足工程质量的要求。在隧道施工过程中,质量控制手段和措施是否有效可行。施工支护方式是否符合围岩的实际情况,安全防护措施是否能在整个施工过程中得到保证。当施工过程中出现地质情况变化较大时,是否有可行的应变措施。

第二节　隧道工程施工质量控制

隧道工程施工可分为以下几个部分:

控制测量:隧道施工测量是保证隧道开挖按规定的精度贯通,使衬砌内轮廓线符合设计要求的重要保证。

洞口工程:隧道洞口各项工程是指边、仰坡土石方工程、洞门、边墙、翼墙及洞口排水系统等。

洞身工程:包括隧道洞身、运营通风洞、人行避难通道、明洞及有关工程的开挖、衬砌与相关的各种作业。

防水与排水工程:它可分为施工期间的防水排水设施和结构物(永久性)防水排水工程。

附属设施工程:公路隧道的附属设施是指运营通风、照明、消防、沉降缝、施工缝、供电配电、消声、装饰等设施。

隧道工程总体质量控制标准见表6-1。

隧道总体工程质量控制标准　　表6-1

项　次	检 查 项 目	规定值或允许偏差
1	车行道宽度(mm)	±10
2	净宽度(mm)	不小于设计
3	隧道净高(mm)	不小于设计
4	隧道偏位(mm)	20
5	路线中心线与隧道中心线的衔接(mm)	20
6	边坡、仰坡	不大于设计

一、控制测量

隧道施工测量是隧道工程修建中的重要环节,它能保证隧道开挖按规定的精度贯通,使衬砌内轮廓线符合设计要求。因此,施工单位必须重视控制点、基准点、水准点的交接和复核工作,并通过三角网或精密导线网对各点进行校核,以确保隧道施工精度。

隧道测量一般要求精度较高,其桩点必须稳定可靠。因为公路隧道在施工过程中很难用其他方法检验其结果,而且测量进行是否正确无误并达到必要的精度,只有在隧道贯通时才知道。因此,隧道施工测量必须以规定的精度认真慎重地进行,避免产生严重后果,造成浪费和返工。

控制测量的精度应以中误差衡量,最大误差(极限误差)规定为中误差的两倍。施工时应做好下列工作:

(1)长隧道设置的精密三角网或精密导线网,应定期对其基准点和水准点进行校核;

(2)洞外水准点、中线点应根据隧道平纵面、隧道长度等定期进行复核,洞内控制点应根据施工进度设定。

洞内施工隧道测量,桩点必须稳定、可靠,且通视良好。水准点应设于不易损坏处,并加以妥善保护。测量仪器、工具在使用前应做检校,保证仪器具的技术状态符合使用要求。使用光电测距仪时,应按其使用规定要求进行。隧道平面控制测量的精度、隧道内两相向施工中线在贯通面上的极限误差、洞内导线测角、量距的精度以及两洞口水准点间往返测高差不符值,均应符合交通部现行的《公路隧道勘测规程》(JTJ063)的规定。

隧道竣工后应提交贯通测量技术成果书、贯通误差的实测成果和说明、净空断面测量和永久中线点、水准点的实测成果及示意图。

二、洞口工程质量控制

隧道洞口地段,一般地质条件差,且地表水汇集,施工难度较大。洞门是隧道的咽喉,也是外露部分,它包括边坡、仰坡土石方工程、边墙、翼墙及洞口排水系统等。施工时要结合洞外场地和相邻工程的情况,全面考虑,妥善安排,及早施工,为隧道洞身施工创造条件。

由于每座隧道的地形、地质及线路位置不同,要很明确规定洞口段的范围是比较困难的。在一般情况下,可以将由于隧道开挖可能给上坡地表造成不良影响的范围称为洞口加强段。每座隧道应根据各自的围岩条件来确定洞口段范围。

洞口施工宜避开雨季和融雪期。在进行洞口土石方工程时,不得采用深眼大爆破或集中药包爆破,以免影响边坡、仰坡的稳定。应按设计要求进行边坡、仰坡放线,自上而下逐段开挖,不得掏底开挖或上下重叠开挖。为保证边坡、仰坡稳定,防止塌方,尽可能避免大挖大刷,并要求承包人在指定的范围和时间内,按图纸的要求,用获准的方法保护边坡、仰坡开挖面。

洞门必须置于稳固的地基上,并做好防排水工程,基坑不得被水浸泡。基坑内废渣在浇筑混凝土前必须清除干净。若基底岩层软硬不均,应采取措施以防不均匀沉降导致开裂。洞门处的衬砌拱墙与洞内衬砌拱墙应整体施工,洞门端墙与隧道衬砌应连接良好,使之连成整体。

洞门端墙的砌筑(或浇筑)与回填,应两侧同时进行,防止对衬砌产生偏压。洞口边坡、仰坡外的截水沟及排水沟应于土石方开挖前完成,截水沟及排水沟的上游进水口应与原地面紧密衔接,下游出水口应妥善地引入排水系统。

进洞前宜将土石方及其有关工程做完,避免与洞内施工干扰。废弃的土石方,应堆放在指定的位置。完工后,洞门以上仰坡脚受到破坏处应及时处理。如仰坡地层松软破碎,宜用浆砌片石或种草皮防护。

三、洞身工程质量

洞身工程是隧道施工中的主体,由于洞身开挖、衬砌都是在地下施工,空间有限,光线暗,劳动条件差,在开挖过程中,要十分注意地质条件对施工安全的影响。

开挖对围岩的稳定状态有着直接而重要的影响。因此,隧道开挖的基本原则是:在保证围岩稳定或减少对围岩的扰动的前提条件下,选择恰当的开挖方法和掘进方式,并尽量提高掘进速度。

1. 开挖方法

隧道施工中,开挖方法是影响围岩稳定的重要因素之一。因此,在选择开挖方法时,应对隧道断面大小及形状、围岩的工程地质条件、支护条件、工期要求、工区长度、机械设备能力、经济性等相关因素进行综合分析,采用恰当的开挖方法,尤其应与支护条件相适应。

隧道开挖方法实际上是指开挖成形方法。按开挖隧道的横断面分部情形来分,开挖方法可分为全断面开挖法、台阶开挖法、分布开挖法。

2. 洞身开挖注意事项

(1)应选择最适合于隧道具体情况的施工方法,施工方法应根据地质、机械设备等条件采用减少扰动围岩、充分发挥围岩的自承作用的开挖方法。

(2)岩石隧道爆破,应采用光面爆破或予裂爆破技术,使隧道开挖断面尽可能地符合设计轮廓线,减轻对围岩的扰动,减少超、欠挖。

(3)爆破后应有专人负责清帮清顶,同时要对开挖面和未衬砌地段进行检查,如察觉可能产生险情时,应及时采取措施及时处理。

(4)注意施工安全防护,在通过煤层或煤系地层时,应采取封闭措施,防止煤层瓦斯逸入坑道;在施工过程中要加强对瓦斯浓度的量测,施工通风应能满足洞内各项作业所需的最大风量,并要采取有效的防尘措施,如采用的防尘措施不能达到规定的粉尘浓度标准时,严禁采用干式凿岩。

(5)严格控制断面的开挖,不应欠挖,仅在岩层完整、抗压强度大于30MPa,确认不影响衬砌结构的稳定和强度时,岩石个别突出部分可侵入衬砌,但不超过5cm。拱墙脚以上lm内断面严禁欠挖。应尽量减少超挖,不论因任何原因或目的造成的超挖,应使用与衬砌相同的材料回填密实。

(6)注意煤层采空区和溶洞的探测,及时、妥善处理施工中发生的坍方。

3. 施工支护

标准开挖安全的重要手段是及时、正确地支护。隧道开挖后,除围岩完全能够自稳而无须支护以外,在围岩稳定能力不足时,则须加以支护才能使其保持稳定状态,称为初期支护。若围岩完全不能自稳,表现为随挖随坍甚至不挖即坍,则须先支护后开挖,称为超前支护。必要时还须先进行注浆加固围岩和堵水,然后才能开挖,称为地层改良。考虑到隧道投入使用后的服务年限很长久,设计时一般采用混凝土或钢筋混凝土内层衬砌,以保证隧道在服务过程中的稳定、耐久、减少阻力和美观等,称为二次支护。

支护工程施工注意事项:

(1)施工支护应与开挖方法相配合及时进行,以确保施工安全。

(2)选择支护方式时,一般优先考虑采用锚杆、喷射混凝土或锚喷联合作为临时支护,当条件差、围岩不稳定时,可采用构件支撑。

(3)构件支撑应经常检查,发现杆件破裂、倾斜、弯扭、变形以及接头松脱、填塞漏空等异状,必须立即加固。

(4)检查锚杆材料、类型、规格、质量以及性能是否与设计相符;采用的锚杆注浆设备、水泥浆(水泥砂浆)材料应经批准。

(5)喷射混凝土须按施工前试验所取得的方法与条件进行喷射混凝土作业,在喷射混凝土达到终凝后方能喷射下一层。首次喷射混凝土厚度不少于5cm。喷射混凝土终凝后2h,应喷水养护,养护时间一般不少于7天。

4. 衬砌工程

隧道衬砌是为了保持岩体的稳定和行车安全而修建的人工永久建筑物，衬砌通常需要承受较大的围岩压力、地下水压力，有时还要受到化学物质的侵蚀，地处高寒地区的隧道往往还要受到冻害，所以，要求用于衬砌的材料应具有足够的强度、耐久性、抗渗性、耐腐蚀性和抗冻性等；衬砌的质量直接影响整个结构物的安全，在施工中要加强质量监控。

（1）隧道衬砌中线、断面尺寸、净空大小均须符合图纸及测量精度要求，还应事先考虑施工误差。施工前必须按设计中线和高程对开挖断面进行复测和修整，确认无误且经监理工程师签认后方可施工。

（2）衬砌施工前，应根据设计要求，做好各种防排水设施，对个别漏水孔洞的缝隙要采取排水堵水措施，防止侵蚀性水侵入混凝土，并采用抗侵蚀性水泥，才能确保衬砌结构的强度。

（3）衬砌用的拱架、墙架和模板，宜采用定型的金属结构，必须有足够的强度和刚度。对大跨度的拱架，施工时应特别注意其稳定性，防止失稳或移动造成拱圈开裂。

（4）衬砌材料的标准规格及要求，应满足设计图纸的规定，施工中要抽验材料的质量，控制好混凝土的配合比和拌和质量，保证混凝土的强度、耐久性与不透水性。

（5）注意检查衬砌背后回填的密实性，它关系到隧道结构的安全，在稳定性差的围岩中尤为重要。

（6）加强衬砌的养护，衬砌浇筑 10 ~ 20h 后应该立即进行养护，须连续养护 7 ~ 14 天，寒冷和严寒地区，应做好衬砌的防寒保温措施。

四、防水与排水

隧道施工防水、排水工程应与永久防、排水设施相结合，防、截、排、堵相结合，因地制宜综合治理。即选择经济合理、切实可行的治水措施，确保围岩稳定，便于初期支护的施工，并保证在二次衬砌施工前，现场具有防水层的施工条件。施工前，根据设计文件和调查资料，预计可能出现地下水情况，估计水量，选择防、排水方案。施工中，应对隧道的出水部位、水质、水量及变化规律等做好观测试验记录，并不断改进和完善防、排水措施。

1. 施工期间洞外防排水

（1）先处理隧道覆盖层地表积水，按设计要求修筑排水沟及其他排水建筑物，地表的凹坑、钻探孔等应以不透水材料或黏土填塞，并分层夯实；洞顶附近有井、泉、池塘、水田等应妥善处理。

（2）边坡、仰坡坡顶的截水沟、排水沟应确保截引地表水，防止出现出水口顺坡漫流。洞口排水应与路基边沟组成系统，洞口不得积水，尤其是斜井、竖井、浅埋（明挖）施工应多加注意。

（3）洞外路堑向隧道内为下坡时，可将路基边沟挖成反坡，以利向路堑外排水。必要时还应在洞外适当位置设置横向截水沟。

2. 施工期间洞内防排水

洞内水主要来源于地下水和施工用水。有污染的施工用水应按环境保护要求处理。洞内排水不良会造成支撑基底下沉，开挖断面不易稳定，作业效率低，隧道恶化，道路泥泞，影响路面施工质量。洞内施工应设置临时排水沟，水沟位置、坡度、断面应满足洞内渗水和排出施工废水的需要。围岩松软或裂隙发育地段的水沟应做铺砌，或采用管槽代替。反坡排水应利用机械设备，可根据距离、坡度、水量和设备等因素布置分段排水沟或管道，分段或一次将水排出洞外。并配备备用设备，以防突然遇到地下水囊、暗沟等淹没隧道造成事故。无论是顺坡排水还是反坡排水，都要求开挖断面不积水，隧底无水漫流。特别是在泥岩和砂质地层中更应予以重视。

开挖时洞内大面积渗水，宜采用钻孔将水集中汇流引入排水沟内，并将钻孔位置、数量、孔径、深度方向和渗水量等作详细记录，用以确定衬砌施工时墙面后的排水措施和位置。

3. 结构防排水

(1)防排水结构物的断面形式、尺寸、位置和埋置深度应符合设计要求，并应在冻胀线以下。水沟坡面整齐平顺，水沟及检查井盖板平稳无翘曲。

(2)设置在软弱围岩区段的盲沟、有管渗沟的周侧应加砂砾石反滤层或用无纺布包裹，不得堵塞水路。盲沟内以石质坚硬、不易风化且尺寸不小于15cm的碎石充填，纵坡不宜小于1%，墙背泄水孔必须伸入盲沟内，泄水孔进口高程以下超挖部分应用同标号混凝土或不透水材料回填密实。排水管接头处密封牢固，不得出现松动。

(3)隧底盲沟、有管渗沟及渗水滤层上方的回填应满足路基施工的要求。墙背沟、管内杂物清除干净，防止堵塞水路。

(4)严寒地区应保证水沟施工时有防潮措施，防止保温材料受潮影响保温性能，修筑的深埋渗水沟，回填材料除应满足保温、透水性好的要求外，水沟周侧应用级配良好的骨料分层回填，不得让石屑、泥砂渗入沟内。

(5)隧道排水设施施工配合衬砌进行，并应根据隧道的渗水部位及开挖情况适当调整位置，必要时加强处理。

(6)侧沟与侧墙连接要牢固，集水井宜与路面同时施工，纵横向设施坡度应平顺。

(7)衬砌或压浆时防止浆液渗入管内堵管，若因水质原因钙化易堵管时需采取疏通预防措施，施工完成后及时试通，做到上通下畅。

(8)防水混凝土经现场试验达到规定要求后方可使用，材料施工符合衬砌质量要求。

(9)止水带应按设计位置固定好，在施工过程中不得发生偏移，不得被钉子、钢筋和石刺破，若发现有割伤、破裂应及时修补或更换。加强混凝土的振捣，排除止水带底部气泡和空隙，使止水带和混凝土紧密结合。

4. 衬砌防排水

(1)应派有经验的技术人员到现场负责防水板的铺设施工。

(2)防水层必须在初期支护变形基本稳定后，二次衬砌施工前进行。

(3)防水板铺设前应查明渗漏水情况，可根据施工缝位置及渗水情况调整透水管间隔或增设透水管。管路连接时，严禁杂物堵塞或进入。排水设施应提前布设，并不得侵入衬砌界限，否则应凿槽埋设。

(4)喷射混凝土表面不得有锚杆头和钢筋外露，特别是拉拔试验用的锚杆。

(5)防水板纵横向一次铺设长度根据开挖方法、设计断面、衬砌设备和施工能力确定，应先进行试铺。

五、附属工程质量控制

1. 沉降缝、伸缩缝、施工缝

(1)沉降缝和伸缩缝按图纸要求设置。施工中应对设计质量进行现场调查，特别是对硬软岩分界处及其他应设置沉降缝、伸缩缝的地方多关注是否设计合理。整体式衬砌施工中，围岩对衬砌有不良影响的硬软岩分界，应设置沉降缝；Ⅰ～Ⅱ类围岩，距洞口50m范围内，必要时每隔10m左右设置一个沉降缝。

(2)衬砌的工作缝应与沉降缝结合布置。在有地下水的隧道中，所有工作缝、沉降缝、伸缩缝均应进行防水处理。沉降缝的设置位置应使拱圈、边墙和仰拱在同一工程上贯通。

(3)施工缝的位置及混凝土的浇筑程序和浇筑分块图应包括该部位施工缝位置和混凝土的浇筑程序。施工缝可考虑加必要的连接筋。

(4)施工缝应接近水平或垂直,并用模板或其他批准的措施,形成预定的形状,以保证与后续工程适当地连接。另有规定按规定执行。

2. 装饰工程

(1)洞门的拱墙应与洞内相邻的拱墙衬砌整体施工,确保拱墙连接良好(必要时需加强),洞门端墙与衬砌应紧密连接成整体。

(2)洞门端墙与翼墙不装饰时,需确保外观质量。

(3)洞口翼墙与路基边坡由于多数设计坡度不一致,路基边坡长的要有过渡段,较短的可以按隧道翼墙形式护坡,达到防护、排水与美观的统一。

(4)隧道内路面不论与洞外路面宽度是否一致,均应搞好顺接。

(5)装饰前须检查隧道是否存在渗漏水,做好防排水工作后进行。

(6)装饰前表面清洗干净,凿毛处理,特别是曲墙部位。

(7)对装饰的黏接、牢固、外观进行检查。

(8)防火隔热涂料按说明书进行。

3. 施工通风与防尘

一般规定承包人在开挖出渣期间,应定时观测粉尘和有害气体浓度,做好通风、防尘、防有害气体的工作,保证整个施工过程的作业环境符合规范要求。

(1)隧道施工中必须在每座隧道为掘进的洞口提供已批准的机械通风设施。施工通风应能满足洞内各项作业所需要的最小风量。洞内每分钟每人供应新鲜的空气不低于$3m^3$,风速在全断面开挖时不小于0.15m/s,坑道内不小于0.25m/s,且不得大于6m/s。

(2)压入式进风管口或吸出式风管口应设在洞外适当位置。压入式通风管的出风口距工作面不得小于15m,吸出式通风管的吸风口距工作面不大于5m。

(3)掘进施工中须连续测定瓦斯浓度,记录测试数据提交监理工程师审核。

(4)具有检测瓦斯浓度、缺氧及游离二氧化硅所需的设备,并为检漏人员提供经批准的防毒面罩。

(5)隧道在整个施工中,作业环境应符合有关卫生环境标准。

4. 运营设施

(1)同一隧道内应采用统一规格的消火栓、水枪和水龙带。隧道外输水管与消防水源机自动控制装置的连接等应按设计要求处理。供水管的材质、厚度和外形尺寸均应符合设计要求。

(2)照明灯具和配电控制板的安装、配线、电缆的敷设以及接地工程应遵守现行《电气安装工程施工及验收规范》的有关规定。

思考题

1. 隧道施工的质量控制的要点有哪些?
2. 隧道施工质量控制的特点。
3. 隧道施工可分为哪些部分?
4. 隧道防排水的原则。

第七章　公路安全设施及施工期环保质量控制

［重点内容和学习要求］

本章包括两部分：一是讲述公路交通安全设施的质量控制，包括：护栏、隔离栅、防眩设施和交通标志、标线。二是环境保护的原则和环保工程质量控制。

通过本章的学习要求能够正确分析公路安全设施的作用和工程环保的原则。了解工程安全设施的种类及其质量控制的要点以及施工期环保质量控制要求。

第一节　交通安全设施施工质量控制

交通安全设施是高等级公路的重要组成部分，主要有护栏、隔离设施、防眩设施和标志、标线等。这些设施的完善，为高等级公路的安全性、舒适性、可靠性、实用性提供了良好的条件。

涉及交通工程设施的相关行业很多，大部分交通设施在工厂加工成成品或半成品，运至现场后安装和调试。时间安排在土建工程的后期，施工期短，多为 3 ~6 个月甚至更短，并可能路面路基防护、安全护栏、交通标志等众多项目同时交叉作业。作业点分散，遍布沿线；施工机具规格繁杂，数量众多，性能参差不齐；管理困难，相互间的干扰、制约很大，极易造成相关工程尤其是路面的污染或损坏，以致影响工程质量和进度。

一、交通安全设施施工质量的基本要求

(1)护栏、隔离设施的立柱应有足够的强度，安装必须牢固可靠。

(2)标志、标线及视线诱导设施应当清晰、醒目，反光膜效果良好。

(3)金属材料必须做防锈处理或采用相应的防锈措施。

(4)各种构件的安装应满足设计和规范的要求。

二、护栏

高等级公路的护栏包括公路侧护栏和中央分隔带护栏。高等级公路上的两侧边护栏可防止高速行驶的车辆意外地驶出路外，发生严重事故。中央护栏防止车辆越过中央分隔带闯入对面车道造成严重事故。当车辆与护栏冲撞后，可减轻车上乘客、驾驶员的伤害程度。当车辆与护栏碰撞时，可使失控车辆回复到原来的行驶方向，而不影响正常车道行驶的其他车辆。同时护栏对行驶车辆有视线诱导效果。

1. 混凝土护栏

混凝土护栏施工分为现浇和预制施工，施工时应确保护栏位置、尺寸、线形及高程的正确性。现浇施工时注意检查浇筑混凝土护栏模板的制作安装，模板应有足够的强度、刚度和稳定性，能可靠地承受施工过程中可能产生的各项荷载，保证构件的形状、尺寸准确。混凝土浇筑

完后，要及时养护，养护时间根据混凝土强度增长情况而定。对于预制护栏在安装前，应精确放样定位，按设计要求做好基层的夯实、整平。先将基础面及相邻块件的各接缝面湿润和坐浆，厚度均匀后再将护栏块件逐渐落座，块件间的错位不大于5mm，进行纵向企口连接。注意护栏施工时不应破坏排水设施、集水井及预埋管线等设施。最终要求护栏线形顺适、高度一致、外观光洁干净。

2. *波形护栏*

对进场的护栏各部件的外观、尺寸、防腐处理进行抽样检查，使其符合相关技术标准的要求。承包人在护栏运至工地之前，应向监理工程师提供护栏部件的样品及出厂合格证供审查批准。

保证护栏安装位置正确、线形顺适。平面上根据图纸放样、测距确定立柱中心位置，使之符合图纸对线形的要求且与道路平面线形一致。立面上应控制立柱的高度、埋置深度、顶面高程，使其与道路纵坡和竖曲线一致。

立柱可采用打入法、钻孔法、预留孔法安装；安装护栏时要求护栏板、立柱不应产生明显的变形、倾斜、扭曲或裂纹；在安装过程中应及时调整栏板位置，栏板搭接方向要正确，各组成构件镀锌应均匀，色泽一致，安装牢固，避免损坏路面、电缆和管道。

3. *活动式护栏*

护栏基础应在路面铺装前施工完，注意准确预留插座位置，安装时应使其垂直于地面，线形顺适，不得有凹凸和扭曲现象，安装后应易于拔出及重新插入。

三、隔离设施

隔离设施是交通安全设施的一部分，其设置目的主要是限制行人、牲畜等进入高速公路。减少干扰，保证车速，避免发生交通事故，并且起到保护其他交通设施、防止人为的损坏、丢失等作用，充分发挥高速公路的使用性能和效益。

隔离栅是公路主要隔离设施，其工程质量的好坏不仅涉及到使用年限，而且影响公路两侧的景观、高速公路的安全保护以及高速公路的正常运行。

隔离栅网片网眼纺织及间距应均匀美观，尺寸符合要求；立柱内在和外观质量满足图纸要求；所有部件都应具有耐腐蚀性能。槽钢表面不得有气泡、裂纹、明显疤痕、折叠、夹杂和端面分层缺陷。网应绷紧伸展，无明显的翘曲和凹凸现象且不得有锈蚀损伤等缺陷。

立柱平面位置的控制按图纸要求结合实际地形、地物情况进行施工放样，测距定出合适的立柱中心线，遇到特殊地段时立柱可作适当调整。立柱埋设时应分段进行，先埋两端立柱后拉线埋设中间立柱，纵面看立柱轴线应在一条直线上，不得出现参差不齐的现象，从高度看柱顶应平顺，不得出现高低不平的现象。柱顶高度、中距、立面线形使栅顶面为一圆滑平顺轮廓，平面线形顺适，立柱与基础、隔离栅与立柱之间连接牢固，整体稳定性好。立柱基础强度达到设计强度的70%后方可安装隔离栅网片。

编织网隔离栅最好纵向连续铺设，边铺边拉紧，并尽可能在立柱挂钩上扣牢。编织网要求卷网自如，弯勾时保证不变形。隔离栅安装完毕后，纵向高程不应有很大的起伏变化，网面要平整，在任何方向均不得有明显的倾斜。各类隔离栅网片安装完毕后，立柱基础均应进行压实处理。施工完成后要检查隔离栅整体的稳定性，并且要保证在2m范围内平整。施工过程中，如果破坏完工的路基边坡或边沟，要及时修整。

四、防眩设施

防眩设施的作用是防止夜间行车对向车辆前照灯在驾驶员视野范围内出现极高的强光，

使驾驶员视觉机能或视力降低，影响方向操作而发生安全事故。

防眩板构件可采用钢材、塑料或其他不易变形的材料。其质量要求：

(1)防眩板的材料、镀锌量、几何尺寸应符合设计要求，平面弯曲不得超过板长的0.3%。

(2)防眩设施整体应与路线线形一致。

(3)防眩板遮光角应符合设计要求，安装要牢固。

施工前应检查清理场地，确定控制点。注意按设计要求处理好路段与桥梁上的防眩设施的设置位置及高度，不得出现高低不平甚至扭曲的外形。防眩板单独埋设立柱时，应在基础达到设计强度后，方可安装上部构件。施工过程中不应损伤金属涂层，任何形式涂层的损伤，均在24h内给予修补。

五、交通标志和标线

交通标志一般设置在路侧或道路上方，分为主标志和辅助标志两类。道路交通标线是由标画于路面上的各种线条、符号、文字，突起路标和轮廓标等组成。

交通标志、标线的有效性决定于目标显示度、易读性、公认度三方面。确保所传递的信息能最大限度地为使用者接受和理解，从而减少交通事故的发生，避免在道路上迷失方向，浪费时间。

1. 交通标志

交通标志是一种用图形符号和文字传递特定信息，用以管理道路交通的安全设施，一般设置在路侧或道路的上方(跨路式)。道路交通标志给道路使用者提供确切的道路交通情报，使道路交通达到安全、畅通、低公害和节约能源的目的。

(1)立柱：要求立柱所用的钢板、角钢及槽钢应符合规范，一般采用热轧无缝钢管并要求有柱帽。必须进行钢材的防锈处理。

(2)标志板：面板材料应无裂缝及其他表面缺陷，尺寸满足设计要求，制作时板面平整，板边缘和夹角要倒角，外观应整齐光滑。大型指路标志最多只能分割成4块，并尽可能减少分块数量，板块拼接符合设计规定。标志板背面不得涂漆，但应采用合理的物理或化学方法使其不产生反光现象。

(3)标志面的逆反射材料有反光膜、反光涂料及反光器，要求其光质性能、色度性能、耐盐雾腐蚀性能、耐溶剂性能、抗冲击性能、抗弯曲性能、耐高低温性能、附着性能均应满足有关规范要求。

(4)对交通标志所用的各种材料、图案、尺寸等应进行认真检查，使其满足图纸和相关技术标准的要求。标志基础定位与设置要按图纸要求定位，可现浇混凝土或预制后再埋置施工，注意正确设置锚栓位置，基坑回填压实合格。

(5)标志支撑结构的安装：钢支撑结构、管状支撑结构或钢筋混凝土预制支撑结构应符合图纸要求，在移动或安装时如有变形、损坏或其他缺陷时不得使用。

(6)标志牌的制作：标志牌应按图纸设计的材料、形状、尺寸制作，板正面应光滑平整，背面进行不反光的防锈处理；大型牌面拼装时，应接缝紧密，弥合平整，不影响反光效果。标志面的材料、颜色、图案、文字应符合图纸和标准汉字要求；表面光滑平整无破损；必须有接头时，最好以搭接为主，接缝紧密，平整无皱褶和气泡损坏，反光效果好。

(7)立柱和标志牌安装：立柱安装时，在直线段应垂直架立，在有超高弯道处立柱应按要求的倾角向内倾斜架立，立柱镀锌面无损坏、颜色均匀。标志牌安装应注意角度、高度、牢固性，保证反光性能良好，要求标志牌与交通流接近直角，在曲线路段应由交通流的前进方向确定标志牌的角度，为了避免车前灯产生反射眩光，路侧标志应向右旋转约5°。

（8）里程牌、公路界碑、百米桩等各类混凝土预制块应按规定的尺寸、形状、颜色制作，按图案位置安装牢固。

2. 交通标线

道路的交通标线是由路面标线、箭头、文字、立面标记和路边线轮廓标等组成的交通安全设施，它的作用是管制和引导交通。

（1）基本要求

路面标线的各种材料均应满足沥青混凝土、水泥混凝土耐久性使用的要求，且应有合适的施工机械与之配套。每批到货材料都需要抽样试验，产品在运输时应防止雨淋、日晒，产品存放时应保持通风、干燥，防止日晒雨淋，隔绝火源。温度过高时应设法降温。

（2）突起路标和轮廓标

①反光突起路标，底面应粗糙，以保证与路面牢固黏结。路标反射体反射性能应均匀，完整无缺角、缺口，突起路标底壳应完整，外表面不得有明显的划伤。颜色应均匀一致。

②轮廓标尺寸、形状、性能应满足规范和图纸要求，逆反射材料通过支架按图纸所示位置固定在相应的结构物上或直接黏结在结构物上。

③柱式轮廓标的机械性能、耐久性应符合规范要求。逆反射材料应镶在轮廓标柱体的表面且不易脱落。

④逆反射材料应采用反射器或反光膜，各类性能均应符合有关规定。

⑤安装突起路标的位置、间距应符合图纸要求，施工时路面面层应干燥清洁、无杂屑，可用环氧树脂将突起标黏结于正确位置，在降雨、风速过大或温度过高或、低时不得施工。

⑥柱式轮廓标应在预制的基础中埋入标柱的套管，按图纸要求进行施工。附着式轮廓标安装时应将反光膜用不剥落的热活性胶粘在正确位置，表面应防止产生任何气泡和污损。

⑦根据图纸的位置要求，立面上涂刷黑黄相间的倾斜线条，斜交角为45°，线宽及其间距为150mm，设置时应把向下倾斜的一边朝向行车道。

（3）路面标线

①标线材料的选择与检查：控制涂料品质，检查每批来料的品质，注意产品的包装、运输和存放；为确保标线涂料和路面材料相适应，底油的类型和用量应经监理工程师批准。

②标线尺寸、位置、间距、线型应根据图纸要求结合道路走向在实地给出控制暗线。

③施工方法选择：开始标线作业前，承包人可先涂刷100－150m长试验段，以检查施工机具、检测仪器、涂料方法，从而确定合适的施工方法指导施工。

④标线涂刷：涂刷路面标线时，路面必须清洁、干燥，涂料加热温度应合适，保证标线与路面牢固黏结，使用耐久；随时控制涂刷厚度。线型、位置、颜色、尺寸正确，标线外型应等宽圆顺，涂料均匀，色泽一致。标线涂刷过程中应禁止车辆、行人通行，直至标线充分干燥为止。在水泥路面涂刷时，应先在混凝土上涂一层与标线相容的黏结底料，以提高其黏结力。

第二节　公路工程施工期环保质量控制

环境保护是我国一项长期的基本国策。在社会主义经济建设过程中，为了实现正确处理环境保护与经济发展的关系，坚持环境与经济协调发展的思想，国家制定了“经济建设、城乡建设、环境建设同步规划、同步实施、同步发展，实现经济效益、社会效益、环境效益统一”的指导方针，相继颁布了《中华人民共和国环境保护法》，《中华人民共和国大气污染防治法》，《中华人民共和国水土保持法》等各项有关环境保护方面的专门法律，发布了20多项环境法规和360多项环境标准，指导各行各业在经济建设活动中的环境保护工作。

自20世纪80年代起，按照国家有关环境保护的规定，在公路建设项目的可行性研究阶段，执行环境影响评价制度。通过环境影响评价，对项目存在的环境影响问题进行分析、预测，并针对不利于环境保护的影响提出防治措施，要求项目在规划设计阶段、实施阶段和建成运营阶段严格落实执行。特别是涉及亚行和世行贷款项目对环境保护问题尤为重视，要求在环境影响评价报告的基础上编制环境保护行动计划，以指导项目的整个实施过程。因此，在公路施工过程中实行环保控制，是对项目全过程环境保护管理不可缺少的重要环节。

一、有关概念及环境标准

环境标准是指有关控制污染、保护环境的各种标准的总称，是强制性标准，也是环境保护法的重要组成部分。环境标准包括多种内容、多种形式、多种用途的标准。我国的环境标准体系是由三类两级标准组成的，即：环境质量标准、污染物排放标准、环境基础和方法标准三类；国家标准和地方标准两级。

1. 环境质量标准

环境质量标准是指以保护人类健康、促进生态良性循环为目标，规定环境要素中所含有害物质或者因素的最高限额的标准。它是环境保护的目标值，是制定污染物排放标准的依据。如果超过了它规定的限值，人的身体健康就会受害，生态平衡就可能被破坏。

2. 污染物排放标准

污染物排放标准是指为了实现环境质量标准，结合技术经济条件或者环境特点而制定的，规定污染源容许排放的污染物的最高限额。它对污染源有直接的约束力，是实现环境目标的重要控制手段。

3. 环境基础标准和方法标准

环境基础标准是对在环境保护工作范围内，全国统一的名词、术语、符号、指南等所作的规定。环境方法标准是在环境保护工作范围内对全国普遍适用的试验、检查、分析、抽样、统计、作业等方面的各种方法所制定的标准。

二、环境设施“三个同时”制度

1.“三个同时”制度的概念

“三个同时”制度，是指一切新建、改建和扩建的基本建设项目、技术改造项目、区域开发建设项目等可能对环境造成损害的工程建设项目中防治污染的设施，必须与主体工程同时设计、同时施工、同时投产使用。

2.“三个同时”制度相关规定

我国《建设项目环境保护管理条例》的“第三章环境保护设施建设”中，对“三个同时”制度作了具体规定：

(1)建设项目的初步设计，应当按照环境保护设计规范的要求，编制环境保护篇，并根据已批准的建设项目环境影响报告书或者环境影响报告表，在环境保护篇中落实防治环境污染和生态破坏的措施以及环境保护设施投资概算。

(2)建筑项目的主体工程完工后，需要进行试生产的，其配套建设的环境保护设施必须与主体工程同时投入试运行。

(3)建设项目试生产期间,建设单位应当对环境保护设施运行情况和建设项目对环境的影响进行监测。

(4)建设项目竣工后,建设单位应向审批该建设项目环境影响报告书、环境影响报告表或者环境影响登记表的环境保护行政主管部门,申请该建设项目需要配套建设的环境保护设施竣工验收。

(5)环境保护设施竣工验收,应当与主体工程竣工验收同时进行。需要进行试生产的建设项目,建设单位应当自建设项目投入试生产之日起3个月内,向审批该建设项目环境影响报告书、环境影响报告表或者环境影响登记表的环境保护行政主管部门,申请该建设项目需要配套建设的环境保护设施竣工验收。

(6)分期建设、分期投入生产或者使用的建设项目,其相应的环境保护设施应当分期验收。

(7)环境保护行政主管部应当自收到环境保护设施验收申请之日起30日内,完成验收。

(8)建设项目需要配套建设的环境保护设施经验收合格后,该建设项目方可正式投入生产或者使用。建设项目环境保护设施竣工验收合格应具备以下条件:

①建设项目建设前期环保审查、审批手续完备,技术资料齐全,环境设施按批准的环境影响报告书(表)和设计要求建成;

②环境保护设施安装质量符合国家和有关部门颁发的专业工程验收规范、规程和验收评定标准;

③环保设施与主体建设后经负荷试车合格,其防治污染能力适应主体工程的需要;

④外排污染物符合经批准的设计文件和环境影响报告书(表)中提出的要求;

⑤建设过程中受到破坏并且可恢复的环境已经得到修整;

⑥环境保护设施能正常运转,符合交付使用要求;

⑦环保管理和监测机构,包括人员、仪器、设备、监测制度和管理制度均符合环境影响报告书(表)和有关规定的要求。

三、公路施工临时设施的环保要求

1. 工地用水

(1)生活用水必须符合国家卫生部生活饮用水标准。

(2)工地临时设施必须建有化粪池或其他能满足使用要求的系统,并进行维护与管理至合同终止。

(3)污水处理系统的位置,容量与设计能满足正常使用要求。

(4)每一处临时施工现场均应设有临时污水汇集设施,对拌和场清洁砂石料的污水应汇集回收利用,不得向施工现场以外任意排放。

2. 垃圾处理

(1)临时驻地产生的一切垃圾必须每天有专人负责清理集中并送到指定的地点处理,临时施工现场产生的施工垃圾必须随日作业班组清理集中处理,以保证作业现场整洁卫生。垃圾清理应工作到工程竣工交验为止。

(2)临时工程施工应尽量减少对自然环境的破坏,在竣工拆除临时工程后,应恢复原有的自然状态。

3. 拌和场

对产生扬尘的细料拌和作业，要求在其作业现场设置喷水嘴洒水，以使其产生的扬尘减至最低程度。施工中主要措施及防治：

(1)稳定土拌和站、水泥混凝土拌和站不得设在饮用水源地保护区内。

(2)拌和站距离学校、医院、疗养院、城乡居民区和有特殊要求的地区不宜小于300m，减少拌和站对环境敏感点的粉尘和噪声污染。

(3)大型拌和站(预制场)应配有除尘装置；沙石料场应及时洒水；沙石装卸时应尽量降低落差。施工人员应配有防尘用具，以保护工人健康。小型临时拌和场地应离敏感点大于100m，并应尽量避开下风向有人群的时段。

(4)砂石料冲洗废水其悬浮物含量大，需建沉降池，悬浮物进行沉淀后排放。部分废水澄清后可用建筑工地洒水防尘。

(5)混凝土养护可以直接用薄膜或塑料溶剂喷刷在混凝土表面，待溶液挥发后，与混凝土表面结合成一层塑料薄膜，使混凝土与空气隔离。

4. 料场

临时材料堆放场的环境潜在影响是对土地利用的影响，为符合材料的堆置要求，料场的选址多位于地势较平坦的地域，通常涉及耕地、园地、林地、牧草地或临近这些用地。此外，物料的散失和飘散污染也会影响环境。主要措施和办法：

(1)对临时借地范围要有明确的边界，以便控制对临时借地外围土地的不合理占用。若对农、林等生产用地的占用无法避免，则在施工结束后，必须恢复原有的土地利用功能。

(2)材料仓库和临时材料堆放场应防止物料散漏污染。仓库四周应有疏水沟系，防止雨水浸湿，水流引起物料流失。

(3)沥青、油料、化学物品等不堆放在民用水井及河流湖泊附近，并采取措施，防止雨水冲刷进入水体。

(4)水泥和混凝土运输应采用密封罐车。采用敞篷车运输时，应将车上物料用篷布遮盖严密。

5. 噪声控制

施工机械噪声对附近居民的影响超过国家标准规定时，应采取降噪措施或调整作业时间，以保证居民有安静的休息环境。从声源上降低噪声，这是防止噪声污染的最根本的措施。尽量采用低噪声设备和工艺代替高噪声设备与加工工艺。在声源适当位置设置消声器。

让处于噪声环境下的人员使用耳塞、耳罩等防护用品，减少相关人员在噪声环境中的暴露时间，以减轻噪声对人体的危害。拌和场和预制场地向周围生活环境排放噪声应当符合国家规定的环境噪声施工场界排放标准(GB12523—90)。该阶段施工场界噪声限值为昼间70dB，夜间55dB。不能达标时，夜间应停止作业。

凡在人口稠密区进行强噪声作业时，需严格控制作业时间，一般晚10点到次日早6点之间停止强噪声作业。确系特殊情况必须昼夜施工时，尽量采取降低噪声措施，并会同建设单位找当地居委会、村委会或当地居民协调，出安民告示，求得群众谅解。

四、路基与路面施工环保要求

1. 路基施工

(1)场地清理

开挖施工中表层土保护是一个重点环境保护问题，表层土流失除引起水土流失外，也可能引发一系列生态平衡失调，如植被丢失、景观破坏等。地表清理将对沿线植被及动物栖息地造成永久性的破坏；此外，表层土壤的剥离容易造成土壤结构的破坏和肥力的下降。主要措施：

①在施工前应明确清理对象和范围，不应仅考虑方便施工而任意破坏沿线两侧的植被。对于古树名木等有保存价值的植物，应事先联系当地林业部门，采取移植等异地保护的方法加以保护。地表清理物应有专门的场地用以处置，不得随意丢弃。

②施工清场的树木、农作物、杂草，除部分可作为肥料外，应及时清运。

③剥离表层土予以保存，用于其他地面的土地改良，或沿线受破坏土地的恢复。不用于本地恢复的，应直接覆盖至可供耕作的其他地面；用于本地恢复的，应移至它处堆存，堆放地宜相对低凹、周围相对平缓，并设置排水设施。

④结构物拆除点周围30m范围内有居民点的，拆除框架混凝土结构，宜整体大部件吊装移除，减少粉尘排放，并且在拆除前对被拆体充分洒水，保持湿润。

(2)防水、排水

临时排水设施与永久性排水设施相结合，污水不得排入农田、耕地和污染自然水源，也不得引起淤积和冲刷；在施工过程中，不论何种原因，在没有得到有关部门书面同意的情况下，各类施工活动石应干扰河流、水道，或现有灌渠或排水系统的自然流动；在路基和排水施工期间，应当给临近的土地所有者提供灌溉与排水用的临时管道。

(3)路基挖方

路基挖方及其开挖方法应考虑对地下历史文物、自然保护区的保护措施，同时不得对临行的设施产生破坏与干扰；挖方施工中产生的弃土不得侵占可用耕地、农田、渠道、河道、现有通车道路等，必须运至指定的弃土场；弃土的堆放应整齐、美观稳定，必要时进行排水加固处理。

(4)路基填方

在取土和运输过程不得损坏自然环境；借土结束或借土场废弃时，应对借土场地进行修整和清理。条件许可时最好在地表覆盖土还耕。

粉煤灰路堤施工中，粉煤灰的运输和堆放应是潮湿状态，运输车辆周边应封闭，顶面加盖，以防粉煤灰沿路散落飞扬而污染环境。同时在施工路堤两侧应有良好的排水设施和防冲刷的措施，以防粉煤灰遭雨水冲刷流失污染附近水源和农田等。

2. 路面施工

沥青路面和水泥混凝土路面摊铺施工过程中，其剩余废弃料必须及时收集运到废料场集中处理，不得随意抛弃。沥青混凝土不得设在饮用水源的保护区内。沥青路面摊铺时，应确保设备完好，尽可能缩短时间，减轻对周围人群及施工人员的影响。

五、桥梁与隧道施工环境要求

1. 桥梁施工

(1)对桥梁施工机械、船只严格进行检查，防止油料泄漏。严禁将废油、施工垃圾等随意抛入水体。桥梁施工现场材料堆放应整齐有序，废弃的材料应坚持每日清理收集。

(2)桥梁桩基施工钻孔灌注桩必须设置泥浆沉淀池，不得将钻孔泥浆直接排入河水或河道中。

(3)桥梁预制厂必须设置排水系统，防止产生的废水随意溢流。有条件的也可采取废水回收处理后循环使用。

2. 隧道施工

(1)隧道凿岩施工必须采用湿法钻孔。通风量必须保证能够有效地通风除尘并交换新鲜空气进入作业面。

(2)作业面应有瓦斯监测报警装置,以防瓦斯浓度超过警戒浓度,威胁施工人员生命及造成安全生产事故。

(3)隧道弃渣应充分予以利用。多余的碴应弃放到指定的弃碴场,并堆放整齐、稳固,及时修建必要的排水设施。隧道建设中所需的石材,在选择料场时,应远离隧位,采取集中料场取料,切忌随意布置小料场,使山坡形成遍体鳞伤。对山坡及其植被肆意破坏,既影响环境面貌,也容易产生坍方滑坡。若采用商品石料,应在采购合同中提出对临时料场的环保要求。

(4)隧道施工废水经过处理后方可进行排放,不得对附近居民的生活水造成污染。

第三节　公路绿化工程

绿化工程内容是指工程设计文件给出的、公路建设征地范围内的铺设表土、撒播草种、种植乔木、灌木和铺草皮等绿化施工及种植与管理。

植物的种植应选择当地各类植物的最佳季节种植。种植用土应选择含有植物生长的有机物质的腐殖土。植物苗应选择健康无病害的苗木,以保证成活率达到设计要求。种植工作结束,应进行有效的管理,使植物保持良好的生长条件。

一、绿化的一般要求

(1)利用绿化加强道路特征。绿化要与其他景观元素相协调,重视绿化功能与美观的结合。公路绿化工程应符合图纸和有关规范要求。在绿化工程施工前,应制订详细的施工计划,说明栽种位置、种植范围和植物种类等。

(2)绿化要有地方特色和适宜的树种,所有的植物宜选择适合于当地气候条件,易于生长并有丰满叶枝体系和茁壮根系的品种,植物应无缺损树枝、擦伤树皮、受风伤害及其他损伤,并且有正常健康的外形,能承受上部及根部适当的修剪。

(3)具有植物供应来源的全部资料,并附植物病害及昆虫传染检疫证明。在运输植物前,应由园艺人员负责挖出、包扎、打捆、运输,任何植物根系应保持潮湿,防冻,防热。

(4)绿化要有足够的净空与横向间距,并要充分考虑动视觉特性的影响。

绿化种植的方法:

①视线诱导种植。

②指标种植,用以指示服务区、停车场、道路进出口位置等。

③遮光种植,也称防眩种植。

④适应明暗的种植。

⑤缓冲种植。

二、隔音设施质量控制要点

(1)声屏障设计单位应具有环保专业设计资质。

(2)声屏障两部分设计图纸(屏障、基础)应具有完整性。

(3)进行声屏障的材质、尺寸检验。

①供货厂家提供监测报告，产品合格证；

②抽检声屏障，作外观检查。

(4)声屏障的安装检查。

①设置位置、起讫桩号是否正确。

②施工前先审查下列办法是否符合设计要求：

a. 通过标志牌、电话亭等处的跨越措施；

b. 在一般路面防撞栏外或边坡上、桥梁防撞栏上、挡土墙段的安装办法。

③基础施工中的放线、开挖、编制钢筋笼、埋设预埋件、基础浇筑等是否符合要求。

④上部结构的安装中，先检查是否从地面做起；再检查板材之间、立柱与板材之间是否密封，否则，采取补救措施；最后检查平整度。

思考题

1. 高等级公路交通安全设施的组成和作用。
2. 波形护栏质量控制的要求。
3. 路基路面施工过程中，环保应注意哪些方面？
4. 桥梁施工过程中，环保要注意哪些方面？
5. 隧道施工过程中，环保要注意哪些方面？
6. 绿化工程的一般要求。

附表一　正态分布概率系数表

K_q	.00	.01	.02	.03	.04	.05	.06	.07	.08	.09
0.0	0.500 0	0.504 0	0.508 0	0.512 0	0.516 0	0.519 9	0.523 9	0.527 9	0.531 9	0.535 9
0.1	0.539 8	0.543 8	0.547 8	0.551 7	0.555 7	0.559 6	0.563 6	0.567 5	0.571 4	0.575 3
0.2	0.579 3	0.583 2	0.587 1	0.591 0	0.594 8	0.598 7	0.602 6	0.606 4	0.610 3	0.614 1
0.3	0.617 9	0.621 7	0.625 5	0.629 3	0.633 1	0.636 8	0.640 6	0.644 3	0.648 0	0.651 7
0.4	0.655 4	0.659 1	0.662 8	0.666 4	0.670 0	0.673 6	0.677 2	0.6808	0.684 4	0.687 9
0.5	0.691 5	0.695 0	0.698 5	0.701 9	0.705 4	0.708 8	0.712 3	0.715 7	0.719 0	0.722 4
0.6	0.725 7	0.729 1	0.732 4	0.735 7	0.738 9	0.742 2	0.745 4	0.748 6	0.751 7	0.754 9
0.7	0.758 0	0.761 1	0.764 2	0.767 3	0.770 4	0.773 4	0.776 4	0.779 4	0.782 3	0.785 2
0.8	0.788 1	0.791 0	0.793 9	0.796 7	0.799 5	0.802 3	0.805 1	0.807 8	0.810 6	0.813 3
0.9	0.815 9	0.818 6	0.821 2	0.823 8	0.826 4	0.828 9	0.831 5	0.834 0	0.836 5	0.838 9
1.0	0.841 3	0.843 8	0.846 1	0.848 5	0.850 8	0.853 1	0.855 4	0.857 7	0.859 9	0.862 1
1.1	0.864 3	0.866 5	0.868 6	0.870 8	0.872 9	0.874 9	0.877 0	0.879 0	0.881 0	0.883 0
1.2	0.884 9	0.886 9	0.888 8	0.890 7	0.892 5	0.894 4	0.896 2	0.898 0	0.899 7	0.901 5
1.3	0.903 2	0.904 9	0.906 6	0.908 2	0.909 9	0.911 5	0.913 1	0.914 7	0.916 2	0.917 7
1.4	0.919 2	0.920 7	0.922 2	0.923 6	0.925 1	0.926 5	0.927 9	0.929 2	0.930 6	0.931 9
1.5	0.933 2	0.934 5	0.935 7	0.937 0	0.938 2	0.939 4	0.940 6	0.941 8	0.942 9	0.944 1
1.6	0.945 2	0.946 3	0.947 4	0.948 4	0.949 5	0.950 5	0.951 5	0.952 5	0.953 5	0.954 5
1.7	0.955 4	0.956 4	0.957 3	0.958 2	0.959 1	0.959 9	0.960 8	0.961 6	0.962 5	0.963 3
1.8	0.964 1	0.964 9	0.965 6	0.966 4	0.967 1	0.967 8	0.968 6	0.969 3	0.969 9	0.970 6
1.9	0.971 3	0.971 9	0.972 6	0.973 2	0.973 8	0.974 4	0.975 0	0.975 6	0.976 1	0.976 7
2.0	0.977 2	0.977 8	0.978 3	0.978 8	0.979 3	0.979 8	0.980 3	0.980 8	0.981 2	0.981 7
2.1	0.982 1	0.982 6	0.983 0	0.983 4	0.983 8	0.984 2	0.984 6	0.985 0	0.985 4	0.985 7
2.2	0.986 1	0.986 4	0.986 8	0.987 1	0.987 5	0.987 8	0.988 1	0.988 4	0.988 7	0.989 0
2.3	0.989 3	0.989 6	0.989 8	0.990 1	0.990 4	0.990 6	0.990 9	0.991 1	0.991 3	0.991 6
2.4	0.991 8	0.992 0	0.992 2	0.992 5	0.992 7	0.992 9	0.993 1	0.993 2	0.993 4	0.993 6
2.5	0.993 8	0.994 0	0.994 1	0.994 3	0.994 5	0.994 6	0.994 8	0.994 9	0.995 1	0.995 2
2.6	0.995 3	0.995 5	0.995 6	0.995 7	0.995 9	0.996 0	0.996 1	0.996 2	0.996 3	0.996 4
2.7	0.996 5	0.996 6	0.996 7	0.996 8	0.996 9	0.997 0	0.997 1	0.997 2	0.997 3	0.997 4
2.8	0.997 4	0.997 5	0.997 6	0.997 7	0.997 7	0.997 8	0.997 9	0.997 9	0.998 0	0.998 1
2.9	0.998 1	0.998 2	0.998 2	0.998 3	0.998 4	0.998 4	0.998 5	0.998 5	0.998 6	0.998 6

K_q	.0	.1	.2	.3	.4	.5	.6	.7	.8	.9
3	0.998 65	$0.9^3 03\,2$	$0.9^3 31\,3$	$0.9^3 51\,7$	$0.9^3 66\,3$	$0.9^3 76\,7$	$0.9^3 84\,1$	$0.9^3 89\,2$	$0.9^3 27\,7$	$0.9^3 51\,9$
4	$0.9^4 68\,3$	$0.9^4 79\,3$	$0.9^4 86\,7$	$0.9^5 14\,6$	$0.9^5 45\,9$	$0.9^5 66\,0$	$0.9^5 78\,9$	$0.9^5 87\,0$	$0.9^6 20\,7$	$0.9^6 52\,1$
5	$0.9^6 71\,3$	$0.9^6 83\,0$	$0.9^7 00\,4$	$0.9^7 42\,1$	$0.9^7 66\,7$	$0.9^7 81\,0$	$0.9^7 89\,3$	$0.9^8 40\,1$	$0.9^8 66\,8$	$0.9^8 81\,8$
6	$0.9^9 01\,3$	$0.9^9 47\,0$	$0.9^9 71\,8$	$0.9^9 85\,1$	$0.9^{10} 22\,3$	$0.9^{10} 59\,8$	$0.9^{10} 79\,4$	$0.9^{10} 89\,6$	$0.9^{11} 47\,7$	$0.9^{11} 74\,0$

注：①表中数字为 β 值，$\int_{-\infty}^{K_q} \frac{1}{\sqrt{2\pi}} e^{-\frac{x^2}{2}} dx = \beta$。

②$0.9^3032$ 意为 0.999032。

附表二　*t* 分布概率系数表

n	双边置信水平			单边置信水平		
	99%	95%	90%	99%	95%	90%
	$t_{0.995}/\sqrt{n}$	$t_{0.975}/\sqrt{n}$	$t_{0.95}/\sqrt{n}$	$t_{0.99}/\sqrt{n}$	$t_{0.95}/\sqrt{n}$	$t_{0.90}/\sqrt{n}$
2	45.012	8.985	4.465	22.501	4.465	2.176
3	5.730	2.484	1.686	4.201	1.686	1.089
4	2.921	1.591	1.177	2.270	1.177	0.819
5	2.059	1.242	0.953	1.676	0.953	0.686
6	1.646	1.049	0.823	1.374	0.823	0.603
7	1.401	0.925	0.734	1.188	0.734	0.544
8	1.237	0.836	0.670	1.060	0.670	0.500
9	1.118	0.769	0.620	0.966	0.620	0.466
10	1.028	0.715	0.580	0.892	0.580	0.437
11	0.955	0.672	0.546	0.833	0.546	0.414
12	0.897	0.635	0.518	0.785	0.518	0.393
13	0.847	0.604	0.494	0.744	0.494	0.376
14	0.805	0.577	0.473	0.708	0.473	0.361
15	0.769	0.554	0.455	0.678	0.455	0.347
16	0.737	0.533	0.438	0.651	0.438	0.335
17	0.708	0.514	0.423	0.626	0.423	0.324
18	0.683	0.497	0.410	0.605	0.410	0.314
19	0.660	0.482	0.398	0.586	0.398	0.305
20	0.640	0.468	0.387	0.568	0.387	0.297
21	0.621	0.455	0.376	0.552	0.376	0.289
22	0.604	0.443	0.367	0.537	0.367	0.282
23	0.588	0.432	0.358	0.523	0.358	0.275
24	0.573	0.422	0.350	0.510	0.350	0.269
25	0.559	0.413	0.342	0.498	0.342	0.264
26	0.547	0.404	0.335	0.487	0.335	0.258
27	0.535	0.396	0.328	0.477	0.328	0.253
28	0.524	0.388	0.322	0.467	0.322	0.248
29	0.513	0.380	0.316	0.458	0.316	0.244
30	0.503	0.373	0.310	0.449	0.310	0.239
40	0.428	0.320	0.266	0.383	0.266	0.206
50	0.380	0.284	0.237	0.340	0.237	0.184
60	0.344	0.258	0.216	0.308	0.216	0.167
70	0.318	0.238	0.199	0.285	0.199	0.155
80	0.297	0.223	0.186	0.266	0.186	0.145
90	0.278	0.209	0.175	0.249	0.175	0.136
100	0.263	0.198	0.166	0.236	0.166	0.129

附表三　一般取样的随机数表

栏号1			栏号2			栏号3			栏号4			栏号5		
A	B	C	A	B	C	A	B	C	A	B	C	A	B	C
15	0.033	0.578	05	0.048	0.879	21	0.013	0.220	18	0.089	0.716	17	0.024	0.863
21	0.101	0.300	17	0.074	0.156	30	0.036	0.853	10	0.102	0.330	24	0.060	0.032
23	0.129	0.916	18	0.102	0.191	10	0.052	0.746	14	0.111	0.925	26	0.074	0.639
30	0.158	0.434	06	0.105	0.257	25	0.061	0.954	28	0.127	0.840	07	0.167	0.512
24	0.177	0.397	28	0.179	0.447	29	0.062	0.507	24	0.132	0.271	28	0.194	0.776
11	0.202	0.271	26	0.187	0.844	18	0.087	0.887	19	0.285	0.089	03	0.219	0.166
16	0.204	0.012	04	0.188	0.482	24	0.105	0.849	01	0.326	0.037	29	0.264	0.284
8	0.208	0.418	02	0.208	0.577	07	0.139	0.159	30	0.334	0.938	11	0.282	0.262
19	0.211	0.789	03	0.214	0.402	01	0.175	0.647	22	0.405	0.295	14	0.379	0.994
29	0.233	0.070	07	0.245	0.080	23	0.196	0.873	05	0.421	0.282	13	0.394	0.405
07	0.260	0.073	15	0.248	0.831	26	0.240	0.981	13	0.451	0.212	06	0.410	0.157
17	0.262	0.308	29	0.261	0.037	14	0.255	0.374	02	0.461	0.023	15	0.438	0.700
25	0.271	0.180	30	0.302	0.883	06	0.310	0.043	06	0.487	0.539	22	0.453	0.635
06	0.302	0.672	21	0.318	0.088	11	0.316	0.653	08	0.497	0.396	21	0.472	0.824
01	0.409	0.406	11	0.376	0.936	13	0.324	0.585	25	0.503	0.893	05	0.488	0.118
13	0.507	0.693	14	0.430	0.814	12	0.351	0.275	15	0.594	0.603	01	0.525	0.222
02	0.575	0.654	27	0.438	0.676	20	0.371	0.535	27	0.620	0.894	12	0.561	0.980
18	0.591	0.318	08	0.467	0.205	08	0.409	0.495	21	0.629	0.841	08	0.652	0.508
20	0.610	0.821	09	0.474	0.138	16	0.445	0.740	17	0.691	0.583	18	0.668	0.271
12	0.631	0.597	10	0.492	0.474	03	0.494	0.929	09	0.708	0.689	30	0.736	0.634
27	0.651	0.281	13	0.489	0.892	27	0.543	0.387	07	0.709	0.012	02	0.763	0.253
04	0.661	0.953	19	0.511	0.520	17	0.625	0.171	11	0.714	0.049	23	0.804	0.140
22	0.692	0.089	23	0.591	0.770	02	0.699	0.073	23	0.720	0.695	25	0.828	0.425
05	0.779	0.346	20	0.604	0.730	19	0.702	0.934	03	0.748	0.413	10	0.843	0.627
09	0.787	0.173	24	0.654	0.330	22	0.816	0.802	20	0.781	0.603	16	0.858	0.849
10	0.818	0.837	12	0.728	0.523	04	0.838	0.166	26	0.830	0.384	04	0.903	0.327
14	0.905	0.631	16	0.753	0.344	15	0.904	0.116	04	0.843	0.002	09	0.912	0.382
26	0.912	0.376	01	0.806	0.134	28	0.969	0.742	12	0.884	0.582	27	0.935	0.162
28	0.920	0.163	22	0.878	0.884	09	0.974	0.046	29	0.926	0.700	20	0.970	0.582
03	0.945	0.140	25	0.930	0.162	05	0.977	0.494	16	0.951	0.601	19	0.975	0.327

续上表

栏号6			栏号7			栏号8			栏号9			栏号10		
A	B	C	A	B	C	A	B	C	A	B	C	A	B	C
30	0.030	0.901	12	0.029	0.386	09	0.042	0.071	14	0.061	0.935	26	0.038	0.023
21	0.096	0.198	18	0.112	0.284	17	0.141	0.411	02	0.065	0.097	30	0.066	0.371
10	0.100	0.161	20	0.114	0.848	02	0.143	0.221	03	0.094	0.228	27	0.073	0.876
29	0.133	0.388	03	0.121	0.656	05	0.162	0.899	16	0.122	0.945	09	0.095	0.568
24	0.138	0.062	13	0.178	0.640	03	0.285	0.016	18	0.156	0.430	05	0.180	0.741
20	0.168	0.564	22	0.209	0.421	28	0.291	0.034	25	0.193	0.469	12	0.200	0.851
22	0.232	0.953	16	0.221	0.311	08	0.369	0.557	24	0.224	0.672	13	0.259	0.327
14	0.259	0.217	29	0.235	0.356	01	0.436	0.386	10	0.225	0.223	21	0.264	0.681
01	0.275	0.195	28	0.254	0.941	20	0.450	0.289	09	0.233	0.338	17	0.283	0.645
06	0.277	0.475	11	0.287	0.199	18	0.455	0.789	20	0.290	0.120	23	0.363	0.063
02	0.296	0.497	02	0.336	0.992	23	0.488	0.715	01	0.297	0.242	20	0.364	0.366
27	0.311	0.144	15	0.393	0.488	14	0.498	0.276	11	0.337	0.760	16	0.395	0.363
05	0.351	0.141	19	0.437	0.655	15	0.503	0.342	19	0.389	0.064	02	0.423	0.540
17	0.370	0.811	24	0.466	0.773	04	0.515	0.693	13	0.411	0.474	08	0.432	0.736
09	0.388	0.484	14	0.531	0.014	16	0.532	0.112	30	0.447	0.893	10	0.475	0.468
04	0.410	0.073	09	0.562	0.678	22	0.557	0.357	22	0.478	0.321	03	0.508	0.774
25	0.471	0.530	06	0.601	0.675	11	0.559	0.620	29	0.481	0.993	01	0.601	0.417
13	0.486	0.779	10	0.612	0.859	12	0.650	0.216	27	0.562	0.403	22	0.687	0.917
15	0.515	0.867	26	0.673	0.112	21	0.672	0.320	04	0.566	0.179	29	0.697	0.862
23	0.567	0.798	23	0.738	0.770	13	0.709	0.273	08	0.603	0.758	11	0.701	0.605
11	0.618	0.502	21	0.753	0.614	07	0.745	0.687	15	0.632	0.927	07	0.728	0.498
28	0.636	0.148	30	0.758	0.851	30	0.780	0.285	06	0.707	0.107	14	0.745	0.679
27	0.650	0.741	27	0.765	0.563	19	0.845	0.097	28	0.737	0.161	24	0.819	0.444
16	0.711	0.508	07	0.780	0.534	26	0.846	0.366	17	0.846	0.130	15	0.840	0.823
19	0.778	0.812	04	0.818	0.187	29	0.861	0.307	07	0.874	0.491	25	0.863	0.568
07	0.804	0.675	17	0.837	0.353	25	0.906	0.874	05	0.880	0.828	06	0.878	0.215
08	0.806	0.952	05	0.854	0.818	24	0.919	0.809	23	0.931	0.659	18	0.930	0.301
18	0.841	0.414	01	0.867	0.133	10	0.952	0.555	26	0.960	0.365	04	0.954	0.827
12	0.918	0.114	08	0.915	0.538	06	0.961	0.504	21	0.978	0.194	28	0.963	0.004
03	0.992	0.399	25	0.975	0.584	27	0.969	0.811	12	0.982	0.183	19	0.988	0.020

续上表

栏号 11			栏号 12			栏号 13			栏号 14			栏号 15		
A	B	C	A	B	C	A	B	C	A	B	C	A	B	C
27	0.074	0.779	16	0.078	0.987	03	0.033	0.091	26	0.035	0.175	15	0.023	0.979
06	0.084	0.396	23	0.087	0.056	07	0.047	0.391	17	0.089	0.363	11	0.118	0.465
24	0.098	0.524	17	0.096	0.076	28	0.064	0.113	10	0.149	0.681	07	0.134	0.172
10	0.133	0.919	04	0.153	0.163	12	0.066	0.360	28	0.238	0.075	01	0.139	0.230
15	0.187	0.079	10	0.254	0.834	26	0.076	0.552	13	0.244	0.767	16	0.145	0.122
17	0.227	0.767	06	0.284	0.628	30	0.087	0.101	24	0.262	0.366	20	0.165	0.520
20	0.236	0.571	12	0.305	0.616	02	0.127	0.187	08	0.264	0.651	06	0.185	0.481
01	0.245	0.988	25	0.319	0.901	06	0.144	0.068	18	0.285	0.311	09	0.211	0.316
04	0.317	0.291	01	0.320	0.212	25	0.202	0.674	02	0.340	0.131	14	0.248	0.348
29	0.350	0.911	08	0.416	0.372	01	0.247	0.025	29	0.353	0.478	25	0.249	0.890
26	0.380	0.104	13	0.432	0.556	23	0.253	0.323	06	0.359	0.270	13	0.252	0.577
28	0.425	0.864	02	0.489	0.827	24	0.320	0.651	30	0.387	0.248	30	0.273	0.088
22	0.487	0.526	29	0.503	0.787	10	0.328	0.365	14	0.392	0.694	18	0.277	0.689
05	0.552	0.571	15	0.518	0.717	27	0.338	0.412	03	0.408	0.077	22	0.372	0.958
14	0.564	0.357	28	0.524	0.998	13	0.356	0.991	27	0.440	0.280	10	0.461	0.075
11	0.572	0.306	03	0.542	0.352	16	0.401	0.792	22	0.461	0.830	28	0.519	0.536
21	0.594	0.197	19	0.585	0.462	17	0.423	0.117	16	0.527	0.003	17	0.520	0.090
09	0.607	0.524	05	0.695	0.111	21	0.481	0.838	20	0.531	0.486	03	0.523	0.519
19	0.650	0.572	07	0.733	0.838	08	0.560	0.401	25	0.678	0.360	26	0.573	0.502
18	0.664	0.101	11	0.744	0.948	19	0.564	0.190	21	0.725	0.014	19	0.634	0.206
25	0.674	0.428	18	0.793	0.748	05	0.571	0.054	05	0.787	0.595	24	0.635	0.810
02	0.697	0.674	27	0.802	0.967	18	0.587	0.584	15	0.201	0.927	21	0.679	0.841
03	0.767	0.928	21	0.826	0.487	15	0.604	0.145	12	0.836	0.294	27	0.712	0.368
16	0.809	0.529	24	0.835	0.832	11	0.641	0.298	04	0.854	0.982	05	0.780	0.497
30	0.838	0.294	26	0.855	0.142	22	0.672	0.156	11	0.884	0.928	23	0.861	0.106
13	0.845	0.470	14	0.861	0.462	20	0.674	0.887	19	0.886	0.832	12	0.865	0.377
08	0.855	0.524	20	0.874	0.625	14	0.752	0.881	07	0.929	0.932	29	0.882	0.635
07	0.867	0.718	30	0.929	0.056	09	0.774	0.560	09	0.932	0.206	08	0.902	0.020
12	0.881	0.722	09	0.935	0.582	29	0.921	0.752	01	0.970	0.692	04	0.951	0.482
23	0.937	0.872	22	0.947	0.797	04	0.959	0.099	23	0.973	0.082	02	0.977	0.172

续上表

栏号 16			栏号 17			栏号 18			栏号 19			栏号 20		
A	B	C	A	B	C	A	B	C	A	B	C	A	B	C
19	0.062	0.588	13	0.045	0.004	25	0.027	0.290	12	0.052	0.075	20	0.030	0.881
25	0.080	0.218	18	0.086	0.878	06	0.057	0.571	30	0.075	0.493	12	0.034	0.291
09	0.131	0.295	26	0.126	0.990	26	0.059	0.026	28	0.120	0.341	22	0.043	0.893
18	0.136	0.381	12	0.128	0.661	07	0.105	0.176	27	0.145	0.689	28	0.143	0.073
05	0.147	0.864	30	0.146	0.337	18	0.107	0.358	02	0.209	0.957	03	0.150	0.937
12	0.158	0.365	05	0.169	0.470	22	0.128	0.827	26	0.272	0.818	04	0.154	0.867
28	0.214	0.184	21	0.244	0.433	23	0.156	0.440	22	0.299	0.317	19	0.158	0.359
14	0.215	0.757	23	0.270	0.849	15	0.171	0.157	18	0.306	0.475	29	0.304	0.615
13	0.224	0.846	25	0.274	0.407	08	0.220	0.097	20	0.311	0.653	06	0.369	0.633
15	0.227	0.809	10	0.290	0.925	20	0.252	0.066	15	0.348	0.156	18	0.390	0.536
11	0.280	0.898	01	0.323	0.490	04	0.268	0.576	16	0.381	0.710	17	0.403	0.392
01	0.331	0.925	24	0.352	0.291	14	0.275	0.302	01	0.411	0.607	23	0.404	0.182
10	0.399	0.992	15	0.361	0.155	11	0.297	0.589	13	0.417	0.715	01	0.415	0.457
30	0.417	0.787	29	0.374	0.882	01	0.358	0.305	21	0.472	0.484	07	0.437	0.696
08	0.439	0.921	08	0.432	0.139	09	0.412	0.089	04	0.478	0.885	24	0.446	0.546
20	0.472	0.484	04	0.467	0.266	16	0.429	0.834	25	0.479	0.080	26	0.485	0.768
24	0.498	0.712	22	0.508	0.880	10	0.491	0.203	11	0.566	0.104	15	0.511	0.313
04	0.516	0.396	27	0.632	0.191	28	0.542	0.306	10	0.576	0.859	10	0.517	0.290
03	0.548	0.688	16	0.661	0.836	12	0.563	0.091	29	0.665	0.397	30	0.556	0.853
23	0.597	0.508	19	0.675	0.629	02	0.593	0.321	19	0.739	0.298	25	0.561	0.837
21	0.681	0.114	14	0.680	0.890	30	0.692	0.198	14	0.748	0.759	09	0.574	0.699
02	0.739	0.298	28	0.714	0.508	19	0.705	0.445	08	0.758	0.919	13	0.613	0.762
29	0.792	0.038	06	0.719	0.441	24	0.709	0.717	07	0.798	0.183	11	0.698	0.783
22	0.829	0.324	09	0.735	0.040	13	0.820	0.739	23	0.834	0.647	14	0.715	0.179
17	0.834	0.647	17	0.741	0.906	05	0.848	0.866	06	0.837	0.978	16	0.770	0.128
16	0.909	0.608	11	0.747	0.205	27	0.867	0.633	03	0.849	0.964	08	0.815	0.385
06	0.914	0.420	20	0.850	0.047	03	0.883	0.333	24	0.851	0.109	05	0.872	0.490
27	0.958	0.356	02	0.859	0.356	17	0.900	0.443	05	0.859	0.835	21	0.885	0.999
26	0.981	0.976	07	0.870	0.612	21	0.914	0.483	17	0.863	0.220	02	0.958	0.177
07	0.983	0.624	03	0.916	0.463	29	0.950	0.753	09	0.883	0.147	27	0.961	0.980

续上表

栏号21			栏号22			栏号23			栏号24			栏号25		
A	B	C	A	B	C	A	B	C	A	B	C	A	B	C
01	0.010	0.946	12	0.051	0.032	26	0.051	0.187	08	0.015	0.521	02	0.039	0.005
10	0.014	0.939	11	0.068	0.980	03	0.053	0.256	16	0.068	0.994	16	0.061	0.599
09	0.032	0.346	17	0.089	0.309	29	0.100	0.159	11	0.118	0.400	26	0.068	0.054
06	0.093	0.180	01	0.091	0.371	13	0.102	0.465	21	0.124	0.565	11	0.073	0.812
15	0.151	0.012	10	0.100	0.709	24	0.110	0.316	18	0.153	0.158	07	0.123	0.649
16	0.185	0.455	30	0.121	0.744	18	0.114	0.300	17	0.190	0.159	05	0.126	0.658
07	0.227	0.277	02	0.166	0.056	11	0.123	0.208	26	0.192	0.676	14	0.161	0.189
02	0.304	0.400	23	0.179	0.529	09	0.138	0.182	01	0.237	0.030	18	0.166	0.040
30	0.316	0.074	21	0.187	0.051	06	0.194	0.115	12	0.283	0.077	28	0.248	0.171
18	0.328	0.799	22	0.205	0.543	22	0.234	0.480	03	0.286	0.318	06	0.255	0.117
20	0.352	0.288	28	0.230	0.688	20	0.274	0.107	10	0.317	0.734	15	0.261	0.928
26	0.371	0.216	19	0.243	0.001	21	0.331	0.292	05	0.337	0.844	10	0.301	0.811
19	0.448	0.754	27	0.267	0.990	08	0.346	0.085	25	0.441	0.336	24	0.363	0.025
13	0.487	0.598	15	0.283	0.440	27	0.382	0.979	27	0.469	0.786	22	0.378	0.792
12	0.546	0.640	16	0.352	0.089	07	0.387	0.865	24	0.473	0.237	27	0.389	0.959
24	0.550	0.038	03	0.377	0.648	28	0.411	0.776	20	0.475	0.761	19	0.420	0.557
03	0.604	0.780	06	0.397	0.769	16	0.444	0.999	06	0.557	0.001	21	0.467	0.943
22	0.621	0.930	09	0.409	0.428	04	0.515	0.993	07	0.610	0.238	17	0.494	0.225
21	0.629	0.154	14	0.465	0.406	17	0.518	0.827	09	0.617	0.041	09	0.620	0.081
11	0.634	0.908	13	0.499	0.651	05	0.539	0.620	13	0.641	0.648	30	0.623	0.106
05	0.696	0.459	04	0.539	0.972	02	0.623	0.271	22	0.664	0.291	03	0.625	0.777
23	0.710	0.078	18	0.560	0.747	30	0.637	0.374	04	0.668	0.856	08	0.651	0.790
29	0.726	0.585	26	0.575	0.892	14	0.714	0.364	19	0.717	0.232	12	0.715	0.599
17	0.749	0.916	29	0.756	0.712	15	0.730	0.107	02	0.776	0.504	23	0.782	0.093
04	0.802	0.186	20	0.760	0.920	19	0.771	0.552	29	0.797	0.548	20	0.810	0.371
14	0.835	0.319	05	0.847	0.925	23	0.780	0.662	14	0.823	0.223	01	0.841	0.726
08	0.870	0.546	25	0.872	0.891	10	0.924	0.888	23	0.848	0.264	29	0.862	0.009
28	0.871	0.539	24	0.874	0.135	12	0.929	0.204	30	0.892	0.817	25	0.891	0.873
25	0.971	0.369	08	0.911	0.215	01	0.937	0.714	28	0.943	0.190	04	0.917	0.264
27	0.984	0.252	07	0.946	0.065	25	0.974	0.398	15	0.975	0.962	13	0.958	0.990

续上表

栏号26			栏号27			栏号28				
A	B	C	A	B	C	A	B	C		
16	0.026	0.102	21	0.050	0.952	29	0.042	0.039		
01	0.033	0.886	17	0.085	0.403	07	0.105	0.293		
04	0.088	0.686	10	0.141	0.624	25	0.115	0.420		
22	0.090	0.602	05	0.154	0.157	09	0.126	0.612		
13	0.114	0.614	06	0.164	0.841	10	0.205	0.144		
20	0.136	0.576	07	0.197	0.013	03	0.210	0.054		
05	0.158	0.228	16	0.215	0.363	23	0.234	0.533		
10	0.216	0.565	08	0.222	0.520	13	0.266	0.799		
02	0.233	0.610	13	0.269	0.477	20	0.305	0.603		
07	0.278	0.357	02	0.288	0.012	05	0.372	0.223		
30	0.405	0.273	25	0.333	0.633	26	0.385	0.111		
06	0.421	0.807	28	0.348	0.710	30	0.422	0.315		
12	0.426	0.583	20	0.362	0.961	17	0.453	0.783		
08	0.471	0.708	14	0.511	0.989	02	0.460	0.916		
18	0.473	0.738	26	0.540	0.903	27	0.467	0.841		
19	0.510	0.207	27	0.587	0.643	14	0.483	0.095		
03	0.512	0.329	12	0.603	0.745	12	0.507	0.375		
15	0.640	0.329	29	0.619	0.895	28	0.509	0.748		
09	0.665	0.354	23	0.623	0.333	21	0.583	0.804		
14	0.680	0.884	22	0.629	0.076	22	0.587	0.993		
26	0.703	0.622	18	0.670	0.904	16	0.689	0.339		
29	0.739	0.394	11	0.711	0.253	06	0.727	0.298		
25	0.759	0.386	01	0.790	0.392	04	0.731	0.814		
24	0.803	0.602	04	0.813	0.611	08	0.807	0.983		
27	0.842	0.491	19	0.843	0.732	15	0.833	0.757		
21	0.870	0.435	03	0.844	0.511	19	0.896	0.464		
28	0.906	0.367	30	0.858	0.289	18	0.916	0.384		
23	0.948	0.367	09	0.929	0.199	01	0.948	0.610		
11	0.956	0.142	24	0.931	0.263	11	0.976	0.799		
17	0.993	0.989	15	0.939	0.947	24	0.978	0.633		

《公路工程质量控制》教学大纲(供参考)

1. 先修课程及预备知识：具备“公路工程”、“桥梁工程”、“道路建筑材料”、“基础工程”“隧道工程”的知识。

2. 课程性质：

《公路工程质量控制》课程，适用于交通土建高职高专院校工程监理专业，是学生专业课。

《公路工程质量控制》是工程建设领域开展建设监理制度以来产生的新课程。本课程讲述我国工程建设质量监理制度的基本内容和工程建设质量控制的基本方法，为学生今后从事公路工程建设和质量控制工作打下基础。

3. 本课程的教学目的与任务：

通过本课程的学习，学生应能够正确解释工程质量和工程质量控制的概念，工程质量形成和控制过程，工程质量的评定标准和管理制度。能掌握路基、路面工程、桥涵工程及公路附属土建工程的质量控制重点和控制方法。

4. 课程教学内容及其学生分配、教学要求：

(1)教学要求

第一章　绪论　要求学生能够正确描述工程质量控制及相关质量控制的概念，并理解其内涵；解释工程质量体系建立和运行的过程。熟悉工程质量事故的分类、工程质量事故处理的依据，分析工程质量事故处理程序。

第二章　数理统计基础及应用　要求学生能够掌握总体与样本质量数据、数据的统计特征量、数据的分布特性、学会可疑数据的取舍方法。学会使用常用的数理统计方法与工具——直方图、控制图、相关图。学会使用各种抽验检验方法。

第三章　路基工程质量控制　通过本章的学习，要求学生能够掌握路基工程施工测量、场地清理、挖填方施工质量控制过程，掌握软基处理措施和施工质量控制。能够正确描述路基排水、支挡、与防护结构的施工质量要求和质量控制过程。

第四章　路面工程质量控制　要求学生能够清楚认识基层、面层的主要类型，掌握基层、面层混合料的原材料要求、配合比设计方法以及施工质量控制要点。

第五章　桥梁工程质量控制　要求学生掌握明挖基础、桩基础、沉井基础的质量控制要点，桥梁的下部结构和上部结构质量控制方法和注意事项。

第六章　隧道工程质量控制　熟悉隧道工程控制测量、洞口工程、洞身工程、防水与排水工程质量控制的方法和要点。

第七章　公路安全设施及施工期环保质量控制　了解公路安全设施的作用和工程环保的原则；安全设施的种类及其质量控制的要点以及施工期环保质量控制要求。

(2)课程内容及其学时分配：

教学时数分配参考表

序号	单元课题	教学时数		
		小计	讲授	实训
1	质量控制概论	6	6	
2	工程质量控制的统计分析方法	8	8	
3	路基工程质量控制	10	8	2
4	路面工程质量控制	10	8	2
5	桥梁工程质量控制	12	10	2
6	隧道工程质量控制	8	6	2
7	公路路线附属设施施工质量控制	6	6	
	总计	60	52	8

参考文献

[1] 中华人民共和国行业标准. JTG F10—2006 公路路基施工技术规范. 北京:人民交通出版社,2006.

[2] 中华人民共和国行业标准. JTJ 034—2000 公路路面基层施工技术规范. 北京:人民交通出版社,2000.

[3] 中华人民共和国行业标准. JTG F30—2003 公路水泥混凝土路面施工技术规范. 北京:人民交通出版社,2003.

[4] 中华人民共和国行业标准. JTG F40—2004 公路沥青路面施工技术规范. 北京:人民交通出版社,2004.

[5] 中华人民共和国行业标准. JTJ 041—2000 公路桥涵施工技术规范. 北京:人民交通出版社,2000.

[6] 中华人民共和国行业标准. JTG F80/1—2004 公路工程质量检验评定标准(第1册 土建工程). 北京:人民交通出版社,2004.

[7] 李宇峙,等. 工程质量监理. 北京:人民交通出版社,1999.

[8] 熊焕荣. 公路路基路面施工监理指南(修订版). 北京:人民交通出版社,2000.

[9] 胡长顺,黄辉华. 高等级公路路基路面施工技术. 北京:人民交通出版社,1994.

[10] 熊广忠. 公路工程施工质量监理手册. 北京:知识产权出版社,中国水利水电出版社,2003.

[11] 周绪利. 公路工程施工质量检查与验收手册. 北京:人民交通出版社,2005.

[12] 方福森. 路面工程. 北京:人民交通出版社,1996.

[13] 方左英. 路基工程. 北京:人民交通出版社,1996.

[14] 吴初航,等. 水泥混凝土路面施工及新技术. 北京:人民交通出版社,1999.

[15] 何挺继,等. 水泥混凝土路面施工与施工机械. 北京:人民交通出版社,1999.

[16] 邓学均,等. 路面设计原理与方法. 北京:人民交通出版社,2001.

[17] 邓学均,等. 刚性路面设计. 北京:人民交通出版社,1992.

[18] 洪毓康. 土质学与土力学(第2版). 北京:人民交通出版社,1990.

[19] 湖南大学,等. 建筑材料. 北京:中国建筑工业出版社,1989.

[20] 姚祖康. 道路路基和路面工程. 上海:同济大学出版社,1994.

[21] 李宇峙,等. 路基路面工程试验. 北京:人民交通出版社,1991.

[22] 邬晓光. 工程质量控制与管理. 北京:人民交通出版社,2005.

[23] 全国一级建造师执业资格考试用书. 公路工程管理与实务. 北京:中国建筑工业出版社,2004.

[24] 张树森,唐有君,等. 道路工程经济与管理. 北京:人民交通出版社,1991.

[25] 周伟,王选仓. 道路工程经济与管理. 北京:人民交通出版社,1998.

[26] 严作人,孙立军. 道路工程经济与管理. 北京:同济大学出版社,1995.

[27] 廖正环. 道路施工组织与管理. 北京:人民交通出版社,1990.

[28] 苏寅申. 桥梁施工及组织管理(下册). 北京:人民交通出版社,1999.

[29] 严校徽. 土木工程项目管理与施工组织设计. 北京:人民交通出版社,1999.

[30] 雷俊卿,等. 土木工程项目管理手册. 北京:人民交通出版社,1995.
[31] 高速公路丛书编委会. 高速公路建设管理. 北京:人民交通出版社,1999.
[32] 交通部工程建设质量监督总站. 工程质量监理. 北京:人民交通出版社,1999.
[33] 交通部. 公路工程国内招标文件范本. 北京:人民交通出版社,2003.
[34] 徐培华,等. 公路工程施工监理. 北京:人民交通出版社,1995.
[35] 黄绳武. 桥梁施工及组织管理(上册). 北京:人民交通出版社,1992.
[36] 邬晓光. 桥梁施工技术. 西安:西北工业大学出版社,1993.
[37] 王明怀. 高等级公路施工技术与管理. 北京:人民交通出版社,1999.
[38] 叶国铮,等. 道路与桥梁工程概论. 北京:人民交通出版社,1998.